블록체인 제너레이션

BZ 세대의 반란

블록체인
제너레이션

박세정, 안다미 지음
레이 발데스 감수

매일경제신문사

"K-Blockchain is eating the world!"
(K-블록체인이 세상을 모조리 씹어 먹고 있다!)

글로벌 메가트렌드, 블록체인

‘블록체인 스피리트(Blockchain spirit)’. 블록체인은 이미 기술을 넘어 사조(思潮)이자 ‘세대 동력(Generation Power)’으로 자리매김해 있다.

강대국들과 세계 굴지의 기업들은 왜 블록체인에 목숨을 거는가? 지금 우리 시대는 ‘디지털 트랜스포메이션(Digital Transformation)’의 기로에 서 있고, 디지털 트랜스포메이션의 중심에 블록체인이 있다. 블록체인, 이는 경제 생태계의 대전환으로 그 흐름의 속도가 가히 판타스틱하다.

화학용어에서 ‘형질 전환(形質轉換)’이란, ‘DNA에 의해 생물의 유전적인 성질이 변하는 것’을 뜻한다. 이 형질 전환이 트랜스포메이션(Transformation)이다. 우리말로 ‘전환, 변환, 변화, 혁신, 탈피, 변신’ 등의 의미를 포괄하는데, 이 중에 딱 하나의 단어로 바꿔 쓰기에는 근본적인 의미를 담아내는 데 한계가 있지만, 대체적으로 '트랜스포메이션'이 뜻하는 바는 형질 전환의 경우처럼 형태와 본질이 바뀌는 '근본적, 총체적 전환'이라는 의미에 가깝다.

DNA가 바뀌면 사람이 바뀌듯 경제 DNA를 바꾸어 경제 자체가 바뀌는 일을 앞으로 블록체인이 주도하게 된다. 중요한 것은, 이 DNA는 단지 경제에 영향을 미치는 데서 그치는 것이 아니라 정치와 문화, 산업, 외교, 안보, 보건 등 우리 사회 전반, 곧 사회 생태계 자체를 탈바꿈시킬 것이라는 점이다.

블록체인의 핵심 개념은 무엇인가? 중개자 없이도(탈중개), 신뢰 없이도(무신뢰 : 여기서의 신뢰는 블록체인 이전의 시스템상에서의 신뢰를 의미함. 즉 블록체인은 '무신뢰의 신뢰'를 가능하게 함) 신뢰를 기반으로 참여와 합의에 의한 자율적인 네트워크 경제를 추구하는 참여자들이 분산원장 기반의 데이터로 거래를 할 수 있다는 것이다. 위변조가 불가능한 블록체인의 혁신적 특성 때문에 신뢰의 중요 요소가 되는 참여자들의 신원 보증 문제가 클리어됨은 물론이다.

블록체인은 중앙의 기록관리 시스템 없이도 커뮤니티 내에서의 거래 기록을 추적할 수 있도록 해준다. 사회에서 재화를 교환할 때 비용이나 방해 요소가 되기도 하는 수많은 게이트키퍼(gatekeeper)들이 더 이상 불필요하게 되는 것이다. 더욱이 데이터 양이 방대하고 활용도가 더욱 높아진 빅데이터 시대에 블록체인은 곳곳에 숨어 있는(혹은 이미 드러나 있는) 부정부패의 위험을 선제적으로 차단하고 사이버공격의 위험을 현저히 낮출 수 있다. 이로써 '분권화된 네트워크에 의해 관리되는 신뢰 시스템'이 구축되어 종전에는 상상할 수조차 없었던 거래 혁명이 이루어진다. 블록체인이 신뢰사회 구축의 기반이 되는 것이다. 블록체인으로 인해 촉발되는 이러한 변화는 이미 개인과 사회, 국가를 아우르는 전 세계적인 메가트렌드로, 우리는 지금 본격적인 블록체인 시대를 맞고 있다.

대한민국 미래 먹거리 '블록체인'

유수의 글로벌 싱크탱크들이 세계 기업 중 50%가 블록체인으로 먹고살게 되고, 10년 안에 비즈니스 거래의 절반 이상이 블록체인 기술로 전환될 것이라 예측한다.

필자의 대학원 졸업 논문은 〈소비자 적대감(animosity), 자민족 중심주의(ethnocentrism), 심리적 거리(psychic distance)가 한류 및 한국 대중문화상품의 평가와 구매 의도에 미치는 영향에 관한 국가 간 비교연구〉이다.

대한민국이 디지털 혁신 인프라인 블록체인의 선두주자가 되기를 바란다. 궁극적으로 K-팝, K-웹툰, K-드라마, K-무비 등 K-콘텐츠가 세계적으로 부각되었듯 블록체인도 그렇게 되기를 소망한다. 이 책 프롤로그 제목이 "K-Blockchain is eating the world!(K-블록체인이 세상을 모조리 씹어 먹고 있다!)" 인 것도 이러한 사심(私心)을 담았기 때문이다.

과학기술 강국이라는 비전은 이제 우리나라에서 이념과 세대를 막론하고 공통된 화두이다. 오로지 '사람'의 힘으로 세계 10대 강국으로 올라선 우리에게 문화와 기술 외에 희망이 있을 수 있을까? 과학기술 중에서도 단연 블록체인이야말로 대한민국의 미래 먹거리라고 힘주어 말하고 싶다. 그래서 세계 속에서 'K-블록체인'이 명실상부한 대명사가 되기를 소원한다.

우리는 지금 블록체인 기술력과 평판이 기업의 브랜드 가치를 좌우하는 시대의 중심에 있다. 경제전문지 <포브스(Forbes)>는 매년 글로벌 블록체인 50대 기업 'Blockchain 50'을 발표한다. 블록체인으로 10억 달러(약 1조 2,000억 원)의 효과를 누린 세계 50개 기업의 명단이다. 주목할 것은, 해가 바뀌면 명단이 요동을 치며 전혀 새로운 기업들이 등장한다는 점인데, 이는 누가 먼저 그리고 지속적으로 디지털 트랜스포메이션의 엔진을 가동하느냐에 따라 기업의 향방이 예측 불허로 바뀔 수 있음을 보여준다.

'Blockchain 50' 명단을 보면 미국 기업들이 우세를 보이고 있지만, 우리나라 대표기업 삼성(삼성SDS)이 2019년부터 2021년까지 3년 연속 명단에 이름을 올렸다. 삼성은 2017년 기업용 블록체인 플랫폼 넥스레저(Nexledger)를 시작으로, 2018년에는 블록체인 기반 은행 인증 서비스 뱅크사인(BankSign)을 상용화하는 등 서비스형 블록체인(BaaS, Blockchain as a Service) 부문에서 두각을 나타내고 있다. 앞으로도 삼성이 다양하고도 고도화된 블록체인 플랫폼들을 통해 국내 시장을 넘어 해외에서도 약진하는 활약상을 기대해본다.

디지털경제가 세계경제를 이끌어온 기간은 인류 역사에서 극히 짧지만, 그 여파는 '어마무시'하고, 블록체인은 디지털경제를 뿌리부터 바꾸어놓을 파괴력을 지니고 있다. 세상을 대거 변혁시킬 잠재 능력자이자 미래경제의 키맨으로서 트렌드를 선도하고 있는 기업들은 이미 블록체인을 중점적으로 활용하고 있다.

《블록체인 혁명》의 저자 돈 탭스콧(Don Tapscott)은 한 문장으로 블록체인 시대를 적절하게 표현했다. "19세기에는 자동차가, 20세기에는 인터넷이 있다면, 21세기에는 블록체인이 있다." 세계적인 투자가 워런 버핏 역시 블록체인을 "세상을 바꿀 기술"이라 평했다.

웹 3.0 시대의 블록체인

기존에는 빅테크 기업이 인터넷의 권력을 독점적으로 쥐고 있었다면 이제는 막강한 자본과 이용자를 보유한 SNS 기업들이 블록체인 기술을 통해 웹 3.0의 흐름을 이끌어나간다.

<포브스>는 "SNS 기업들은 웹 3.0으로 바뀌는 시장의 흐름을 변방에서 지켜보고 있는 것이 아니라, 사업 방향성을 즉각 전환하고 웹 3.0에 곧바로 뛰어들고 있다"고 보도하면서 블록체인에 뛰어든 SNS 기업 다섯 개를 꼽았다.

카카오, 라인, 메타(전 페이스북), 트위터, 텐센트(Tencent)다.

웹 3.0의 이면에는 블록체인, AI, 빅데이터, 클라우드, 사물인터넷(IoT) 등이 있다. 웹 3.0의 궁극적인 목표는 더 지능적이고, 더 연결되며, 더 개방적인 웹사이트를 만들고 이러한 사이트와 그 서비스를 다양한 방법으로 현실 세계에 연결하는 것이다. 이것은 '개방(open), 무신뢰(trustless), 무허가(permissionless)'의 네트워크로 가는 도약이다. 개방적이고 접근 가능한 개발자들의 커뮤니티에서 구축해 전 세계에서 실행되는 오픈소스 소프트웨어에 구축된다는 점에서 'open(개방)'이다. 네트워크 자체에서 참가자가 신뢰할 수 있는 제삼자 없이 공개적 또는 비공개적으로 상호작용할 수 있다는 점에서는 '무신뢰(trustless)'다. 또한 사용자와 공급업체 모두 운영기관의 허가 없이 누구나 참여할 수 있다는 점에서 '무허가(permissionless)'다.

이러한 새로운 '개방, 무신뢰, 무허가' 네트워크가 가져올 궁극적인 결과는 무엇일까? 그것은 세계의 많은 곳에서 발생하는 가장 심각한 숙제들인 건강, 식품, 금융, 지속가능성 같은 것들에 대해 권리 박탈의 배경이 되는 업무, 서비스, 데이터, 콘텐츠 제공자의 '긴 꼬리[롱 테일 법칙(Long Tail theory) : 80%의 비핵심 다수가 20%의 핵심 소수보다 더 뛰어난 가치를 창출한다는 이론]'를 조정하고 장려할 수 있는 가능성이다. 그동안 도외시되었던 '긴 꼬리'에서 혁신의 기회가 생기는 것이다.

블록체인은 금융혁신의 차원을 초월해 정치, 안보, 역사, 문화, 보건 등 사회 전 분야에 걸쳐 혁신을 일으킬 것이다. 그럼에도 그간 블록체인 기술은 암호화폐 측면으로 시선이 많이 집중되어 있었다. 이는 극히 제한적인 시각이다. 4차 산업혁명 시대의 핵심 기술로 미래 사회를 변화시킬 획기적인 대(大)기술임을 간과한 것이다.

이 책에서 제시되는 새로운 비전과 통찰을 통해 독자 여러분들은 블록체인이 다양한 산업에 가져올 변화를 목도하며, 거대한 전환의 갈림길에서 대혁명의 길을 향해 뚜벅뚜벅 전진해갈 수 있다.

5無! 블록체인 거버넌스
- 부정선거, 전시행정, 문고리 권력, 가짜뉴스, 원산지 조작 -

이쯤에서 잠시 뒤를 돌아보자. 인터넷에 너무나 익숙해져버린 우리는 이제 인터넷이 가져온 놀라운 변화를 그다지 회상하지 않으려고 하는 경향이 있는데, 인터넷이 가져온 정보의 수평적 이동은 인류사에 실로 엄청난 족적을 남겼다. 블록체인의 등장이 그렇다. 그야말로 인터넷 혁명의 블록체인 버전이다. 제2의 인터넷 시대, 블록체인은 마치 최초의 인터넷 시대 탄생기(期)를 연상하게 한다.

새로운 탄생기의 초점은 '신뢰'에 맞추어져 있다. 비즈니스에서 내외부 조직 간 신뢰의 중요성은 두말할 필요도 없다. 기업과 기업, 기업과 개인, 개인과 개인 간에 자산을 거래하고 계약을 체결하고 소유권을 주장하고 정보를 공유할 때 우리는 늘 신뢰의 문제에 직면하게 된다. 신뢰 기반 조직문화로의 전면적 변화에도 블록체인은 중심축 역할을 하게 된다. 조직문화는 분권화, 수평화, 자율화로 급속히 진화되고, 이 같은 변화를 이끄는 기술 역시 블록체인이다.

인류 문명의 획기적인 발전은 시공간을 단축시키는 '연결'의 촘촘함에 달려 있다. 기차, 전화, 자동차, 인터넷이 그랬고, 지금은 '초연결'이다. 초연결사회, 그 중심에 블록체인이 있다. 왜 그럴까? 초연결 시대에는 5G로 스마트폰뿐만 아니라 자율주행자동차, 드론, 로봇, 키오스크 등 수많은 디바이스가 네트워크로 연결된다. 디바이스의 사용 편의성은 획기적으로 증대되지만, 그와 더불어 해킹 등의 보안 위험이 커지는 상황에서 신뢰를 담보할 수 있는 블록체인만이 이러한 문제를 해결할 수 있다. 조직 수평화와 초연결, 그 연장선 상에 신뢰성이 충족된다면? 퍼펙트다. 블록체인이 정보혁명이라는 그림을 채울 현(現)시대 마지막 퍼즐일지도 모른다.

블록체인 기술을 통해서 정보 수평화, 초연결된 신뢰사회로의 구조적 변화가 실현된다. 블록체인 기술은 정보를 통제하고 관리하는 자가 없게 만들어 그 누구도 정보 통제권을 쥐고 있지 않은 시대를 선도한다. 예컨대 정부와 내각의 중앙 및 산하 조직의 전시행정 누수와 문고리 권력의 전횡을 미연에 방지할 수 있고(대표적인 예로 선거, 투표, 입찰, 등본 등의 증명행위가 있음), 거대 국가나 기업, 특정 조직에 의해 정보나 경제적, 사회적, 정치적 가치가 비대칭적으로 기울어지는 일이 대폭 줄어든다.

일례로, 최근 중국이 한국의 김치와 한복, 태권도의 종주국이라는 낭설이 퍼지는 가운데, 한국 김치를 증명하는 과학기술정보통신부와 한국인터넷진흥원의 '블록체인 K-김치 프로젝트'를 구축한 '퓨처센스'[컨센시스(ConsenSys) 에서 분사(spin-off)한 블록체인 기업]의 DID(탈중앙 분산 신원인증) ver. 0.2 기술은, 김치 제조부터 유통까지 모든 단계의 이력이 관리되는 라벨링을 통해 원산지 위변조 및 조작을 원천 차단한 신뢰 구축으로 김치 종주국의 위상을 회복시켰다.

BZ 세대의 반란

필자는 특히 'BZ 세대'의 등장에 주목하고 있다. 'BZ 세대'란 'Blockchain and Generation Z'. 1990년대 중반부터 2000년대 초반에 태어난, 블록체인 테크놀로지가 일상에 스며들어 있는 '블록체인 원주민(Blockchain-Native)' 세대를 말한다(2021, Sejeong Park). BZ 세대가 블록체인을 통해서 시장과 정보, 가치를 움직이는 세상, 우리는 지금 그 세상으로 '트랜스포메이션'되는 변곡점에 서 있다. 경제 패러다임의 새로운 대전환의 중심에 있는 것이다. 디지털경제의 파괴적 혁신은 금융, 기술, 유통 등 사회 전반에 걸쳐 진행되는 파괴적 혁신으로, 앞으로 BZ 세대가 이루어갈 다이내믹한 이벤트다.

BZ 세대의 반란이 시작되고, 작금의 4차 산업혁명의 물결 속에서, 그리고 다가올 포스트 코로나 시대에 블록체인과 관련한 우리나라의 현실은 어떨까? 대한민국이 'K-블록체인'으로 글로벌마켓을 주도한다면 우리는 굳건한 세계 강국의 자리에 오르게 될 것이지만, 우리에겐 아직 갈 길이 멀다. 다가온 크립토(Crypto) 세상의 블록체인 한국 영재들과 세계적으로 인정받는 K-블록체인 기반의 유수한 기업들이 해외로 나가, 거기서 세금을 내고 경제활동을 하고 있다.

국회 가상자산특별위원회 황석진 동국대 국제정보보호대학원 교수는 "가상자산이 제도권에 편입되면 또 다른 투자 수단이 될 수 있고, 건전하고 투명한 시장도 조성될 것"이라며 "투자가 활발하게 이뤄지면 가상자산 산업도 발전하고 그에 따른 일자리도 창출될 것"이라고 내다봤다.

필자가 부산시 데우스밸리 블록체인사업단을 이끌 때만 해도, 부산이 '블록체인 규제자유특구(2019년 지정)'를 이유로 관련 기업들을 초대했지만, 거점 시설이 전무한 실정이었다. 그런데 지금은 그때의 연구와 시행착오를 통해 블록체인 창업 및 스타트업 지원시설인 'B스페이스'가 개관되었다. 박형준 부산시장이 주창하는 'K-크립토밸리'의 시작이다. B스페이스 입주 선정업체에 대해 부산시는 최장 3년간 독립 사무·협력 공간, 기술·서비스 개발 실험실 등 업무공간과 맞춤형 교육·멘토링 프로그램을 지원한다.

이러한 노력은 부산이 블록체인 비즈니스 업체가 한데 모인 '블록체인-크립토 비치'로서 자리매김하는 데 큰 도움이 될 것이다. 부산시의 디지털자산 컨트롤타워인 '디지털산업진흥청' 신설 같은 꾸준한 'good try(유의미한 시도)'뿐만 아니라, 국내외 전문인력의 적극적인 유치와 양성이 중요한 시점이다.

세계적인 '테라'와 '루나' 코인 사태는 극심한 변동성으로 인한 블랙스완(예상치 못한 상황이 발생한 현상)에 즉각적으로 대응하지 못했다. 더 이상 머뭇거릴 시간이 없다. 블록체인 산업을 진흥하고 투자자들을 보호할 수 있는 법과 제도가 시급히 마련되어야 한다. 블록체인 기술을 활용한 가상화폐의 경우만 살펴봐도 하루 거래 규모가 몇십조 원에 달하고 투자자가 몇백만 명에 이를 정도로 폭발적으로 성장했는데 아직도 가상자산에 대한 일관된 법과 규제가 미연(未然)할 뿐이다. 이제는 정부가 가상화폐와 블록체인을 어떻게 양성화하고 산업적으로 발전시킬 수 있을지 결정해야 한다. 어떻게 하면 블록체인을 대한민국의 미래 핵심산업으로 육성할지 정부와 기업, 지자체와 대학 및 연구기관들이 머리를 맞대야 한다.

메타버스, NFT 그리고 블록체인

메타버스와 NFT에 대한 관심이 폭증하고 있다. 블록체인은 이 산업들의 핵심 기술이다. 블록체인 기술을 어느 정도 활용하느냐에 이러한 산업의 성패와 성장 여부가 달렸다. 미국 대기업들의 움직임이 굉장히 빠르다. 그들의 본사에는 이미 메타버스, NFT 분야를 전담할 직원들로 북적인다. 일반 기업뿐 아니라 나이키, 디즈니, 구찌, 발렌시아 같은 어패럴, 엔터테인먼트 기업들도 신(新)시장인 메타버스, NFT 분야에 너도나도 뛰어들고 있다. 메타버스와 NFT는 글로벌 기업들이 추구해야 하는 당연한 전략인 것이다.

특히 2020년 이래 블록체인의 화두 NFT에 대한 기업과 MZ 세대의 관심은 날로 더해지고 있다. 'NFT, Non-Fungible Token(대체불가능 토큰)'이란 뜻의 NFT는 BZ 세대에게 이미 'NFT, New Flex Tool(2022, Hyunwoo Nam)'로 정착된 혜성처럼 등장한 뽐냄의 도구로, 모니터 속 과시의 한계를 극복해 유틸리티 기능을 탑재한 실물 NFT와의 연계를 통해 리얼리티와 연동된다. 현재 한국NFT거래소(KNX)가 추진 중인 BTS 한복 '리슬'과 글로벌 럭셔리 리조트 '카펠라' NFT, 골프 회원권, 락페스티벌 VIP 입장권, 클럽 DJ 시그니처 파티권, 디파이& NFT 재테크 수강 티켓 등이 그러하다.

이런 NFT는 독특한 고유성을 가지며 그 자체로 유일무이한 가치를 지니는데, 블록체인상에 기록된 일종의 디지털 데이터로, 고유한 물리적 대상 또는 디지털 자산, 예를 들면 그림, 사진, 영화 등과 연결되거나 자체적으로 존재할 수 있다. 우후죽순처럼 생겨난 NFT거래소가 무수하지만, 이면에는 코어 기술인 블록체인 전문기술개발팀이 전무하거나 미비해, 협업을 가장한 외주 등으로 타사 개발팀의 결과물인 NFT거래소가 많다. 기존의 NFT 거래 대상이 아트(작품) 중심으로 인식되었을 때는 얼추 가능할 수 있었지만, Flex(뽐냄, 과시)와 커뮤니티 활동 멤버로서의 프라이드, 차별화되는 생활의 편의를 동반한 디지털 에셋을 포함한 생태계에 비추어 보면 턱없이 부족한 기술과 경험치의 산물이다.

일례로, 면밀한 스토리 텔링과 인류의 니즈를 파고드는 세계관을 담은 BAYC(게으른원숭이 프로젝트)는 남들과는 '차이'와 '다름'을 원하는 수퍼리치들에게 어필되었고, 그들만의 커뮤니티화의 성공했으며, NFT를 가질수 있는(저작권의 소유) 모델을 제시함으로써 홀더들이 보유한 NFT로 다양한 사업을 진행할수 있어, 궁극에 수많은 사업모델과 수익의 정점에 이르게 된다.

현실과 버추얼의 소통과 콘텐츠 자체를 변화시킬 수 있는 블록체인의 본질적 가치를 이해하고 요소요소에 활용할 때 메타버스와 NFT 산업이 규모와 신뢰를 키워나갈 수 있다. 덧붙여 블록체인을 통해 제거되는 비효율성이나 부당성에도 주목해야 함을 강조하고 싶다. 정부의 일방적인 결정, 거대 플랫폼들의 독점, 지나치게 많은 수수료를 챙기는 중개자, 제재 회피와 태생적인 속도와 보안의 한계 등이 그것이다.

우리가 이 책을 통해 블록체인의 특성과 가능성을 들여다 볼 때, 때로는 냉정함을 유지하며 거시적으로, 때로는 건강한 텐션을 가지고 세부적으로 꼼꼼히 살펴보아야 하는 대목들이다.

암호화폐의 순(順)기능과 역(逆)기능

블록체인 기술을 기반으로 한 암호화폐인 비트코인(Bitcoin)이 출현한 것이 2009년으로, 올해로 14년 차에 접어들었다. 그사이 암호화폐를 비롯한 디지털자산에 대한 관심은 폭발적으로 증가했으며, 각종 산업 분야에서 이를 다양한 영역에 적용하고자 발 빠른 행보를 보이고 있다.

2022년 러시아의 우크라이나 침공으로 암호화폐가 재조명된다. 전쟁으로 전산장애와 오프라인 입출금 불가로 전통적인 법정화폐가 군자금 지원과 피난 자금으로 제대로 기능을 하지 못하는 사이, 암호화폐가 그 자리를 대신한다. 국가와 금융기관이 강제로 특정 계좌를 폐쇄하더라도 암호화폐 지갑은 닫을 수 없는 점에 착안한 우크라이나 정부가 암호화폐 모금 사이트 'AidforUkraine'을 개설, 여기에 가상자산 지갑 주소를 공개해 크립토펑크 NFT를 포함한 암호화폐로 기부금 1억 달러(약 1,224억 원)를 확보한다. 대한민국 국가대표 블록체인 기업 카카오는 우크라이나 아동을 돕기 위해 암호화폐 '클레이(Klay)' 약 300만 개(약 42억 원)를 유니세프에 기부했다. 가상, 암호화폐는 물리적 국경을 초월한다. 암호화되어 있어 보안에 강할 뿐만 아니라, 심지어 속도까지 빠른 전략적 유연함을 지녔다.

지구촌 초미의 이슈인 ESG(환경·사회·지배구조) 경영에도 암호화폐가 꿈틀거리기 시작했다. 국내 최초의 'ESG-코인'. 한국온실가스감축재활용협회(회장 이만의 전 환경부 장관)와 한국음식물류폐기물수집운반업협회는 블록체인 전문기업 '퓨처센스'와 '탄소 Zero & Negative' 프로젝트를 실시한다. 음식물류폐기물을 배출, 처리할 때 발생하는 온실가스를 줄이고, 음식물 수거 후 나오는 자원을 재활용하는 데 블록체인 기술을 도입, 이해관계자가 참여하고 보상받을 수 있도록 'ESG-코인'을 발행하는 스킴(scheme)이다.

제20대 윤석열 대통령 정부가 추진 중인 '퓨처 레디니스(Future Readiness : 미래대응성)' 스트럭처링에도 뛰어난 보안 능력을 지닌 암호화폐의 핵심기술 블록체인의 역할과 정부가 추진하는 디지털플랫폼 정부에 NFT의 각종 '디지털 인증서' 혹은 '디지털 등기'로서의 순기능 역할이 주목되고 있다. 덧붙여 윤석열 대통령은 당선인 시절부터 취임 기념우표를 NFT 방식으로 발행하는 것을 검토했다.

우크라이나 침공으로 미국과 유럽의 금융제재를 받기 시작한 세계 1위의 천연가스 수출국 러시아는 에너지 수출대금을 달러 또는 유로화로 결제받기 어렵게 되면서 비트코인을 지급수단으로 채택했다. 이러한 시류에 편승한 러시아 에너지 부호들은 루블화 가치가 폭락하기 전에 암호화폐로 바꿔 자산 가치를 보존하고, 자금 동결 상황에 재산을 해외로 이동시켰다. 그뿐만 아니라 러시아는 풍부한 에너지 자원과 낮은 기온으로 대용량 컴퓨터의 냉각이 용이한 시베리아 지역에서 암호화폐 채굴을 늘리고 있다. 전쟁을 치르는 당사자인 두 나라에서조차 암호화폐가 법정통화의 전략적 대체자산으로 활용되고 있다는 증거다.

러시아와 유사한 노선을 걷는 국가들도 속속 등장했다. 비트코인이 법정화폐인 엘살바도르와 터키의 부호들도 자국 화폐의 가치 폭락과 자금 동결을 피하기 위해 암호화폐를 사용한다. 국제사회로부터 각종 제재를 받는 이란은 국가 차원에서 암호화폐를 채굴한다. 2021년 1월 기준으로 전 세계 비트코인 채굴의 4.5%가 이란에서 이뤄진다. 현재 이란은 극심한 경제 침체 상황 속에서도 비트코인을 채굴해 석유를 수출했을 때와 진배없는 수익을 동일하게 내고 있다.

필자가 연구활동을 하고 있는 한국자금세탁방지학회의 부회장으로서 객관적으로 말하지만, 인류를 구원하는 순기능이든, 제재 회피를 위한 역기능이든 간에 암호화폐가 자산 시장에서 확실히 포지셔닝해가고 있다는 데 이견은 없다.

한국은행은 '중앙은행이 발행하는 디지털 화폐'를 뜻하는 CBDC(Central Bank Digital Currency)를 발행해 유통하는 실험에 성공했다. CBDC는 무형의 온라인 화폐로 국가의 화폐 단위를 그대로 사용하는데, 은행 계좌가 필요한 모바일이나 온라인 결제와 달리 개인 간 전자지갑(디지털 화폐 저장 프로그램)을 통해 돈을 바로 주고받을 수 있다.

각국 중앙은행들은 현금 사용 감소, 디지털 경제로의 전환과 같은 시대적 변화에 대응하기 위해 CBDC 연구에 속도를 내고 있다. 2021년도 국제결제은행(BIS)의 관련 실태 조사에 응한 65개국 중앙은행 가운데 86%가 CBDC에 대한 연구 또는 검증을 진행하고 있다고 응답했다. CBDC를 발 빠르게 연구하고 도입한 중국에서는 이미 시범운영을 하고 있는데, 2020년부터 선전, 쑤저우 등 10여 개 도시에서 시민들로 하여금 '디지털 위안화'로 불리는 CBDC를 사용하게 해 디지털 위안화 전자지갑을 개통한 사람은 현재 2,000만 명이 넘었고, 디지털 위안화 결제가 가능한 외식, 교통, 쇼핑 등 서비스 업체는 130만 곳 이상이다.

한국은행에서도 2021년 8월부터 원화로 된 CBDC를 도입하게 될 경우를 대비해 먼저 기술적으로 구현할 수 있는지 타진하며, 제조·발행·유통에 이르는 1단계 실험을 진행한 결과, 모두 정상적으로 작동했다. 2022년 상반기에는 2단계 실험이 CBDC로 NFT나 디지털 예술품을 구매하거나, 국가 간에 CBDC 송금을 하거나, 인터넷 연결이 안 되는 상황에서 근거리무선통신(NFC)

기술로 송금하는 등 결제 중심으로 진행되었다.

전 세계가 크립토(암호화폐) 공동체에 들어서 있다.

변화는 언제나
더 나은 것을 위한 선택이다

이는 제임스 톰슨(James Thomson)이 한 말이다. 대한민국은 역사상 단 한 번도 글로벌 금융 장르 어디에서도 Top 3 안에 들어본 적이 없다. 과거 싱가폴과 홍콩의 모델이 회자될 뿐이다. 그런데 이번엔 뭔가 좀 다르다. 새로운 조판이 짜진 '가상자산'이란 신대륙에선 '맞짱' 한번 떠볼 만하다.

국내 가상자산 시장 규모는 2021년 기준 55조 2,000억 원, 하루 평균 거래 대금 11조 3,000억 원에 이른다. 한국은 세계 최초로 제재 회피성 자금 추적이 용이한 트래블 룰(Travel Rule, 자금이동규칙)을 적용했고, 실명확인계좌 사용으로 크립토 월드의 국제적 지위를 선점하고 있다.

우리나라가 금융에서 전 세계를 리드해본 적이 없는데, 가상자산 분야는 우리의 보이스(voice, 영향력)가 지대한 시장이다. 통화패권, 디지털화폐의 기축통화화(化), 이 흐름의 중심에 우리가 있어야 하는 이유다. 신대륙에서는 글로벌 트렌드를 선각 수용자(early adopter)로서 누가 먼저 선점해 블루투스(Bluetooth, 파란 이빨 : 10세기 북유럽 바이킹 왕으로 통일, 기준, 표준의 대명사, standardization)를 만들어내느냐가 관건인 것이다.

가속화되는 디지털화폐 패권 경쟁에서, 한국이 디지털경제 패권국가가 되기 위해서는 디지털자산 플랫폼 스타트업이 글로벌 인프라로 성장하도록 관련 산업을 진흥하고, 한국 디지털자산 플랫폼들이 글로벌 인프라로 활용되도록 정부 조직과 정책을 재편해야 한다. 정책적 어젠다로는 제20대 윤석열 대통령이 제시한 관련 공약에 NFT 활성화를 통한 신개념 디지털자산 시장 육성책이 뒷받침해주고 있으며, 국회에서는 '국민의힘 가상자산특위' 주최로 '디지털자산기본법'과 '디지털자산산업 전담기구'에 관한 논의가 활발하게 이루어지고 있다. 이 모든 것이 합력해 선을 이루려면, 우선 수구법(守舊法)이 혁신을 가로막아서는 안 된다. 한국이 글로벌 가상자산 시장 내 주도권을 잡기 위해서라도 향후 규제보다는 신산업 육성에 초점을 맞춰야 한다는 의미다.

트릴레마

(Trilemma : 세 가지 요소의 연쇄적인 딜레마 관계)

확장성(Scalability), 탈중앙화(Decentralization), 보안성(Security)의 세 가지 문제는 한 번에 해결할 수 없음을 뜻하는 '블록체인 트릴레마'처럼, 한국이 디지털경제의 패권국이 되기 위해서는 민간기업의 자율성 중심의 '산업 활성화'와 '규제 완화', '리스크 관리(투자자 보호, 자금세탁 방지)'라는 트릴레마를 극복해야 한다. 이 세 가지 중 리스크 관리가 맨 먼저 나와 자금세탁방지(AML), 이상거래탐지시스템(FDS) 등이 중요할 수 있다.

하지만 지금의 NFT, 메타버스 같은 블록체인 관련 신산업 분야는 최소한의 규제와 안 되는 것만 뽑아 금지사항으로 하는, 혁신을 위한 파괴를 실현하는 '네거티브(negative) 규제' 및 블록체인이 적용된 가상자산과 관련한 '업권법'(業權法 : 사업을 영위할 수 있는 근거법) 도입이 절실하다. 아울러 암호화폐와 블록체인 기업이 벤처기업으로 지정되지 못하게 만든 벤처특별법은 산업계가 시급한 수정을 요구하고 있다.

블록체인 기반의 가상자산 생태계 및 분산원장 기술을 활용한 다양한 블록체인 애플리케이션 및 기술은, 신산업 일자리 창출과 뉴테크(New Tech) 비즈니스 진흥을 선도해, 한국발(發) 스타트업 기업이 글로벌 유니콘, 데카콘으로 뻗어나갈 수 있는 발판이자 수단이 될 수 있음을 명심해야 한다.

조직문화의 선각자 샤인(Schein, 1999) 교수는 "무언가를 변화시킨다는 것은 단지 새로운 것에 대한 학습뿐만 아니라, 이미 존재하고 있고 변화를 방해하는 것에 대한 폐기 학습(unlearning)을 내포한다"라고 했다. 변화 관리(change management, 옛사람)의 Aftermath(과거로부터의 선입견, 후유증)를 뒤로하고, 산지(山地)를 이미 받았다는 Beforemath(미래 완료 수동태인 결과)의 전조를 바라봐야 한다.

샤인 교수의 말처럼 변화와 혁신은 갑작스러운 갈아엎기가 아닌 과거라는 목줄을 푸는 데서 시작된다. 변화는 빈 곳을 만들어 새로운 이념과 가치, 새로운 거버넌스와 정책을 채워 넣는 일이다. 그러다 보니 당연히 유불리의 저항이 따른다. 기존 규제를 접고 새 일을 시작하든, 조직을 개편해 구조조정을 하든, 관문착적(關門捉賊, 문을 닫고 도적을 잡는다)으로 잔적(殘賊)인 옛사람(기존의 틀)을 버리는 과정에서 일부 구성원들이 안위(安慰)에 대한 불안으로 탈학습(unlearning)을 넘어선 폐기 학습에 부적응을 표출하거나, 인식 전환과 수정을 수용하는 인지적 재구조화(cognitive reconstruction)를 거친다.

기존의 규제와 정책으로 일관해오며 관성에 안착해 있는 구성원들은 따뜻한 물 안에서 만족하며 서서히 익어 죽어가는 개구리의 안락한 생존을 파괴하는 변화와 혁신에 대한 불안감으로 조직 부조화를 조장, 선동하며 거칠게 반발하기도 한다.

"옛날이 오늘보다 나은 것이 어찜이냐 하지 말라. 이렇게 묻는 것이 지혜가 아니니라."(전도서 7:10)

블록체인이 가져올 미래의 이야기

블록체인이 가져올 미래는 무엇일까? 우리는 이 질문을 던져야 하고 또한 답해야 한다. 블록체인이 가져올 미래의 변화를 읽어낼 때 우리는 미래 경제, 나아가 미래 사회의 향방을 읽을 통찰력을 얻게 된다.

이 시대가 안고 있는 수많은 정치, 사회, 경제, 문화적 난제와 고민이 있다. 블록체인이 이러한 문제들을 어떻게 해결할 수 있을까? 이 책을 읽는 여러분은 블록체인의 이론과 실제를 최대한 한 권에 집약한 이 책을 접함으로써 이런 질문들에 대한 답을 찾아나갈 수 있을 것이다.

이 책은 블록체인 핵심 기술 콘셉트를 여덟 가지로 정리해 '① 불변 데이터 (Immutable data), ② 토큰화된 자산(Tokenized Asset), ③ 결제(Payment), ④ 스마트 계약(Smart Contract), ⑤ 아이덴티티(Identity, DID), ⑥ 개인정보 보호 및 영지식증명(ZKP, Zero-Knowledge Proof) 알고리즘, ⑦ 데이터 스토리지(Data Storage), ⑧ 다양한 합의 알고리즘의 이해(PoW, PoS 등) 및 확장성' 등을 확실하게 이해하고 넘어가도록 했다. 아울러 블록체인의 기술적 특성도 다루었다. 이는 블록체인 기술의 본질적인 가치와 활용성을 더 심도 있게 들여다보기 위해서다.

최근 유스 케이스 또한 이 책의 백본(backborn)을 심는 데 기여했다. 해외 사례와 함께 국내 사례도 다루었다. 중앙집중적인 전통 금융을 뒤흔드는 탈중앙화 금융 Defi(Decentralized Finance), 공급망 이력 추적(Supply chain track-and-trace), 스마트 시티, 헬스케어 등 각종 부문에서의 유스 케이스가 실려 있다. 이러한 사례들을 통해 각 산업 부문에서 블록체인을 어떻게 적용할지 팁을 얻게 될 것이다.

- 저자 박세정

블록체인은 어디쯤 가고 있는가

레이 발데스(Ray Valdes)
퓨처센스 CTO, 전(前) 컨센시스 CTO(Chief Transformation Officer)

블록체인 기술이 새로운 기술로서 각광받고 있는 이때 이 책을 소개하게 되어 기쁩니다. 저는 이더리움이 출시되기 전인 2014년부터 블록체인 업계에 종사해왔습니다. 저는 이 업계에 있으면서 많은 변화와 여러 우여곡절을 보아왔습니다. 이 글을 쓰는 와중에도 블록체인 시장은 활황을 보이며 상승세를 타고 있습니다. 그러나 피할 수 없는 것은 언젠가는 침체가 찾아올 것이라는 점입니다. 또 그 하락 이후에 상승이 있을 것입니다. 중요한 것은 전반적으로 블록체인 시장은 상승 궤도에 있다는 것입니다.

블록체인 기술의 선두주자인 이더리움과 비트코인의 역사를 살펴봅시다. 3개월이라는 단기적인 기간만을 끊어서 살펴보면 시가총액이 30%, 40% 감소하는 큰 폭락이 있는 것처럼 보일 때가 있습니다. 그러나 한발 물러서서 3년 이상의 기간을 대상으로 살펴보면 큰 하락세처럼 보이던 것이 실제로는 상승세의 작은 하락에 불과합니다. 더 뒤로 물러나 살펴보면 큰 상승 곡선에 비해 하락폭은 매우 작습니다.

물론 이러한 분석은 암호화폐의 시가총액과 관련이 있는 것으로, 반드시 실제 잠재력의 정확한 지표가 되는 것은 아닙니다. 오히려 사회적 영향력이 큰 현상에 대한 기대와 인식을 보여주는 지표입니다.

이 책은 기대와 인식에 대한 논의를 넘어 기술의 근본적인 현실과 그것이 현실 세계에서 어떻게 적용되고 있는지, 그리고 우리가 미래에 무엇을 기대할 수 있는지 살펴볼 수 있는 기회를 제공해주고 있습니다.

저는 세계 최고의 기술 자문 회사인 가트너(Gartner)에서 15년을 근무했습니다. 가트너는 테크놀로지 하이프 사이클(Technology Hype Cycle)이라는 개념으로 유명합니다. 이것은 기술이 어떻게 채택되는지를 분석하는 개념적 모델입니다. 기술의 채택은 인식과 현실의 결합에 의해 이루어집니다. 하이프 사이클 모델은 모든 분야의 기술이 전체 라이프 사이클에 걸쳐 어떻게 등장하고 발전하며 채택되는지를 정확하게 설명합니다.

하이프 사이클 패턴은 다음과 같습니다.

첫째, 새로운 기술이 등장합니다. 이것은 블록체인, AI 또는 IoT일 수 있습니다. 일반적으로 새로운 기술의 등장은 많은 사람들이 알지 못하는 발명품으로부터 시작합니다. 그 후 소수의 얼리 어답터들이 이 기술을 발견하고 이것이 큰 잠재력을 가지고 있음을 알게 됩니다. 다른 사람들은 잘 이해하지 못하더라도 그것에 대해 듣고 흥분하기도 합니다. 다음 단계에서는 기술에 대한 기대가 극적으로 증가하는데, 기술이 실제로 할 수 있는 것보다 훨씬 더 그 기대가 커집니다. 실제 기술을 이해하지 못하는 비전공자들이 쓴 기사가 언론을 통해 대중에게 전달됩니다. 이를 통해 가트너가 '부풀려진 기대의 정점(Peak of Inflated Expectations)'이라고 부르는 단계에 이릅니다. 사람들은 이 기술이 형언할 수 없는 신비한 방식으로 모든 문제를 해결할 '마법의 총알'이라고 생각합니다. 이 기술을 도입하기만 하면 모든 문제가 해결될 것이라고 합니다. 물론 그런 일은 일어나지 않습니다.

사람들이 실제 프로젝트에 이 기술을 사용하려고 시도하고, 그 한계를 발견함에 따라 특정 시점에서 기술의 현실에 대한 언급이 흘러나오게 됩니다. 이러한 현실을 깨닫게 된 대중의 감정은 부정적인 방향으로 흘러가 '환멸의 골짜기(Trough of Disillusionment)' 또는 내가 말하는 '실망의 계곡(Valley of Disappointment)'으로 떨어집니다. 때로는 기술이 사라지고 잊혀집니다. 그러나 블록체인과 같이 근본적인 가치가 있는 일부 기술이 있습니다. 블록체인 기술은 사회적으로 영향을 받는 인식의 흥망성쇠에도 불구하고 꾸준히 발전하고 개선되어오고 있습니다.

마법의 총알을 찾는 사람들과 조직은 AI 또는 IoT와 같이 가능성을 보여주는 다른 기술인 '차세대 기술'을 찾아 떠돌아다녔습니다. 그러나 기술을 이해하고 실용화하기 위해 열심히 노력하는 사람들이 여전히 남아 있습니다. 시간이 지남에 따라 실제 프로젝트에서 새로운 기술의 사용이 성공적으로 증가합니다. 그리고 처음에 기대했던 많은 부분들이 실현됩니다. 이를 '생산성의 고원(Plateau of Productivity)'이라고 합니다.

모바일 앱, 클라이언트/서버 컴퓨팅, 대화형 사용자 인터페이스 등과 같은 많은 기술에서 이러한 패턴이 반복되어왔습니다. 블록체인 기술도 이러한 사이클을 거치며 환멸의 골짜기를 벗어나 결국 생산성의 고원에 다다르고 있습니다.

몇 가지 덧붙이고 싶은 중요한 사항이 있습니다. 블록체인 분야를 하나의 기술(분산원장)이 아닌, 공동의 토대가 가능하게 하는 서로 다른 기술들의 집합체로 보는 것이 중요하고 또한 유용합니다. 이 기술 포트폴리오에는 NFT(대체 불가능 토큰), DAO(분산 자율 조직), 스테이블 코인(법정화폐와 암호화폐 연결) 및 ZKP(제로 지식증명)와 같은 관련 기술이 포함됩니다. 이들 각각은 하이프 사이클 곡선을 거치게 될 것입니다.

때때로 기술은 암호화폐 가치의 상승, 하락과 유사하게 여러 정점과 계곡을 거칠 것입니다. 또한, 일부 기술은 각기 다른 분야에서 각기 다른 라이프 사이클을 갖게 될 것입니다. 예를 들어 금융 서비스 부문은 5년 넘게 블록체인 기술을 사용해왔습니다. 이에 반해 게임 업계는 최근에야 블록체인을 도입하기 시작했습니다.

이 책이 블록체인 기술의 다양한 측면을 이해하는 데 도움이 되길 바라며, 2022년에 당신의 노력이 성공의 열매를 맺을 수 있기를 바랍니다!

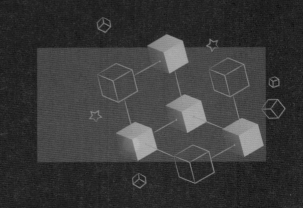

CONTENTS

Chapter 2.
블록체인 생태계(B-world)

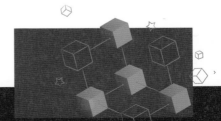

CONTENTS

Chapter 3.
블록체인 유스 케이스

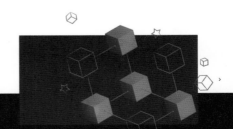

블록체인 제너레이션 : BZ 세대의 반란

Block
Chain
Generation

블록체인 파헤치기

디지털 혁신 인프라, 블록체인

현 시대의 핵심 갈등 포인트 : 분산형 대 중앙집권형(Decentralized vs Centralized)

현대사회에서, 그리고 곳곳의 조직에서 우리는 서로 반대되는 두 가지 주요한 트렌드를 관찰할 수 있다. 이는 특정 조직 및 생태계를 중앙집중식 시스템에서 점진적으로 중앙집중식 솔루션의 분산형 버전으로 전환하는 것과 관련이 있다. 경우에 따라 이러한 움직임은 분산형에서 중앙집중형으로, 즉 반대 방향으로 진행된다.

예를 들어, 전통적인 중앙집중식 보험회사를 대체할 수 있는 블록체인 기반 분산형 보험 애플리케이션[이러한 블록체인 기반 탈중앙화 애플리케이션을 디앱(DApp, Decentralized App)이라고 함]이 대두되는가 하면, 분산형 블록체인 기반 화폐를 구축, 실험하고 있는 프랑스, 영국, 중국, 한국 등 여러 중앙집중식 정부와 중앙은행의 활동도 왕성하게 전개되고 있다.

좀 더 높은 수준에서 전반적인 산업의 흐름을 살펴보자. 예로부터 일부 지역이나 산업 분야에서는 특정한 한 가지 경향이 잠시 강하게 작용하다가 반

대의 경향이 강해지면서 사라지는 것을 관찰할 수 있다. 혹은 그 반대의 현상
이 나타나기도 한다. 이를 '펜듈럼 효과(pendulum effect)'라고 하는데, 이것은
반대되는 힘이 잠시 동안(수개월 또는 여러 해 동안) 시스템의 무게중심을 한 방향
으로 이동시킨 후, 일정 지점에 다다랐을 때 관성에 의해 반대쪽 방향으로 이
동하기 시작하는 것을 지칭한다.

탈중앙화 시스템과 중앙화 시스템 간의 펜듈럼 효과

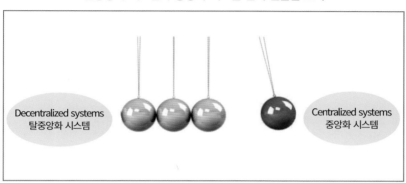

탈중앙화 시스템과 중앙화 시스템 간의 펜듈럼 효과

블록체인 기술은 급진적인 분산형 및 탈중앙화 트렌드를 이끄는 원동력
중 하나로 여겨지고 있다. 중앙집중화된 기관과 생태계, 정부를 붕괴시키거나
경계를 모호하게 할 가능성이 있다고까지 평가되는 블록체인 기술과 그 근
원이 되는 철학, 그리고 다양한 응용 사례에 대해서는 뒤에서 더 자세히 설명
할 것이다.

간단하게 설명하자면, 블록체인 기술은 수천 대의 컴퓨터, 즉 노드(node)
들로 이루어진 글로벌 피어투피어(peer-to-peer, P2P) 네트워크로 구성되어
있는데, 이 네트워크는 '분산원장(distributed ledger)'이라 불리는 인증되고
(authenticated), 안전하며(secure), 일관된(consistent) 데이터 세트를 구축한다.

블록체인 기술은 2008년 이를 적용한 비트코인(Bitcoin)이 출현하면서 세상

에 널리 알려졌다. 비트코인이라는 암호화폐를 통해 금전적인 가치를 피어투피어 네트워크상에서 교환하고, 위변조되지 않은 믿을 수 있는 금융 거래 기록을 제공했다. 비트코인의 등장 이후에 100여 개가 넘는 또 다른 블록체인 기술 플랫폼이 뒤따라 나왔다. 그중 가장 잘 알려진 블록체인 플랫폼은 이더리움(Ethereum)으로, 이는 이더(Ether, ETH)라고 불리는 암호화폐를 포함하고 있다.

블록체인 기술은 분산되고(distributed) 탈중앙화된(decentralized) 생태계에 기반한다. 여기서 노드는 서로 다른 종류의 통신을 가능하게 하고, 다양한 비즈니스 시나리오와 유스 케이스를 지원하는 프로토콜을 사용해 서로 통신해야 한다. 유의미한 결과치에 도달하기 위해서는 시스템의 노드들 간에 일정한 통신 규칙이 있어야 한다. 즉, 다양한 참여자가 서로 합의한 특정 비즈니스 목적에 도달하려면(예를 들어, 한쪽이 다른 한쪽에게 비용을 지불하는 등의) 이를 수행해야 하는 방식을 결정하는 일관된 규칙이 있어야 한다.

서로 다른 당사자 간의 이러한 구조화된 의사소통을 포괄하는 용어가 '프로토콜'이며, 이는 우리가 여기서 논의할 핵심 개념이다. 프로토콜에는 두 가지 측면이 있는데, 그것은 기술적 측면과 비즈니스 측면이다. 기술적 측면에서 프로토콜은 '기기 간의 데이터 교환 또는 전송을 지배하는 규칙 집합'을 말한다. 비즈니스 측면에서 프로토콜은 '국가 또는 외교 행사에서의 업무를 관장하는 공식 절차 또는 규칙 체계'를 말한다. 이는 사전적 정의로, 프로토콜은 정부뿐만 아니라 민간기업 같은 다양한 조직에도 적용되는 용어다.

다양한 시나리오를 지원하는 프로토콜

블록체인은 앞서 말했듯이 피어투피어 네트워크에 기반하며, 네트워크라는 용어는 다수의 참가자가 존재한다는 것을 의미한다. 이러한 참가자들의 집합이 유용하고 유의미한 작업을 수행하고, 특정 작업을 도출해내기 위해서는 구조화된 방식으로 의사소통을 해야 한다. 프로토콜은 참가자가 통신할 수 있는 체계적인 방법이다. 서로 다른 프로토콜은 서로 알지 못하는 당사자

간의 안전한 지불과 같은 서로 다른 목표를 달성하는 데 도움이 된다.

프로토콜의 혁신은 세계경제의 혁신을 가능하게 할 수 있다. 떠오르는 블록체인 경제는 분산형 대출, 분산형 토큰 교환, 디지털 자산의 부분 소유권 등 새로운 비즈니스 시나리오와 비즈니스 모델을 지원하는 새로운 프로토콜을 기반으로 구축될 것이다. 또 다른 시나리오는 데이터 수익화를 위한 프로토콜이다. 주목받는 블록체인 팀과 프로젝트들 중, 모든 사람이 데이터를 판매할 수 있는 분산형 데이터 시장을 설계한 프로젝트가 있다. 이는 대규모 중앙집중형 인터넷 회사가 여러 개인으로부터 데이터를 수집, 제어해서 수익을 창출하는 것과는 반대의 방식이다. 이때 각 기능은 특정 비즈니스 프로세스를 처리하는 프로토콜에 의해 활성화된다. 이러한 프로토콜은 블록체인 플랫폼의 기본 프로토콜 위에 계층화된다. 이더리움과 비트코인의 파운데이셔널 프로토콜은 피어투피어 결제 및 멀티-시그니처(트랜잭션 서명에 여러 프라이빗 키를 이용해 부정송금의 리스크 절감을 도모하는 것) 트랜잭션과 같은 기본 작업을 처리한다. 이 과정에서 필요로 하는 '프로토콜 스택(protocol stack)'이 있다. 프로토콜 스택은 센서 네트워크를 구성하는 데 필요한 다양한 규약을 기능별로 구분해놓은 것이다. 여기서 애플리케이션 레벨 프로토콜은 파운데이셔널 레벨 프로토콜에 의해 계층화되고 지원된다.

무허가형 혁신(permissionless innovation)

일단 기술 플랫폼이나 기술 기반이 확보되면 새로운 활동을 가능하게 하는 새로운 프로토콜을 개발할 수 있다. 블록체인이 흥미로운 이유는 참가자들이 서로 관여할 수 있는 새로운 방법을 발명하는 것을 누구도 막을 수 없기 때문이다. 이는 곧 허가가 필요 없는, 즉 무허가형 혁신과 그에 기반한 끊임없고 다양한 시도로 이어질 수 있다.

중앙의 권한(central authority)이 없기 때문에 허락을 구할 대상도 없거니와, 승인 혹은 거부할 당사자도 없다. 따라서 개발자 및 비즈니스 혁신가들은 각자가 원하는 방식으로 자유롭게 혁신을 할 수 있다. 이때 유일한 장애물은 상상력의 한계뿐이라고 말할 수 있다.

급진적 투명성(radical transparency)

블록체인이 가능하게 하는 또 다른 현대적 경향은, 익명성과 프라이버시를 유지하면서 생태계 참여자들 간의 상호작용에서 가시성을 높이는 '급진적 투명성'이다. 블록체인은 전 세계 누구나 볼 수 있는 글로벌하게 공유된 정보 구조로 이루어져 있다. 이러한 데이터 중 일부가 공개되지 않고 기밀이어야 한다면 블록체인에 저장하기 전에 암호화를 할 수 있다.

공개되어도 좋은 데이터는 완전히 투명하게 공개되는데, 이는 월드와이드웹(www)에 웹페이지를 게시하는 것과 유사한 원리다. 이러한 정보는 전 세계에서 볼 수 있으며, 이는 이전의 전통적인 형식의 데이터 스토리지에 비해 근본적으로 변화하는 양상을 보여준다. 현재는 대부분의 웹페이지가 로그인 기능을 통해 데이터를 보호한다. 반면 블록체인은 보안 암호화 프로토콜을 사용해서 가능한 한 데이터를 투명하게 신뢰할 수 있는 방식으로 공개하는 동시에, 아울러 개인정보를 보호하는 그 두 가지 작업을 모두 수행할 수 있다.

일부 비즈니스 프로세스는 '영지식증명(ZKP, Zero-Knowledge Proof)'의 이점을 누릴 수 있다. 영지식증명은 정보를 전혀 주지 않고 상대방에게 정보를 알고 있음을 증명하는 방법으로, 개인정보 보호를 중요시해 프라이버시에 초점을 맞춘 암호화폐에 주로 사용된다. 예를 들어, 은행 계좌가 있고 해당 정보를 비즈니스 파트너에게 선택적으로 공개하고자 한다고 가정해보자. 기존 방식으로는 은행 정보를 신뢰할 수 있도록 검증하는 데 상당한 노력과 비용이 소요될 수 있다. 상대방은 은행에 연락해서 그들의 신원을 증명하고 당신에게서 민감한 정보를 밝힐 수 있는 허가를 받아야 할 것이다.

그러나 블록체인에서 이 프로세스는 훨씬 빠르고 비용 효율적으로 수행할 수 있는데, 예를 들면, 공개키 암호화(PKC, Public Key Cryptography : 트랜잭션 작성자 또는 계정 소유자임을 입증할 수 있음), 계정을 쿼리(query)할 수 있는 블록 탐색 도구 또는 스마트 컨트랙트 등의 방식을 통해 수행될 수 있다. 이러한 메커니즘은 효율성 향상, 신속한 결과 도출, 낮은 비용을 통해 기존 비즈니스 프로세스를 획기적으로 변화시킬 수 있다.

신(新)경제인류, '블록체인 카르텔'

성숙기에 접어든 산업군이나 업계에서 흔히 볼 수 있는 현상이 있다. 시장 점유율을 확립하고 점유율을 소폭(또는 1%) 올리려는 주요 경쟁업체들이 카르텔을 형성하고 있는 상황이 그것이다. 이 경쟁자들은 버거킹 대 맥도날드, 토요타 대 혼다, iOS 대 안드로이드 등 서로 매우 비슷한 구도로 진화해왔다. 의도적이든 아니든 간에 성숙기로 접어들면서 변화하기가 힘들어진 레거시 시스템(legacy system)은 총체적으로 '카르텔' 역할을 하며, 신생 외부 경쟁업체에도 비슷한 반응을 보인다. 그들은 입법, 산업 컨소시엄, 공급망 파트너십 등과 같은 메커니즘을 사용해 기존 질서를 다른 파괴적인 요인들로부터 보존하려고 애쓴다.

전통적인 은행과 금융 서비스 부문은 사이퍼 펑크(cypherpunk : 암호기술을 이용해서 기존의 중앙집권화된 국가와 기업구조에 저항하려는 사회운동)라든지 비트코인이나 이더리움 등 많은 종류의 암호화폐를 개발 또는 지지하는 독립적인 성향의 사람들의 느슨한 집합에 의해 카르텔로 여겨진다. 익명의 나카모토 사토시(中本哲史)가 만든 비트코인 블록체인의 첫 블록에는 2009년 1월 <런던타임스>가 은행 구제금융에 관해 보도한 기사가 포함되어 있다. 이렇게 은행 산업 카르텔과 정부 간의 긴밀한 관계에 대해 강하게 비판하고 있음을 내비치면서 비트코인과 블록체인이 이러한 전통적인 '단일' 산업에 반대한다는 것을 보여준 것이다.

블록체인 옹호자들은 블록체인 분야가 전통적인 회사, 전통적인 제품 포트폴리오, 그리고 정부의 규제(또는 지원)를 벗어난 많은 독립적인 사람들이 참여하는 산업이라는 점에서 스스로를 '반(反)카르텔'로 보고 있다. 비트코인의 경우, 이러한 독립성은 플랫폼에 역효과를 내는 행동을 초래했다. 예를 들어, 블록 크기 매개변수를 증가시켜 비트코인의 확장성을 개선해야 할 필요가 있었는데 이와 관련해 독립적 성향의 단편화된 커뮤니티에서 수년간 격렬한 논쟁이 있었다. 그 결과 당시 필요했던 것은 간단한 조치였음에도 오히려 그런 조치는 부족했으며, 게다가 여러 번의 비트코인 포크(fork)가 있었는데 그중 어느 것도 큰 영향을 미치지 않았다.

포크(fork)는 새로운 버전과 기존 버전의 두 가지 버전이 있는 블록체인을 업그레이드한 결과물이다. 만약 두 버전이 호환되지 않는다면 하드포크(hard fork)라고 불린다. 반면 이전 버전과 호환되는 방식으로 새 버전으로 업그레이드하면 소프트포크(soft fork)라고 불린다. 블록체인 프로토콜에 대한 대대적인 업그레이드가 있을 경우 대개 하드포크가 발생하는데, 이러한 큰 변동 사항이 발생했을 시에는 이전 버전과의 호환이 어려워진다. 반면, 사소한 변화가 있으면 보통은 소프트포크로 할 수 있으나, 종국에는 하드포크나 소프트포크를 구분하는 기준은 그 변화의 본질(nature of change)에 따라 달라질 수 있다.

만약 제안된 변화 또는 변동 사항에 대해 강한 이견이 존재할 경우 하드포크는 블록체인 커뮤니티에 지장을 줄 수 있다. 논쟁의 여지가 있는 하드포크는 커뮤니티에 분열을 초래하는데, 생태계의 일부 사람들은 새로운 버전으로 가고, 다른 사람들은 업그레이드하지 않고 기존 버전으로 유지하기로 결정을 내릴 수 있다. 이런 종류의 파괴적인(disruptive) 하드포크는 두 종류의 크립토커런시(cryptocurrency)로 나뉘는 결과를 초래한다. 이는 이더리움상에서 발생했는데, ETC(구버전을 보관하고 업그레이드하지 않은 이더리움 클래식)와 ETH(이더리움 연합회의 90%가 지원하는 화폐의 주류 버전)로 나뉘는 계기가 되었다.

비트코인의 세계에서 여러 파괴적인 포크들이 많이 등장했고 이것은 분열된 커뮤니티와 BTC, BSV, BCH와 같은 여러 비트코인 관련 통화로의 분열을 초래했다. 반면, 느슨하고 독립적인 집단이나 사람들의 집합은 빠르게 혁신하면서 기성 산업의 카르텔을 붕괴시킬 수 있는 새로운 영역으로 확장될 수 있다. 예를 들어, 금융 서비스 분야에서 '디파이(DeFi, 탈중앙 금융)' 운동은 각자의 의제를 수행하는 독립적인 당사자들의 느슨한 집합으로 구성되지만, '집단 정보'를 통해 함께 기존 산업 분야를 방해할 가능성이 크다.

디지털 디아스포라,
현실과 가상세계의 구분이 모호해지다

우리 시대의 핵심 트렌드는 이른바 '디지털 디아스포라(digital diaspora)'다. '디아스포라'는 원래 고국에서 인구가 분산되는 것을 가리키는 역사적 용어다. 본래 중동에서 다른 대륙과 국가(독일, 스페인, 러시아 등)로 많은 유대인 인구가 분산된 것을 가리킬 때 사용되어온 용어로, 중국인들이 자국 본토에서 다른 지역(말레이시아, 싱가포르, 북미, 유럽 등)으로 이주하는 것을 지칭하는 데도 쓰여왔다.

이 용어가 여기서는 디지털 사용자가 물리적 위치(예 : 회사 건물에서 컴퓨터를 사용하는 직원의 경우)가 있는 중앙집중식 시스템에서 물리적 무게중심이 없는 분산형 환경으로 마이그레이션(migration)하는 것을 가리킬 때 사용된다. 예를 들어, 거주지를 하나의 영구적 위치(실리콘밸리 등)에서 여러 위치로 옮기는 젊은 기술 전문가인 '디지털 유목민'이 있다. 이들은 각각 단기간만 거주하며, 단지 물리적 세계를 여행하는 것이 아니라 메타버스의 가상세계로 이동하고 있다.

메타버스(Metaverse)는 기술 산업의 새로운 발전과 관련해 언론에 많이 등장한 용어다. 그러나 이 용어는 올바르게 사용되지 않고 있다. 많은 메타버스 관련 기사들을 보면 마인크래프트(Minecraft)나 로블록스(Roblox) 같은 가상

세계를 가리키기 위해 이를 사용한다. 하지만 메타버스라는 용어를 올바르게 사용하려면 부분적으로는 블록체인 기술을 통해 서로 연결되고 상호 운용 가능한 컬렉션인 '전체' 가상세계를 지칭해야 한다.

가상세계는 새로운 개념이 아니다. 지난 20여 년 동안 여러 당사자가 참여할 수 있는 3D 가상세계가 존재해왔다. 흔히 사람들은 포트나이트(Fortnite)와 같은 멀티플레이어 온라인 게임의 관점에서 메타버스(가상세계)를 떠올린다. 하지만 온라인 전투는 메타버스의 한 종류일 뿐이다. 사람들은 인간의 원시적인 동기를 뒷받침하는 다른 가상세계가 있다고 말한다. 사람들은 현실세계와 가상세계 모두에서 다음과 같은 활동을 하기를 좋아하는 것 같다.

- 배틀 게임인 포트나이트와 같은 격투나 경기
- 더심즈(The Sims)나 마인크래프트 같은 건설이나 시뮬레이션
- 시스템(소량의 전투도 포함하는 온라인 시스템)과 같은 건축이나 창조적 설계
- 서로 다른 참가자들이 문자 채팅, 음성 채팅 혹은 경우에 따라 아바타 신체 간의 상호작용(싸움이 아닌 친밀한 성격의 참여)으로 서로 참여할 수 있는 3D 환경[예 : 세컨드 라이프(Second Life), IMVU, 아바킨 라이프(Avakin Life)]을 통한 사회적 참여

메타버스는 기술 분야와 투자자 커뮤니티 내에서 시간이 지남에 따라 성장하고 있으며 갈수록 경제적으로 큰 영향을 미칠 것으로 받아들여지고 있다.

인터넷 강자인 페이스북은 '메타'로 사명을 바꾸기까지 하면서 스스로를 '메타버스 회사'라고 부르고 있다. 페이스북은 다음과 같이 메타버스를 정의한다.

"메타버스는 여러분과 동일한 물리적 공간에 있지 않은 다른 사람들과 함께 만들고 탐험할 수 있는 가상공간 세트입니다."

투자자 매튜 볼(Matthew Ball)은 "메타버스는 지속적으로 실시간 렌더링되는 3D 세계와 시뮬레이션으로 구성된 광범위한 네트워크로서 신원, 객체, 이

력, 결제, 사용권의 연속성을 지원하며 각각에 대해 존재감을 가진 무제한의 사용자가 동시에 경험할 수 있다"고 정의 내린다.

그러면서 매튜 볼은 메타버스의 현재, 그리고 미래에 발휘될 잠재력을 설명하기 위해 '모바일 인터넷'을 예로 든다. 메타버스가 근본적으로 인터넷을 대체하는 것이 아니라 시간이 지남에 따라 인터넷을 구축하고 변화시킬 것이라는 견해가 있다. 모바일 인터넷은 인터넷 진화의 다음 단계로 볼 수 있다. 인터넷은 1970년대에서 1990년대에 걸쳐 확립되었다. 모바일 인터넷은 1990년대 후반과 2000년대에 등장했다.

모바일 인터넷이 인터넷의 기본 구조를 바꾸지 않았음에도, 그리고 모바일 장치로 전송되는 데이터를 포함한 오늘날 인터넷 트래픽의 대부분은 여전히 기존 인프라를 통해 전송, 관리되고 있음에도 많은 사람들이 이를 질적으로 다르게 보고 있다. 이것은 모바일 인터넷이 우리가 인터넷에 접속하는 방법, 우리가 사용하는 장치, 우리가 후원하는 회사, 우리가 구매하는 제품과 서비스, 우리가 사용하는 기술, 우리의 문화, 우리의 비즈니스 모델, 우리의 정치에 변화를 가져왔기 때문이다.

이와 마찬가지로 메타버스는 사람들이 인터넷을 사용해서 서로 관여하고, 사업을 하고, 엔터테인먼트를 경험하고, 심지어 직장에서 협력하는 방법을 변화시킬 것이다. 메타버스는 반복적이지만 혁신적인 변화다. 그것은 모든 사람을 '배치(batch)', '가상' 혹은 '3D' 버전의 인터넷 안에 넣고 거의 끝이 없는 기준으로 작동한다.

전통적인 인터넷에서는 사용자들이 온라인 공간 밖에서 그들의 삶을 살고 있으며, 특정한 경우 제품을 주문하기 위해서는 전자상거래로, 친구에게 메시지를 보내기 위해서는 소셜 네트워크 사이트로 온라인에 접속한다. 모바일의 사용과 보편화가 이러한 경험을 완전한 몰입형(completely immersive)으로 바꾸었다. 모바일 기기를 가지고 있는 사람들은 거의 항상 인터넷에 연결되어 있고 카카오톡과 같은 소셜 채널을 통해 언제나 연락이 닿는다.

이렇듯 모바일 기술이 인터넷의 경험을 간헐적 경험에서 몰입적 경험으로 변화시킨 방식과 유사하게, 이제 메타버스는 우리의 디지털 라이프 경험을 전면적으로 변화(sweeping transformation)시킬 것이다.

가까운 미래에 메타버스에서는 사람들이 물리적 세계에서 일상생활을 하는 동안에도 계속해서 3D 디지털 세계에 몰입하게 될 것이다. 즉, 3D 물리 세계와 3D 가상세계가 합쳐질 것이며, 사람들은 하루 24시간 종일, 일주일 내내 그들의 일상생활 속에서 중단 없이 메타버스를 경험할 것이다.

전통적인 인터넷과 같은 현재의 메타버스에서는 사람들은 몰입적인 접근(immersive access)보다는 간헐적인 접근(intermittent access)을 한다. 즉, 하루 중 특정 시점에 가상세계에 접속해 약간의 돈을 쓰고(금전적 교환 혹은 거래), 상대를 쏜 다음(슈팅 게임 같은 메타버스에서), 메타버스 밖으로 나가 정상적인 세상으로 돌아간다. 그러나 이러한 현재의 상황은 바뀌어가고 있고, 가까운 미래에는 사람들이 휴대전화에서 절대 나가지 않는 것처럼, 메타버스를 절대 벗어나지 않는 일상생활을 영위하게 될 수도 있다. 다시 말해서, 우리는 인터넷에 접속하기보다는 지속적으로 '내부'에 있게 될 것이다. 사람들은 우리 주변의 수십억 대의 상호 연결된 컴퓨터와 함께 가상공간에 존재할 것이다. 사람들은 가끔 손을 뻗기보다는 실시간으로 함께할 것이다.

전자상거래 웹사이트가 등장하고, 콘텐츠 지향 웹에서 진화했듯이(아마존이 초기 월드와이드웹에서 하이퍼텍스트 문서를 공유하는 과학 연구자들의 소규모 네트워크를 성장시켰다가 나중에는 무색하게 만듦) 메타버스 사업이 출현할 것이다.

사용자와 기업이 다양한 경험(예 : 자동차 경주, 그림 그리기, 수업 참석, 음악 감상)을 탐색하고 생성하고, 사회화를 하고 참여를 하며, 경제활동에 참여할 수 있는 최적화된 디지털 3차원 시뮬레이션, 환경, 그리고 세계가 등장할 것이다. 이러한 비즈니스는 기본 플랫폼 위에 구축된 대부분의 콘텐츠를 생성하거나 수익의 대부분을 가져가는 대규모 개발자 및 콘텐츠 제작자 생태계의 존재에 의해 활성화되고 지원될 것이다. 이것은 전통적인 온라인 경험이나 멀티플레이 비디오 게임과는 다르다. 메타버스 경제에는 사용자 데이터와 아이덴티티(identity)에 연결된 가상의 상품 및 통화와 같은 디지털 자산의 설계, 창조, 판매, 재판매, 저장, 보안, 재무관리가 포함된다. 또한, 이 경제에는 메타버스 위에 구축된 모든 비즈니스와 서비스가 포함된다.

모바일 인터넷의 사례를 바탕으로, 매튜 볼은 메타버스가 의료에서부터 결제, 소비자 제품, 엔터테인먼트, 시간당 노동, 심지어 성 노동에 이르기까지 많은 산업과 비즈니스 생태계에 영향을 미칠 것으로 예상한다. 그 밖에도 새로운 산업, 시장, 자원이 새로운 유형의 기술, 직업, 자격증과 함께 등장할 것이라 예상할 수 있다. 이러한 변화의 경제적 가치는 총 수십억 달러 혹은 그 이상이 될 것이다.

오늘날 대부분의 선도적인 가상 플랫폼은 게임에서 비롯되었다. 게임은 오랫동안 가장 복잡하고 규모가 크며 다양한 시뮬레이션이었다. 이것은 상당한 계산 능력에 투자한 그 어떤 사용자 집단도 가지고 있지 않았던 것이다. 또한 게임 경험은 재미가 있으며 사용자들을 유지시키기 위해 고안되었다. 이와는 대조적으로, 게임 같은 경험 없이 가상세계로 시작된 다른 이니셔티브(initiative)는 동일한 수준의 성공을 거두지 못했다.

메타버스의 한 범주는 세컨드 라이프(Second Life), 더심즈(The Sims), 알트스페이스VR(AltspaceVR), 드림즈(Dreams), 로블록스(Roblox), 렉룸(Rec Room), VR챗(VRChat)과 같은 소셜 가상세계다.

호라이즌월드(Horizon Worlds: 이전의 페이스북 호라이즌)의 개발은 페이스북[오큘러스 룸(Oculus Rooms), 페이스북 스페이스(Facebook Spaces)]의 초기 소셜 VR 앱에 이어 진행되었으며, 이전 앱보다 사용자 생성 콘텐츠에 더 초점을 맞추었다. 2021년 8월 페이스북은 원격작업 환경을 관리하는 팀을 대상으로 하는 협업 앱인 호라이즌 워크룸(Horizon Workrooms)의 오픈베타를 출시했다. 이 앱은 최대 50명에게 가상회의실, 화이트보드, 그리고 영상통화의 통합 기능을 제공한다.

'플랫폼'은 오래전에 빌 게이츠가 "플랫폼은 그것을 사용하는 모든 사람의 경제적 가치가 그것을 만드는 회사의 가치를 초과할 때"라고 언급했을 때 인용되었다. 이와 유사한 관점은, 사람들이 함께 시간을 보내는 대부분의 콘텐츠가 다른 사람들에 의해 만들어진 것일 때 플랫폼이 존재한다고 말하는 것이다. 게임 기반이든 패션쇼 또는 갤러리와 유사하든 간에 일부 가상세계는 메타버스 플랫폼에 연결하고 메타버스 기반 서비스와 통합하며 메타버스 고유의 기술을 사용할 수 있지만, 엄밀히 말하면 가상 플랫폼은 아니다.

실제 메타버스 플랫폼의 구성 요소는 다음과 같다. 타사 크리에이터가 가치를 추가할 수 있는 기술적 능력이 있어야 한다(VR 엔진과 크리에이터 스튜디오, 관련 도구 사용). 또한, 이를 지원하는 서비스(자산을 거래하거나 다양한 구성 요소들을 거래할 수 있는 마켓플레이스, 음성 채팅, 플레이어 계정, 결제 서비스)가 있어야 한다. 이로 인해 다면적인 경제(즉, 온 플랫폼 제작자·개발자와 공유되는 소비자 지출, 창작자·개발자 수익)가 발생한다.

선순환을 만들어내는 플랫폼은 성공을 거둘 것이다. 기술과 도구가 향상되면 더 많은 사용자가 생기고 사용자당 지출이 증가한다. 이렇게 되면 더 나은 기술과 도구가 생산될 수 있는 더 많은 플랫폼 수익이 생긴다. 그뿐만 아니라 더 나은 경험이 생산될 수 있는 창조자·개발자 수익도 증가해 더 많은 개발자와 사용자를 끌어들인다.

데이터 보안성 및 신뢰성 증진

블록체인 기술의 핵심적인 요소는 데이터 보안성과 안정성이다. 이것은 데이터에 대해 불변의 변조 방지 기록을 제공하는 블록체인의 핵심 기능이라고도 할 수 있다. 첫 번째로 등장한 블록체인은 비트코인 블록체인으로, 네트워크상의 피어로부터 지불을 받거나 피어에게 지불을 하는 단 하나의 기능만을 갖고 있었다. 비트코인 블록체인은 대부분 한 가지 종류의 데이터, 즉 트랜잭션 데이터를 저장한다. 이더리움과 같은 더욱 범용적인 블록체인 플랫폼은 스토리지 기능이 향상되었으며, 단순한 트랜잭션 데이터가 아닌 다양한 종류의 데이터를 저장할 수 있다.

비트코인, 이더리움, 그 밖에 다른 블록체인이든 관계없이 블록체인이라면 모두가 다 '분산원장'의 개념을 구현한다. 분산원장은 단일 서버뿐만 아니라 글로벌 피어투피어 네트워크에 있는 수천 대의 서버 네트워크에 걸쳐 저장된 중요한 데이터의 모음이다. 데이터는 여러 지역의 서로 다른 조직으로부터 서로 다른 데이터 센터에서 실행되는 여러 시스템에 복제되므로 공격자가 데이터를 수정하는 것이 불가능하지는 않지만 매우 어렵다.

데이터는 암호화 알고리즘과 데이터가 저장되는 체인과 유사한 구조로 보호된다. 체인 형태로 이어지는 이러한 구조하에서는 모든 데이터가 체인의 다른 부분과 암호적으로 연결된다. 이는 공격자가 체인의 중간에 있는 데이터를 수정하는 게 불가능하다는 것을 의미한다. 공격자는 체인 끝에 가짜 데이터를 잠깐 넣을 수 있지만, 공격자가 수천 대의 컴퓨터에 해당하는 연산 능력을 가지고 있지 않은 한, 분산원장을 업데이트하는 일반적인 프로세스의 일부로 합법적인 데이터에 의해 빠르게 '덮어쓰기'(통과)된다. 채굴 또는 마이닝(mining)은 비트코인과 이더리움에서 원장을 업데이트하고 거래 정보를 블록체인에 기록하는 구조화된 과정을 일컫는 용어다.

비트코인과 이더리움은 작업증명(proof-of-work) 체인이고, 테조스는 지분증명(proof-of-stake) 체인이다. 용어에 상관없이 이 작업은 대부분 같은 과정을 나타낸다. 트랜잭션 정보 등을 블록체인에 안전하고 불변적인 방식으로 기록하는 방법이다. 이는 모든 블록체인이 동일하게 지향하는 목표다.

중요한 고액의 트랜잭션이 있고 그 트랜잭션이 안전하게 기록되어야 하는 경우, 특정 수의 블록이 체인에 추가될 때까지 기다리기만 하면 된다. 블록이 여섯 개 정도 지나면 트랜잭션이 효과적으로 영구화 및 불변하게 된다. 블록체인 콘센서스 알고리즘의 특성상 공격자가 트랜잭션 기록을 수정하는 것이 불가능하기 때문이다.

데이터가 은행 중앙 데이터 센터와 같은 단일 서버에 저장된 경우, 공격자가 해당 데이터 센터에 침투해 서버에 접근하고 수정할 수 있다. 물론 은행과 정부 기관에는 많은 보호 계층(방화벽, 침입 탐지 시스템)이 있지만, 역사를 보면 단일 중앙 데이터 센터는 '단일 장애 지점(이중화되지 않은 시스템에서 장애가 발생할 경우 전체 또는 일부 서비스가 중단되는 시스템 자원)' 또는 단일 취약점임을 알 수 있다.

최근 몇 년 동안 해커들은 주요 금융기관[에퀴팩스(Equifax), 캐피털원(Capital One), TRW]의 데이터 센터에 접근해 수억 명의 데이터를 침해했다. 정부 인력에 대한 민감한 정보를 갖고 있던 미국 OPM과 같은 정부 기관들도 해킹을 당했는데, 그 결과 수백만 명의 미국 공무원들의 기밀 정보가 유출되었다.

하지만 블록체인의 경우는 달랐다. 비트코인과 이더리움 블록체인에 저장된 데이터는 수년 동안(비트코인은 11년, 이더리움은 6년) 인터넷에 공개되었음에도 손상되거나 변조된 적이 없다. 역사상 가장 뛰어나다는 해커들이 수년간 해킹 시도를 했지만 640억 달러 가치의 비트코인 블록체인의 계정을 통제하는 나카모토 사토시의 신원은 결코 밝혀진 바가 없으며 그 자금이 도난당한 적도 없다.

물론 암호화폐 생태계에는 많은 사기 행위와 범죄 행위(랜섬웨어 공격 등)가 존재한다. 이러한 활동은 기반 기술 및 보안과 직접적인 관련이 없다. 실제로 랜섬웨어 공격이 성공한 이유는, 오히려 블록체인 기반 기술이 매우 안전하기 때문이다(블록체인은 범죄자가 신분을 밝히지 않아 사법당국이 자산을 압류할 수 없는 안전한 돈벌이 메커니즘을 제공함으로써 랜섬웨어 공격을 가능하게 한다).

전통적인 웹과 인터넷에서는 웹사이트에서 판매되는 가짜 제품이나 스팸, 피싱 같은 범죄 혹은 바람직하지 않은 활동이 많이 일어나고 있다. 그런데 이러한 활동이 일어난다는 것이, 곧 기본 웹 프로토콜 또는 전자 메일 프로토콜이 안전하지 않음을 의미하는 것은 아니다. 이와 마찬가지로 블록체인 생태계에 범죄 활동이 존재하지만, 이것이 기본 프로토콜이 안전하지 않다는 것을 의미하지는 않는다. 대신, 블록체인 기술은 데이터 보안과 개인정보 보호에 있어 엔터프라이즈 IT 시스템이나 소비자 시스템보다 더 나은 실적을 보이고 있다.

데이터 안정성과 관련해 아마존, 페이스북, 은행, 항공사 등은 최근 몇 년간 모든 주요 중앙집중식 시스템에서 일종의 중단을 경험했다. 대부분의 엔터프라이즈 시스템에는 일주일에 몇 시간씩 '예약된 유지 관리' 시간이 있다. 이와 대조적으로 비트코인과 이더리움 블록체인은 충돌한 적이 없으며, 사람이 사용할 수 없었던 적도 없다.

이처럼 데이터 보안 및 가용성은 블록체인 기술의 가장 강력한 측면 중 하나다. 블록체인 기술은 사용하기가 가장 간단하다. 대부분의 기업에서는 결제, 토큰 보상, 스마트 컨트랙트 등을 사용하는 솔루션이나 애플리케이션을 만드는 것이 복잡할 수 있다. 반면, 블록체인에 영구적인 방식으로 데이터를 기록하는 것은 간단하고 안전성이 입증된 기술로 즉각적인 비즈니스 이점을 제공할 수 있다.

신(新)사회계약, 탈중앙화된 자율 조직(DAO)

탈중앙화된 자율 조직, 즉 DAO(Decentralized Autonomous Organization)는 사람과 기업을 조직하는 획기적인 방법으로, 포스트 코로나 시대의 비대면 비즈니스에서 필수적인 역할을 하게 될 수 있다. DAO는 대부분 또는 완전히 분산되어 있는 새로운 형태의 '긱 경제(Gig economy)'를 가능하게 할 잠재력을 가지고 있다.

긱 경제는 블록체인과 직접적인 관련이 없지만, 이로 인해 이익을 얻을 수 있는 경제 모델을 말한다. '긱(Gig)'은 음식을 배달하거나, 로고를 디자인하거나, 공유차량을 운전하거나, 다른 작은 상품이나 서비스를 제공하는 것과 같은 일의 작은 단위다. 한 번에 한 항목씩 계약 방식으로 이러한 서비스를 제공하는 인력 공급자의 유동 풀(pool)이 있다. 이 사람들은 종업원이 아니라 시간 단위로 일한다. DAO는 다양한 유형의 긱 경제 시나리오를 구현하는 데 사용될 수 있다.

DAO는 컴퓨터 프로그램(스마트 컨트랙트)으로 인코딩된 규칙으로 대표되는 디지털 조직이다. 글로벌 블록체인에 존재하는 가상 또는 디지털 조직이기 때문에 중앙정부나 오프체인 당국(offchain authority)의 통제를 받지 않는다. '오프체인 당국'은 정부나 경찰 기관과 같은 현실 세계의 권위를 의미한다. '오프체인'은 블록체인 산업에서 '온체인'의 반대말로 사용된다. 온체인 데이터는 블록체인에 기록되는 디지털 데이터, 일반적으로 트랜잭션 데이터다. 오프체인 데이터는 전통적인 기업정보 시스템과 같이 블록체인 외부에 저장되는 데이터다.

'오프체인'은 데이터를 지칭하는 것이 아니라 블록체인에 없는 어떤 실체를 지칭하는 일반적인 의미로도 사용될 수 있다. 예를 들어 '오프체인 당국'은 정부 기관이나 은행, 정책 기관과 같은 현실 세계의 조직 또는 실체다.

DAO의 비전은 발언권을 가지고 있는 구성원 모두에 의해 소유, 관리되는 집단적 조직을 포함한다. 거버넌스와 관련된 정책은 조직마다 다를 수 있다. DAO는 신뢰할 수 있는 커뮤니티 환경에서 가치를 교환하기 위한 일부 사용자의 요구에 부응한다. 조직의 금융 거래 및 규칙이 블록체인에 기록된다. 이는 금융 거래에 제삼자를 참여시킴으로써 규칙과 정책, 거래를 감독 및 시행할 필요가 없다는 것을 의미한다. 스마트 컨트랙트는 본질적으로 블록체인의 트랜잭션 데이터와 유사하게 불변하기 때문에 아무도 그 규칙을 편집할 수가 없다.

DAO의 규칙은 투명하고 공개적이다. 전통적인 형태의 법인은 서류상으로 작성되고, 정부에 의해 승인 및 등록되며, 지방법 제도와 사법 제도에 의해 시행되는 법적 계약을 요구받는다. 이와는 대조적으로 DAO의 스마트 컨트랙트는 블록체인 플랫폼의 기본 메커니즘에 의해 시행되는 '자동 실행'이다.

전통적인 기업들과 비교했을 때 DAO의 비전은 보다 민주적인 조직을 위한 것이다. DAO의 모든 구성원은 조직의 계층 구조에서 단독 당사자에 의해 수행되는 변경 사항 대신, 이행될 변경 사항에 대해 투표할 필요가 있다(이는 스마트 컨트랙트 작성 방법에 따라 달라진다). 즉, 위계 구조를 가진 전통적인 회사에는 CEO나 다른 고위 경영진과 같은 지정된 의사결정권자가 있다. DAO의 민주주의 비전에서는 스스로 결정을 내리는 CEO나 엘리트 집단이 존재하지 않는다. 대신, DAO 조직의 모든 사람이 그 결정에 대해 발언권을 가지고 있다.

블록체인 때문에 조직에 다른 종류의 자금 조달 메커니즘이 존재할 가능성이 있다. DAO의 자금 지원은 토큰을 발행하는 크라우드 펀딩 프로세스에 기초할 수 있다. DAO의 비전은 대부분 경영진, 이사회, 행동주의 투자자 등에 기반을 둔 전통적인 기업의 지배구조에 비해 지역사회에 기반을 둔 지배구조에 있다. DAO의 운영은 투명하고 글로벌할 수 있다. 이와는 대조적으로, 전통적인 회사의 운영은 개인적이며, 회사의 특정 사람들만 무슨 일이 일어나고 있는지 알 수 있다.

DAO가 완벽하게 작동하려면 다음과 같은 요소가 필요하다. 그것은 운영 정책을 정의하는 규칙의 집합으로, 조직이 특정 활동에 자금을 지원하고 의결권을 제공하기 위해 사용할 수 있는 토큰과 같은 자금 지원 메커니즘이다. 스마트 컨트랙트에 기반한 DAO의 잠재적인 문제 중 하나는 코드에 보안 구멍이 있을 경우 수정이 어렵거나 불가능할 수 있다는 것이다.

오늘날 DAO는 투자, 자선, 기금 모금, 차입, NFT(Non-Fungible Token, 대체 불가 토큰) 구입과 같은 다양한 용도로 사용되고 있다. 지금은 시장 접근을 제공하는 웹사이트가 있지만, 이 모든 것이 중개자 없이 일어날 수 있다. 이는 코인베이스(중앙집중식 시장)가 가상화폐 거래(탈중앙집중식 이벤트)에 대한 접근성을 제공하는 방식과 유사하다.

DAO라는 개념이 언제 구체적으로 구동되는지 하나의 예를 들자면, 자선 단체가 전 세계 어느 누구로부터도 기부를 받을 수 있고, 그 회원들은 기부금을 어떻게 쓸지 결정할 때이다. 앞서 언급했듯이 DAO의 정의적 특징은, 규칙과 정책이 정의되고 블록체인에 대한 스마트 컨트랙트로 구현되는 가상 조직이라는 것이다. 조직마다 정책이 다를 수 있으며 이를 구현하려면 서로 다른 스마트 컨트랙트가 필요하다. 예를 들어, 한 단체는 특정 행동에 대해 투표하는 조직의 사람들이 각각 한 표씩을 얻는 '1인 1표' 규칙을 가질 수 있다. 다른 조직에는 자신이 소유한 토큰 수(DAO에 의해 이러한 구성이 정의되었다고 가정했을 때)에 기반한 정책이 있을 수 있다. DAO를 구현하는 스마트 컨트랙트는 거버넌스 메커니즘을 확립한다.

1세대 DAO가 다루지 않은 중요한 문제는 '지배구조에 대한 거버넌스'다. 문제는 '정책을 어떻게 바꿀 것인가'이다. 예를 들어, DAO를 형성한 하이킹 클럽이 있다고 하자. 이 DAO는 회원들 간에 거래될 수 있는 하이킹 토큰을 발행한다. 이 토큰은 하이킹 활동에 자금을 대는 데도 사용된다. 회원들은 다음 주에 하이킹을 갈 장소를 투표로 결정하는 지배구조를 가지고 있다. 거버넌스 메커니즘은 1인 1표 정책을 기반으로 한다. 얼마 후에 어떤 사람들이 토큰 수를 기준으로 표를 할당하는 것으로 정책을 바꾸고 싶어 한다. 몇몇 회원은 토큰을 많이 보유하고 있지만, 다른 많은 회원은 하나의 토큰만 가지고 있다. 부유한 회원들이 투표 결과에 더 큰 영향을 미칠 수 있기 때문에 적은 수의 토큰을 가진 회원들의 저항이 있을 수 있다.

많은 DAO는 스마트 컨트랙트 지원 정책의 변경 사항을 처리할 메커니즘을 가지고 있지 않다. 따라서 그런 조직은 새로운 스마트 컨트랙트와 새로운 정책으로 개혁해야 할 것이다. 또는 (대리계약으로 알려진 기술적 메커니즘을 통해) 원래 DAO 스마트 컨트랙트의 교체와 변경을 허용하는 스마트 컨트랙트를 가질 수도 있다. 이런 중요한 결정에 대해서는 참가자들 사이에서 80%나 90% 또는 심지어 100%의 투표가 필요할 수 있다. 이처럼 DAO 거버넌스 메커니즘에는 '지배구조에 대한 거버넌스'가 포함된다.

NFT를 통한 새로운 가치의 인식과 거래

2021년의 블록체인의 화두를 꼽으라면 그중 하나는 단연 NFT일 것이다. NFT는 Non-Fungible Token의 약자로서, 우리말로는 '대체 불가 토큰'이라고 한다.

대체 가능한 토큰은 같은 종류의 다른 자산과 동등하며 상호 교환할 수 있다(interchangeable). 이는 마치 내가 보유한 한 장의 1,000원짜리 지폐를 나의 동료가 보유한 1,000원짜리 지폐와 동등하게 교환할 수 있는 것과 같다. 또한, 내가 보유한 한 개의 이더리움은 나의 친구가 보유한 한 개의 이더리움과 같다. 즉, 그 가치는 대체 가능하며 고유하지도 유일하지도 않다.

반면, NFT는 독특한 고유성을 가지며 그 자체로 유일무이한 가치를 지닌다. 모두에게 친숙한 예를 들자면, '모나리자'는 고유하고 유일무이한 예술 작품이며, 아무리 비슷하게 생기거나 비슷하게 그려졌다고 하더라도 다른 여성의 초상화와는 확연히 구별되는 가치를 지니는 것과 비슷하다. 누군가가 모나리자의 NFT를 소유한다면, 한 사람만 소유권을 주장할 수 있으며 이 주장은 블록체인상에 기록되어 투명하고 누구든 확인 가능한 방식으로 증빙될 수 있다. NFT는 블록체인상에 기록된 일종의 디지털 데이터로, 고유한 물리적 대상 또는 디지털 자산(예 : 그림, 사진, 영화)과 연결되거나 자체적으로 존재할 수 있다. NFT는 한 사람이나 단체에서 다른 사람으로 소유권을 이전할 수 있다.

그러나 NFT는 실물자산과 연동되는 소유권을 자동으로 연결 혹은 증명할 수 있지는 않다. 이러한 소유권은 프로그래밍된 스마트 컨트랙트에 따라 다르게 설정 가능하다. 이는 누군가가 '모나리자'의 NFT를 소유했다고 해서 꼭 '모나리자' 원본의 작가 혹은 원본 작품의 소유자나 저작권자는 아니라는 뜻이다. NFT는 소유권과 희소성을 나타낼 수 있으며, 제작자 또는 원래 소유자에게 지속적인 수익 흐름을 보장할 수 있다. NFT는 아래와 같은 세 가지 특성을 지니거나, 혹은 지니도록 설계할 수 있는데, 이는 매우 유용한 기능이다.

① 소유권(ownership)

블록체인 원장에 주어진 NFT에 대한 소유자의 블록체인 식별자(identifier: 블록체인 주소)를 기록함으로써 아무도 부인하거나 무단으로 변경할 수 없는 확실한 소유권 및 출처에 대한 기록을 할 수 있다.

② 희소성(scarcity)

NFT는 고유하며, 블록체인상에 기록되면 변조할 수 없다. 블록체인 기술은 중복 기록과 이중 지불(double spend)을 방지한다.

③ 지속적 수익(recurring revenue)

이론적으로, 원래 제작자(창작자)는 NFT의 대상 개체(예 : 미술작품, 사진 등)의 수명주기 동안 NFT 소유권이 한 당사자에서 다른 당사자로 이전되더라도 계속해서 모든 판매 수익의 일정 비율을 받을 수 있도록 스마트 컨트랙트를 작성할 수 있다.

하나의 소유권 증서가 NFT라고 가정해보자. 이 소유권 증서는 블록체인에 불변의 형식으로 기록되며, 기록된 소유자는 한 명뿐이고, 중복될 수 없다. 다양한 NFT의 종류로 컬렉션과 에디션이 포함될 수 있는데, 창작자는 자신이 창작한 NFT 대상 개체를 특정한 개수까지만 NFT로 카피될 수 있다고 설정할 수 있다. 예술가가 자신이 창조한 석판화의 디지털화된 그래픽 버전을 열 개까지만 한정할 수 있는 것과 같이 말이다. 또한, 창작자 및 창작자는 아닐지라도 작품을 큐레이팅하는 큐레이터는 여러 다른 NFT를 수집해 컬렉션을 기획할 수 있다.

토큰의 정의

여기서 토큰의 정의를 짚고 넘어가겠다. 토큰은 블록체인에 기록된 디지털 데이터로, 가치를 가진 모든 개체를 대표하는 데 사용될 수 있다. 예를 들면, 다음과 같다.

- 평판 포인트(reputation point)
- 로열티 포인트 혹은 마일리지
- 복권
- 금융자산
- 법정화폐 및 스테이블 코인(stable coin)
- 금 1온스
- 예술작품
- 부동산
- 기타 실물자산

궁극적으로 토큰은 블록체인 원장에 기록된 데이터 조각이다. 비트코인(BTC), 이더리움(ETH), 기타 암호화폐는 대체가 가능하다(fungible). 한 단위가 동일한 유형은 다른 단위와 동일하고(예 : A가 보유한 ETH와 B가 보유한 ETH는 같음) 교환 또는 교체가 가능하기 때문이다.

디지털 토큰은 토큰 이코노미 내에서 가치가 있는 디지털 자산이다. 일부는 BTC와 ETH를 '토큰'으로 보기도 하며, 블록체인 플랫폼에서 발행된 자체 토큰 외의 디지털 자산을 '토큰'으로 간주하기도 한다. 최근에는 스마트 컨트랙트가 탑재된 블록체인 플랫폼에서 발행된 디지털 자산을 '토큰'이라고 많이 부르기도 한다.

BTC와 ETH는 기본 블록체인 기반의 '네이티브 토큰'이다(각각 비트코인과 이더리움 기반). 이더리움은 소유권의 발행, 기록, 이전을 처리하는 자체 스마트 컨트랙트에 의해 구현된 토큰을 지원할 수 있다.

2019년 10월, 이더리움 플랫폼에 정의된 20만 개의 ERC20 토큰이 있었다. 이는 2021년 6월까지 40만 개로 증가했다. 토큰은 반드시 거래소에서 거래되는 것은 아니며, 일부는 단순히 개발자가 시험 삼아 발행한 것이다. 실제로 실체가 있다고 간주될 수 있는 ERC20 토큰은 널리 사용되는 것으로서, 최소 1만 개 정도다. 토큰은 블록체인 플랫폼에서 스마트 컨트랙트로 관리되는 디지털 자산으로, 각각 다를 수 있으며, 반드시 동일해야 할 필요는 없다.

업계는 모든 스마트 컨트랙트상에서의 토큰 구현을 위한 공통 기능 세트를 정의하는 것이 유용하다고 판단했고, 이더리움 플랫폼에서는 ERC20이 그 표준으로 알려져 있다. 기타 블록체인 플랫폼의 경우, 테조스(Tezos)에서는 FA1.2, 솔라나(Solana)에서는 SPL, 클레이튼(Klaytn)에서는 KIP-7 등의 다양한 블록체인 토큰 표준이 존재한다.

ERC20 표준의 일부 기능 예시는 다음과 같다.

- 한 계정에서 다른 계정으로 토큰 이전
- 계정의 현재 토큰 잔액을 조회함
- 네트워크에서 사용 가능한 토큰의 총 공급량을 조회함
- 계정의 토큰 금액을 제삼자 계정에서 사용할 수 있도록 승인

스마트 컨트랙트 개발자는 ERC20 사양을 프로그램 작성 지침으로 사용하며, 다른 기능들과 ERC20 표준 기능을 자신의 스마트 컨트랙트에 추가할 수 있다. 많은 개발자들이 자체 코드를 작성하는 것보다는, 오픈제플린(OpenZeppelin)이라는 오픈소스 라이브러리를 사용하는 것을 선호한다. 스마트 컨트랙트의 버그 및 해킹으로 인한 위험을 방지하기 위해서다.

ERC20이 대체 가능 토큰에 대한 표준 API(Application Programming Interface)를 정의하는 방법과 유사하게 ERC721은 대체 불가 토큰(NFT)에 대한 프로그래밍 인터페이스를 정의한다. ERC721은 최초의 NFT 마켓플레이스이자 2017

년 큰 인기를 얻은 크립토키티(CryptoKitties) 개발자가 ERC721을 설계했다.

ERC721 표준에 정의된 핵심 기능은 다음과 같다.

- 이더리움 주소를 고유한 토큰 식별자와 연결해 자산 소유권을 기록
- 한 이더리움 주소에서 다른 이더리움 주소로 해당 자산의 소유권 이전 활성화

ERC721 표준의 추가 기능은 다음과 같다.

- NFT 식별자가 주어지면 해당 NFT의 소유자를 찾음
- 소유자(주소)가 주어지면 해당 소유자에게 할당된 모든 NFT를 계산함

ERC1155는 ERC20, ERC721 토큰의 사양이 개선된 또 다른 토큰 표준이다. ERC1155는 단일 스마트 컨트랙트를 사용해서 한 번에 여러 토큰을 표현해 대체 가능 토큰과 대체 불가 토큰을 모두 처리할 수 있다. 이 표준은 여러 토큰에 대해 작업을 일괄적으로 처리해(batch operation) 가스 사용 측면에서 더 비용 효율적이다. ERC1155에서 계정은 각 토큰 ID에 대해 고유한 잔액(토큰 수)을 가지고 있으며, 대체 불가 토큰은 각 토큰 ID당 하나의 항목만 발행하고 구현한다(NFT는 고유하고 유일무이하기 때문). ERC1155 방식은 여러 토큰이 필요한 프로젝트의 가스 절약으로 이어진다. 각 토큰 유형에 대해 새 계약을 배포하는 대신, 단일 ERC1155 토큰 계약이 전체 시스템 상태를 유지해 배포 비용과 복잡성을 줄일 수 있다.

지금까지 살펴본 토큰 표준은 이더리움 블록체인 플랫폼이고, 역시 다양한 블록체인별 각자의 표준을 구현하고 있다. 예로, 클레이튼(Klaytn) 블록체인에서는 대체 불가 토큰(NFT) 표준으로 KIP-7이 있다.

NFT 발행 과정

NFT를 발행 과정을 간략하게 표현하면 다음과 같다.

- 소유자 주소와 토큰 ID(단순히 1씩 증가할 수 있는 간단한 카운터)를 기록
- JSON(JavaScript Object Notation) 형식으로 저장된 추가 토큰 정보에 대한 링크를 포함해 토큰과 관련된 메타 데이터를 기록

성공적인 NFT 마켓플레이스와 유스 케이스의 특징

① 사회적 건축(Social architecture) 혹은 사회 경험 설계(Social Experience Design)

메타버스는 그 자체적으로 하나의 가상 사회 또는 가상 세계로서, 신규 유저들에게 특정한 메타버스에 참여하고자 하는 동기를 부여한다. NFT는 사회로부터 그 가치를 도출할 수 있다. 사람들은 유명한 예술가나 음악가가 발행한 NFT라는 사회적 타당성 때문에 그 NFT를 구매하고자 높은 가격을 지불하는 것이다. 만약 누군가가 알려지지 않은 예술가나 크리에이터라면 아무도 그 사람의 NFT를 사지 않을 것이다.

② 사용자 경험 설계(UX UI Design)

아마존의 '원클릭 쇼핑'처럼 그 구매 과정이 자연스럽고 매끄러워야 (seamless) 한다.

③ 기술 아키텍처

확장성과 성능을 고려한 시스템을 설계해야 한다.

④ 기술 구현

보안성에 대한 요구 수준이 아주 높다. 즉, 보안이 취약할 경우에 모든 돈

을 도난당할 수 있는 리스크가 존재한다. 스마트 컨트랙트는 컨센시스 딜리 전스(ConsenSys Diligence)와 같은 보안 전문 회사 혹은 팀의 감사(auditing)를 받아야 한다.

2

블록체인, 디지털 트랜스포메이션, 그리고 4차 산업혁명

디지털 트랜스포메이션 시대와 4차 산업혁명의 일상화

디지털 트랜스포메이션이란 무엇인가?

디지털 트랜스포메이션(digital transformation)은 대개는 디지털 전환이라고 표현하기도 하는데, 근래 10년 넘게 진행되어온 사업 트렌드다. 트랜스포메이션이 우리말로 '전환, 변환, 변화, 혁신, 탈피, 변신' 등의 의미를 포괄하므로 특정한 하나의 우리말로 번역하는 것이 어울리지 않는다고 생각해 이 책에서는 '트랜스포메이션'으로 일괄적으로 표현하기로 했다. 오히려 화학용어에서 '형질 전환(形質轉換)'이라는 것이 'DNA에 의해 생물의 유전적인 성질이 변하는 일'을 의미하는데, 이 형질 전환을 영어로 말하면 트랜스포메이션이다. 디지털 트랜스포메이션에서 트랜스포메이션의 의미는 이 형질 전환의 경우처럼 형태와 본질이 바뀌는 '근본적, 총체적 전환'이라는 뜻에 가까워 보인다. 이러한 의미에서 '비즈니스 트랜스포메이션'이나 '비즈니스 모델 트랜스포메이션'의 경우에도 따로 번역하지 않고 그대로 썼다.

폭넓게 말하자면, 디지털 트랜스포메이션은 디지털 기술을 사용해 다양한 방법으로 비즈니스를 재창조하는 것이다. 이 같은 정의에서 출발해 더 나아가 보면, 비즈니스 트랜스포메이션(business transformation)이란, 디지털 기술을 사용해서 변화하는 비즈니스 및 시장 요구사항에 맞게 새로운 비즈니스 프로세스, 문화, 고객 경험을 창출하거나 기존의 이런 것들을 수정하는 과정이라고 할 수 있다.

디지털 트랜스포메이션은 전통적인 역할이나 조직 단위(예 : 영업, 마케팅, 제품 개발, 고객 서비스)에 국한되지 않는다. 일반적으로 그 범위는 전체 기업이나 조직을 포괄한다. 디지털 트랜스포메이션이 많은 산업군과 기업들에 널리 퍼짐에 따라 그 결과, 특정 부분, 지역 혹은 국가의 전반적인 경제 시스템이 변모하는 과정을 겪게 될 것이다. 실제로 현재 모든 규모의 기업들이 산업 파괴(industry disruption), 신기술의 적용, 변화하는 고객 요구에 직면해 있다. 시스템이 오래되고 프로세스가 비효율적인 조직은 더욱 민첩하고 효율적인 경쟁업체로부터 도전을 받고 있다. 이런 조직들은 티핑 포인트(tipping point)에 도달했다. 그들은 이제 혁신하고 진화하거나, 아니면 도태될 것이다.

디지털 트랜스포메이션은 많은 기업과 지역에 생소하거나 아직 새로운 트렌드일 수 있다. 그러나 이 트렌드는 더 이상 새로운 것이 아니다. 이것은 그 역사가 10년 이상 거슬러 올라가며, 이미 많은 산업 분야에서 진행 중인 활동이었다. 물론 디지털 트랜스포메이션과 함께 진행될 아직 새로운 발전 분야가 있다. 지금까지 디지털 트랜스포메이션은 IBM, 마이크로소프트(Microsoft), 세일스포스(Salesforce), SAP, 오라클(Oracle)과 같은 주요 엔터프라이즈 IT 벤더(vendor)의 주류 IT 기술을 기반으로 했다. 이 기술들은 이제 더욱 본격적으로 진행될 4차 산업혁명 시대를 맞이해 인공지능, 빅데이터와 더해져 블록체인, 탈중앙화 정체성 등 급진적 탈중앙화 시대를 뒷받침하는 신기술들과 결합되어야 할 것이다. 또한, 이러한 기술 트렌드와 함께 부흥하는 새로운 규율인 토큰 경제학(token economics), 사회 경험 디자인(Social Experience Design), 게임화(gamification)와 같은 새로운 분야들이 혼합되어 더욱 강력한 조합을 만들어낼 것이다.

디지털 트랜스포메이션과 4차 산업혁명의 관계

디지털 트랜스포메이션과 4차 산업혁명은 별개의 개념에서 출발했지만, 시간이 지남에 따라 보다 긴밀하게 융합되어 작용할 것이다. 4차 산업혁명은 차세대 '미래의 공장'을 중심으로 한 제조업의 진화를 일컫는 용어다. 이것은 1800년대 섬유 산업부터 시작해 1900년대 자동차 산업, 2000년대 자동화 공장까지 제조업에서 각기 다른 혁명이 일어났다는 생각에서 비롯된 개념이다.

4차 산업의 진화란 AI, IOT, 빅데이터 등 신기술을 공장에 적용한 뒤 제조·공급망을 중심으로 비즈니스 생태계로 영역을 넓혀가는 것이다. 이와는 대조적으로 디지털 트랜스포메이션은 역사적으로 공장과 제조업 프로세스만이 아니라 기업을 혁신하는 것을 중심에 두어왔다. 디지털 트랜스포메이션은 송장 발행, 고객관계 관리, 협업과 같은 기업 내 비즈니스 프로세스를 개선하는 것에서부터 시작된다. 디지털 트랜스포메이션은 제조업을 포함할 수 있으며, 그런 의미에서 4차 산업혁명의 슈퍼세트(superset, 확대집합 또는 초집합)이다.

사실 디지털 트랜스포메이션은 1960년대부터 아날로그 기반 데이터(종이)에서 디지털 데이터(컴퓨터 내 전자정보)로 전환하면서 시작된 과정이다. 그래서

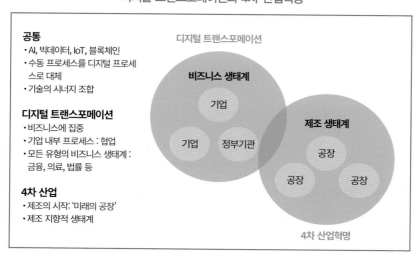

디지털 트랜스포메이션과 4차 산업혁명

공통
· AI, 빅데이터, IoT, 블록체인
· 수동 프로세스를 디지털 프로세스로 대체
· 기술의 시너지 조합

디지털 트랜스포메이션
· 비즈니스에 집중
· 기업 내부 프로세스 : 협업
· 모든 유형의 비즈니스 생태계 : 금융, 의료, 법률 등

4차 산업
· 제조의 시작 : '미래의 공장'
· 제조 지향적 생태계

디지털 트랜스포메이션

비즈니스 생태계
기업
기업 정부기관

제조 생태계
공장
공장 공장

4차 산업혁명

이 과정은 오랫동안 다른 이름으로 진행되어왔다고 보아야 할 것이다. 최근의 디지털 트랜스포메이션에는 AI, 블록체인, IoT 등 기존에 없던 신기술이 포함된다.

앞서 언급했듯이 우리는 디지털 트랜스포메이션과 4차 산업혁명의 융복합을 보고 있다. 공장들은 점점 더 정보 기반이 되어가고 있으며, 기업 사무실의 디지털 트랜스포메이션에 사용되는 것과 동일한 디지털 기술을 적용하고 있다. 동시에 기업은 데이터의 생성, 처리, 배포에 더 체계적인 방법을 적용하고 있다. 데이터는 예컨대 대차대조표에 나타나는 하나의 자산인 공장처럼 기업과 기업의 비즈니스 활동에서 가치 있는 자산이 되었다. 데이터를 중심으로 한 체계적인 공정은 정보의 생산이 공장 생산라인에서의 그것과 비슷해진다는 것을 의미한다. 그리고 물론 블록체인 기술은 이 두 가지를 모두 변화시킬 것이다.

디지털 트랜스포메이션의 범위

과거에는 산업 분야마다 과제와 결과가 다르게 보일 수 있기 때문에 디지털 트랜스포메이션에 대해 정의하기가 다소 어려웠다. 앞에서 언급했듯이 디지털 트랜스포메이션은 디지털 기술을 모든 비즈니스 영역에 통합하는 것을 의미한다. 그 결과 기업이 어떻게 기능하는가, 어떻게 고객, 시장과 상호작용하는가에 있어서 그야말로 근본적인 변화가 일어난다. 디지털 트랜스포메이션은 조직이 프로세스 및 인력과 더불어 기술을 사용해 비즈니스의 성과를 변화시키는 방법에 대한 기본적인 재고(re-thinking)라고 할 수 있다.

그렇다면 디지털 트랜스포메이션은 언제 촉발될까? 바로 조직이 전통적인 시장의 커다란 변화, 경쟁 환경의 변화, 제품과 서비스에 대한 고객 기대치의 변화를 알아차릴 때다. 이제 생존을 원하는 기업이라면 효율성, 새로운 시장, 새로운 비즈니스 모델, 새로운 수익 흐름 면에서 상당한 이득을 추구해야 한다. 그렇다. 디지털 트랜스포메이션을 추구하는 결정적인 이유는 다름 아닌 기본적인 경제적 생존이다. 기업 환경 변화의 한 예로 전 세계를 강타한 코로나19 사태는 공급망 중단, 시장 출시 시간 압박, 급변하는 고객 기대 등의 매우 극적인 변화에 기업이 신속하게 적응하는 일이 긴요하다는 것을 여실히 보여주었다.

디지털 트랜스포메이션의 유형

디지털 트랜스포메이션 이니셔티브를 수행하는 기업은 다음과 같은 주요 조치를 고려해야 한다.

- 비즈니스 프로세스 트랜스포메이션
- 비즈니스 모델 트랜스포메이션
- 시장 및 고객관계 트랜스포메이션
- 조직구조 및 기업문화 트랜스포메이션

기업들은 비용 절감, 품질 개선, 주기 단축을 위해 비즈니스 프로세스를 재창조하고자 빅데이터, 분석, API, 머신러닝(machine learning)과 같은 기술 및 기법들을 적용하고 있다. 일부 기업은 법무, 회계 등에서 백오피스 프로세스를 간소화하기 위해 AI 기반 공정 자동화를 구현했다. 이러한 프로세스 전환을 통해 기업은 엄청난 가치를 창출할 수 있다.

여기서 한 가지 분명히 하자면, 구식이고 비효율적인 프로세스를 개선하고 혁신하기 위해 최신 기술이 필요한 것은 아니다. 단순히 기존 프로세스를 분석하고 현재의 기술(또는 더 오래된 기술)을 사용해 중복되거나 복잡한 단계를 찾아 보다 단순화된 프로세스를 구현할 수 있다. 물론 그 결과는 더 현대적이고 더 강력한 기술만큼 좋지는 않을 것이다.

또한, 디지털 트랜스포메이션은 진행 중인 과정이라는 것을 기억해야 할 것이다. 기술은 계속해서 발전하고, 경쟁업체도 발전하며, 시장과 고객 또한 발전한다. 즉, 단순히 하나의 디지털 트랜스포메이션 이니셔티브를 수행하고 나서 그로 인해 무한정으로 문제가 해결되었다고 생각할 수는 없다는 것이다. 이는 한 달간 영양식을 먹는다거나 짧은 시간 운동을 하는 것과 같다. 이것은 유익한 활동이지만 지속적인 개선 과정이 이루어지지 않는 한, 시간이 지남에 따라 효과는 사라질 것이다. 여기서 지속적인 개선 과정의 일환으로 새로운 유익한 기술의 지평을 탐색하는 것을 꼽을 수 있다. 블록체인이 바로 그런 기술 중 하나다. 이미 5년, 혹은 10년 전 디지털 트랜스포메이션 이니셔티브를 거친 기업이라면 블록체인 및 관련 기술을 기반으로 리뉴얼된 이니셔티브를 검토할 필요가 있다.

비즈니스 가치를 증대하기 위해서는 비즈니스 모델의 전환이 매우 중요하다. 앞서 논의한 바와 같이 프로세스 전환은 잘 정의된 비즈니스 영역에 초점을 맞추고 있으며, 가치 개선이 있을 수 있다. 그러나 이러한 개선은 본질적으로 전략적이기보다는 전술적이다. 이와 대조적으로 비즈니스 모델 전환은 비즈니스 가치의 기본 구성요소, 즉 기업이 가치를 창출하고 제공하는 방식을 전환하고자 한다. 이는 블록체인 기술이 독보적인 이점을 제공할 수 있는 분야다.

디지털 트랜스포메이션은 도메인 트랜스포메이션을 포함한 시장 및 고객 관계 혁신과 관련이 있다. 도메인 트랜스포메이션이 작동하는 방법의 한 가지 중요한 예는 온라인 거대 소매업체인 아마존이다. 아마존은 클라우드 컴퓨팅 유닛인 아마존웹서비스(AWS)의 출시와 함께 새로운 시장 영역으로 진출했으며, 현재는 IBM과 마이크로소프트와 같은 거대 기업들이 이전에 소유했던 분야에서 가장 큰 클라우드 컴퓨팅/인프라 서비스다. AWS는 신기술이 어떻게 제품과 서비스를 재정의하고, 산업 경계를 모호하게 하며, 완전히 새로운 비전통적 경쟁자를 만드는지를 보여주는 분명한 예다. 현재 도메인 트랜스포메이션은 회사 성장을 위한 가장 중요한 기회 중 하나를 제공한다.

디지털 트랜스포메이션은 또한 기업과 조직구조, 기업문화를 변화시키는 것과 관련이 있다. 디지털 세계에 대한 조직의 사고방식, 프로세스, 인재, 역량을 재정의하는 것이다. 이러한 작업이 모든 산업에 대해 장기적으로 디지털 트랜스포메이션을 달성하는 데 필요하다. 이제 가장 성공적인 기업의 요건은 무엇일까? 디지털 트랜스포메이션에 유연한 워크플로우, 분산된 의사결정 프로세스다. 또한, 테스트나 학습에 대한 편견이 적고, 갈수록 다양한 비즈니스 생태계에 대한 적응력이 높아져야 한다. 오늘날 기업들은 이러한 성공의 요건을 뼈저리게 인식하고 있으리라 생각된다.

현 스코어와 직면 과제

디지털 트랜스포메이션의 현황과 과제

디지털 트랜스포메이션을 통해 많은 기업들이 비즈니스 프로세스를 가속화하고, 비용을 절감하고, 새로운 시장에 진출하며, 경우에 따라서는 새로운 비즈니스 모델을 개발할 수 있게 되었다. 그러나 이러한 성공은 보편적인 것은 아니다. 일부 기업은 이와 같은 디지털 트랜스포메이션 계획을 수립하고 수행해도 경쟁업체보다 우위를 점하지 못하고 있다. 경쟁업체들도 이와 같은 일을 해왔기 때문이다. 따라서 모든 사람이 새로운 기술 기반과 함께 제자리걸음을 하고 있는 와중에도 이 부문의 경쟁 지형(competitive landscape)은 이전과 동일하게 유지되는 현상을 발견할 수 있다.

디지털 트랜스포메이션은 수십 년 동안 진행되어왔지만(기간은 산업 부문에 따라 다름), 여전히 아래와 같은 많은 과제를 안고 있다.

첫째, 비즈니스 프로세스는 계속 발전하고 있지만, 일부 조직은 IT 시스템을 변경된 비즈니스 프로세스와 동기화하지 못하고 있다.

둘째, 기술은 계속 발전하고 있기 때문에 일부 디지털 트랜스포메이션 계획은 이전에 설치하고 도입했던 시스템의 한계로 인해 제약을 받고 있으며,

일부의 경우 이러한 시스템은 이미 구식이고 쓸모없어진 상태이기도 하다.

셋째, 훨씬 더 광범위한 혜택과 새로운 비즈니스 수행 방식을 도입할 수 있는 블록체인, AI, 그리고 빅데이터 등 새로운 기술의 물결이 일고 있다. 그러나 많은 조직은 이러한 신기술과 이를 가장 잘 활용하는 방법을 완전히 이해하지 못하고 있다.

엔터프라이즈에 대한 파괴와 트랜스포메이션

디지털 트랜스포메이션에 대한 논의는 때로 기업 외부의 파괴적 효과에 초점을 둔다. 즉 시장 확대, 수익 증대, 새로운 유형의 고객, 새로운 종류의 제품 등과 같은 것들에 의해 기업 외부의 경제가 어떻게 변화될 수 있는지에 대해 이야기한다. 그 비전은 AI와 같은 새로운 기술을 적용하고 그것을 전통적인 경쟁사들보다 우위를 점하기 위해 사용하는 기업에 대한 재정적 보상이 있으리라는 것이다. 넷플릭스가 그 예다. 넷플릭스는 스트리밍 비디오를 사용해 이전 기술(디지털 전송 대신 물리적 DVD 디스크를 사용한 영화 대여)을 사용하던 기존 경쟁업체들을 파괴(그리고 파산)시킨다. 이때 경쟁자를 압도한 새로운 기업이 폐업한 기존 기업과 규모, 구조, 인력 면에서 유사할 것이라고 가정한다. 따라서 넷플릭스는 블록버스터와 유사하다고 본다. 넷플릭스는 살아남았고 블록버스터는 그러지 못했다는 점만 빼고 말이다.

디지털 트랜스포메이션에 관한 이런 식의 논의에서 종종 누락되는 한 가지 주제가 있다. 그것은 기업의 본질이 어떻게 변화하느냐 하는 것이다. 인공지능과 블록체인을 비롯한 여타 기술들은 기존 기업들과는 매우 다른 새로운 종류의 기업, 즉 분산 디지털 가상기업의 가능성을 만들어낸다. 이 개념을 블록체인 업계에서는 DAO(Decentralized Autonomous Organization, 탈중앙화 분산조직)라고 부른다.

블록체인을 비롯한 기술이 전통적인 비즈니스 프로세스를 더 효율적이고 빠르게 만들 뿐만 아니라, 이를 통해 기업의 성격을 바꾸고 전통적인 기업 조직의 형태를 없앨 수도 있다. 전통적인 기업들은 외부 거래에 비해 내부 거래가 더 효율적이므로 그들 나름의 형태로 존재한다. 기업 내부의 마케팅 부서는 외부 업체보다 내부 제조 부서와 더 자유롭게 소통할 수 있다. 내부 디자인 부서는 외부 공급업체보다 제품 관리자에 대한 대응력이 뛰어날 수 있다. 다만 블록체인과 AI 및 기타 기술은 외부와의 거래의 마찰을 최대한 줄여줄 (frictionless) 잠재력이 있다. 즉, 이것들은 내부 비즈니스 프로세스만큼 저렴하고 효율적으로 될 것이다. 그리고 이러한 이유로 기업의 형태와 규모는 변모할 것이다.

오늘날의 디지털 경제에서 선두 기업은 애플, 페이스북, 구글, 아마존이다. 이들은 1990년대 후반과 2000년대에 시작된 웹 2.0 물결하에서 가장 성공을 거둔 기업들이다. 그로부터 20년 이상 지난 지금, 이들은 주식 시장 평가액이 1,000억 달러를 넘어 '조 달러 기업'으로 성장한 승자들이다.

그러나 앞으로는 대기업이 중소기업에 비해 경쟁우위를 갖지 못할 가능성이 있다. 더 중요한 것은 무마찰 상거래와 무마찰 상거래를 위한 플랫폼 위에 구축된 비즈니스 생태계다. 그러니 '조 달러 기업' 대신 이더리움 블록체인 플랫폼을 기반으로 하는 생태계 같은 '조 달러 생태계'가 존재하게 될 것이다. 우리는 이러한 전환의 새로운 단계에 접어들었다. 우리는 애플, 구글, 아마존, 페이스북의 가치는 하락하는 반면, 이더리움(Ethereum), 비트코인(Bitcoin), 체인링크(Chainlink) 같은 블록체인 생태계는 그 가치가 기하급수적으로 증가하는 것을 볼 때 이러한 전환의 경과를 더욱 주목하게 될 것이다.

디지털 트랜스포메이션에 중요한 역할을 할 수 있는 기술은 여러 가지가 있다. 블록체인은 그중 가장 중요한 기술 중 하나이며, 조직뿐만 아니라 산업 부문, 경제 구역, 그리고 글로벌 경제에도 광범위한 영향을 미칠 수 있다.

기술이 미치는 영향과 그에 대처하는 자세

디지털 트랜스포메이션에 관한 이야기에서 대개 도외시되는 주제들이 있다. 이는 사람들이 기술에 너무 집중한 나머지 기술이 미치는 영향에 대해서는 충분히 집중하지 못하기 때문이다. 디지털 트랜스포메이션은 일반적으로 떠오르는 기술인 모바일을 중심으로 이루어지고 있다. 디지털 트랜스포메이션은 기술과 함께 시작되고 기술이 영향을 미치도록 요구하지만, 디지털 트랜스포메이션의 궁극적인 목표는 기술 영역 밖에 있다. 그것은 사람, 사회 및 경제 영역이다. 디지털 트랜스포메이션이 가치가 있으려면 특히 사회 영역에서 긍정적인 영향을 주어야 한다.

디지털 트랜스포메이션의 많은 지지자들은 기술 측면에만 초점을 맞추고 사회적으로 부정적인 영향이 있으리라고는 잘 인지하지 못한다. 이들은 단지 기술의 '파괴적'(disruptive) 효과에 흥분한다. 파괴적(disruptive)인 기술회사의 투자자나 직원의 경우 이런 '파괴성'이 긍정적인 결과가 될 수 있다고 인식하겠지만, 막상 파괴되거나 해고되는 전통적인 기업의 직원의 경우에는 이것이 경제적 변위를 의미할 수 있다. AI, 빅데이터, 블록체인, 클라우드, IoT, 모바일 등 어느 기술에도 파괴적 효과가 나타날 것이다.

우리가 보고 있는 또 다른 경향은 융합이다. 융합은 단지 하나의 기술에서 오는 것보다 훨씬 더 큰 복합적인 영향을 미칠 시너지의 조합으로 여러 기술이 적용된다. 이러한 기술 중 하나인 AI의 영향에 대해 간략히 생각해보자. AI는 사회적 파급력이 크다. 그리고 그 사회적 영향의 상당 부분은 자동화를 통해 일자리를 없애는 데 있을 것이다. 의사결정자들은 종종 AI가 공장에서와 같은 가장 낮은 수준의 반복적인 직업을 없애고 노동자들을 로봇으로 대체할 것으로 생각한다. 결정을 내리는 사람들은 공장 노동자가 아닌 변호사나 경제학자이기 때문에 그들은 이러한 부정적인 영향에 대해 크게 걱정하지 않는다.

다만 AI는 공장 일처럼 단순한 일뿐만 아니라 사고와 의사결정이 필요한 스마트한 일까지 자동화할 수 있을 정도로 발전했다. AI의 완전한 잠재력은 이제 막 나타나기 시작했지만, 향후 5~10년 안에 AI가 법률, 의학, 금융 서비스, 공학 등 고액 연봉의 지적(知的) 전문직을 자동화할 가능성이 있다. 만약 이런 유의 이동과 혼란이 일어난다면 사회에 미칠 영향은 매우 클 것이다.

따라서 우리가 디지털 트랜스포메이션에 대한 이야기를 나눌 때는 광범위한 대화가 이루어져야 한다. 즉, 사회적으로 긍정적인 효과의 비전만이 아니라 가능한 위험과 잠재적인 부정적인 사회적 영향에 관한 대화도 포함되어야 한다. 우리는 모두 잠재적인 부정적인 영향을 피할 방법에 대해 생각할 필요가 있다. 물론 이런 대화는 어렵다. 모호할 수도 있는 정치나 사회에 관한 주제를 다루게 될 것이기 때문이다. 이 시점에서 우리가 할 수 있는 건 질문을 하는 것뿐이다. 산업계, 학계, 정부에 속한 우리 모두는 다음과 같은 질문을 스스로에게 던질 필요가 있다. AI 등의 기술이 일자리 몇 %를 없앨 정도로 효율화한다면(20%가 될 수도 있고 40%가 될 수도 있다) 일자리 감소로 인해 야기되는 사회적 혼란에 대해서는 어떻게 대처하겠다는 것인가? 지금은 우리가 공유할 만한 답이 없다. 단지 우리 모두가 기술이 아닌 이러한 질문들에 대해 생각하고 있는지 확인하고 싶다.

역사는 시간이 지난 후에야 평가된다. 마찬가지로 1차 산업혁명은 2차 산업혁명과 3차 산업혁명을 거쳤다. 3차 산업혁명은 우리에게 익숙한 것이다. 4차 산업혁명은 우리가 여전히 목격하고 있는 것이다. 우리는 역사를 통해 새로운 유행이 있을 때마다 저항이 있었음을 상기해야 한다. 긍정적인 측면도 있지만, 부정적인 측면도 있다. 많은 사람들이 저항할 테지만, 소수의 얼리어답터들은 이득을 볼 것이다. 서로가 인지하고 도와가며 새로운 기회를 찾고 적응해 우리 모두가 살아남고 번영하기를 바란다.

블록체인 솔루션

솔루션(solution)으로써의 블록체인

오늘날 대부분의 기업은 계층적 방식으로 운영된다. 이러한 비즈니스 모델은 지난 20년간 거의 바뀌지 않았다. 그저 적응하거나 다소 진화했을 뿐이다. 그러나 디지털 트랜스포메이션은 비즈니스 모델을 선형에서 동적, 비대칭 및 3차원으로 변형할 수 있는 기회를 창출했다. 그리고 그동안 사람들과 문화는 이러한 식의 진보를 따라잡기 위해 고군분투해왔다.

지금 우리 눈앞에는 블록체인으로의 전환이라는 거부할 수 없는 흐름이 있다. 블록체인에는 그 투명성과 신뢰성에 힘입어 모두가 가치 전달 및 공유가 가능한 미래가 담겨 있다. 금융 서비스에서 소셜 네트워크에 이르기까지 중앙집중식 프로세스에 기반한 비즈니스 모델은 마치 잘 익은 과일을 따가듯이 블록체인에 의해 경쟁의 표적이 되고 있다.

블록체인에 기반한 비즈니스는 기존 인프라를 뛰어넘고 상거래를 혁신할 수 있는 잠재력을 가지고 있다. 블록체인 기술 도입에 따른 거래 비용 혁신이 대표적이다. 블록체인 네트워크의 교점(node)들은 모두 상호 연결되어 공유원장으로 검색 비용과 정보 비용을 낮춘다. 동일한 스마트계약서도 각 주체가 소유하기 때문에 규칙 시행도 자동으로 점검된다.

블록체인은 그것을 수용한 비즈니스 모델인 분산형 조직의 지각변동을 촉진하는 역할을 한다. 성공적인 조직과 리더는 조직의 핵심 역량에 초점을 맞추고 운영 비용을 최적화하는 동시에 현 상태를 초월하고 이러한 현실을 극복할 수 있다. 경영진은 이러한 것들을 채택하기 위해 리더와 파트너, 그리고 변화에 대응하고 적응할 수 있는 문화를 준비해야 한다.

기술 소프트웨어로서의 블록체인

디지털 트랜스포메이션 기술 포트폴리오의 한 부분이 블록체인 기술이다. 블록체인은 디지털 플랫폼의 일부로서 결제 및 가치 교환을 위한 내장 메커니즘을 제공한다. 그리고 이것은 새로운 것이다. IBM의 메인프레임 시스템, 그리고 오라클(Oracle), HP, 마이크로소프트의 메인프레임 및 클라이언트/서버 기술과 같이 디지털 혁신을 구성하는 엔터프라이즈 IT 기업들의 전통적인 도구에는 결제 및 다양한 유형의 가치 교환을 위한 통합 시스템이 없다. 이러한 상황에서 결제와 가치 교환을 위한 통합 메커니즘은 그 자체로 파괴적이다. 그러나 블록체인은 추가적인 파괴적인 기술도 제공한다. 그것은 다음과 같다.

- 의료 기록, 재무 기록 등 중요 자료의 불변 기록으로서 변조와 훼손이 불가능한 분산원장
- 내결함성(fault tolerance)과 복원력이 높고(resilient) 손상이 어려운 피어투피어 네트워크(peer to peer Network)
- 표준 트랜잭션에서 동적 프로그램 동작을 계층화하기 위한 강력한 메커니즘을 제공하는 스마트 계약(smart contract)

이러한 모든 기능은 이제 막 활용되기 시작했으며, 전통적인 비즈니스 방식을 파괴시키고(disrupt) 혁신할 수 있는 상당한 잠재력을 제공한다. 우리가 여기서 블록체인에 대해 한 진술은 AI, 빅데이터, IoT, 클라우드, 모바일 등 다른 기술에 대해서도 비슷한 방식으로 할 수 있다. 그것들 또한 모두 파괴적인 면이 많다. 이 책에서는 블록체인을 중심으로 다루므로 그에 대한 자세한 설명은 넘어가겠다.

웹 3.0의 시대로
(To the era of Web 3.0)

블록체인과 웹 3.0은 우리의 비즈니스, 사회 및 경제적 연결을 개방, 무신뢰, 무허가의 네트워크로 전환하려는 시도를 의미한다. 이처럼 웹 3.0은 광범위하고 야심 차며 혁신적인 비전을 역설하고 있다.

웹 3.0은 구글, 페이스북, 아마존, 애플, 마이크로소프트와 같은 성공한 대기업들의 잘 확립된 웹 서비스를 대체하거나 보완하는 새로운 세대의 인터넷 서비스를 일컫는 산업 용어다. 웹 3.0은 데이터 기반 시멘틱 웹(Semantic Web: 컴퓨터가 정보자원의 뜻을 이해하고 논리적 추론까지 할 수 있는 차세대 지능형 웹)을 제공하고자 데이터에 대한 머신 기반의 이해를 사용하는 데 초점을 맞춘 웹사이트와 응용 프로그램을 위한 3세대 인터넷 서비스다.

웹 3.0이라는 용어는 기술 산업의 많은 용어와 마찬가지로 출현, 성장, 쇠퇴의 자체 라이프 사이클을 가지고 있다. 웹 3.0과 같은 용어가 등장했다가 퇴장할 수도 있지만 이러한 용어들이 언급하는 개념은 그보다 더 오래 지속된다. 용어 혹은 표현하는 방식이 변경되더라도 문제와 과제는 그대로 남아있다. 4차 산업혁명이라는 용어는 어떤 경우에는 디지털 트랜스포메이션으로, 어떤 경우에는 웹 3.0으로 대체된다. 각각의 핵심 기준이 다르긴 하지만, 즉 무엇에 무게중심을 두느냐는 다르긴 하지만 중복되는 개념들도 있다.

웹 3.0의 이면에는 블록체인, AI, 빅데이터, 클라우드, IoT 등이 있다. 웹 3.0의 궁극적인 목표는 더 지능적이고, 더 연결되며, 더 개방적인 웹사이트를 만들고 이러한 사이트와 서비스를 다양한 방법으로 현실 세계에 연결하는 것이다.

이것은 '개방(open), 무신뢰(trustless), 무허가(permissionless)'의 네트워크로 가는 도약이다. 이에 대해 더 구체적으로 설명하자면, 개방적이고 접근 가능한 개발자들의 커뮤니티에서 구축해서 전 세계에서 실행되는 오픈소스 소프트웨어에서 구축된다는 점에서 '개방(open)'이다. 네트워크 자체에서 참가자가 신뢰할 수 있는 제삼자 없이 공개적 또는 비공개적으로 상호작용할 수 있다는 점에서 '무신뢰(trustless)'다. 사용자와 공급업체 모두 운영기관의 허가 없이 누구나 참여할 수 있다는 점에서 '무허가(permissionless)'다.

이러한 새로운 '개방, 무신뢰, 무허가' 네트워크가 가져다줄 궁극적인 결과는 무엇일까? 그것은 세계의 많은 곳에서 가장 심각한 과제인 건강, 식품, 금융, 지속가능성 같은 것들에 대해 권리가 박탈된 배경이 되는 업무, 서비스, 데이터, 콘텐츠 제공자의 긴 꼬리[롱 테일 법칙(Long Tail theory)은 80%의 비핵심 다수가 20%의 핵심 소수보다 더 뛰어난 가치를 창출한다는 이론]를 조정하고 장려할 수 있는 가능성이다. 그동안 도외시되었던 긴 꼬리에서 혁신의 기회가 생기는 것이다.

분산형 데이터 네트워크는 이러한 데이터 생성자(개인의 개인 건강 데이터부터 농부의 농작물 데이터, 자동차의 위치 및 성능 데이터에 이르기까지)가 소유권 통제권을 상실하거나 개인정보 보호 또는 제삼자 중개인에 대한 의존을 포기하지 않고 데이터를 판매하거나 교환할 수 있게 하고 있다. 이와 같이 분산형 데이터 네트워크는 데이터 생성자의 긴 꼬리(Long Tail) 전체를 떠오르는 '데이터 경제'로 끌어들일 수 있다.

오리지널 웹인 웹 1.0에서 웹 2.0으로 전환하는 데 10년 이상이 걸렸다. 웹 3.0으로 웹을 완전히 구현하고 재구성하는 데는 더 오래 걸리지는 않을 것으로 예상한다. 그러나 일부 사람들이 웹 3.0을 구성하고 궁극적으로 정의할 것이라고 믿는 기술들은 최근에 개발되었으며, 여전히 더 넓은 경제 분야에 걸쳐 출시되고 있다.

블록체인은 웹 3.0의 핵심적인 부분이다. 블록체인과 웹 3.0을 통해 여성,

남성, 기계, 기업은 중개자 없이 자신이 알지 못하거나 아직 명시적으로 신뢰하는 글로벌 상대방과 가치, 정보 및 업무를 거래할 수 있게 될 것이다. 웹 3.0에 의해 가능하게 된 가장 중요한 진화는 무엇인가? 글로벌한 규모로 조직화 또는 조정하는 데 필요한 신뢰가 최소화되는 것이다. 이는 각 개인을 명시적으로 신뢰하거나, 외부적으로 신뢰를 얻으려고 하기보다는 암묵적으로 네트워크의 모든 구성 요소를 신뢰하는 쪽으로 바뀌게 된다는 것이다.

웹 1.0은 웹사이트를 읽지만, 상호작용은 거의 하지 않는 정적 정보 제공자라 할 수 있다. 그에 비해 웹 2.0은 사용자 간의 상호작용이 가능한 소셜 웹이다. 웹 1.0에서 웹 2.0으로 이러한 변화의 트렌드를 추적한다면 웹 3.0이 웹사이트가 만들어지는 방식과 웹과 상호작용하는 방식을 모두 변화시킬 것이라고 가정할 수 있다. 웹 2.0은 최종 사용자를 위해 사용자가 만든 콘텐츠를 활용하는 웹사이트와 애플리케이션을 말한다. 웹 2.0은 오늘날 많은 웹사이트에서 사용되며 주로 사용자 상호작용과 협업에 초점을 맞추고 있다. 웹 2.0은 또한 더 많은 범용 네트워크 연결과 통신 채널을 제공하는 데 초점을 맞추었다. 웹 2.0과 웹 3.0의 차이는 웹 3.0이 단순히 다른 최종 사용자가 제공해온 콘텐츠보다 머신러닝(machine learning), AI 등의 기술을 활용해 각 사용자에게 관련 콘텐츠를 제공하는 데 더 초점을 맞추고 있다는 점이다. 웹 2.0은 기본적으로 사용자가 사이트 콘텐츠에 기여하고 때로는 협업할 수 있도록 하는 반면, 웹 3.0은 시멘틱 웹(semantic web)과 AI 기술에 이러한 작업을 넘길 가능성이 크다.

웹 3.0은 근본적으로 인간과 기계 간 상호작용의 규모와 범위를 현재의 일반적인 수준 이상으로 확장할 것이다. 원활한 결제부터 더 풍부한 정보 흐름, 신뢰할 수 있는 데이터 전송에 이르기까지 더 많은 잠재적 거래 상대방과 함께 이러한 상호작용을 하게 될 것이다. 웹 3.0은 요금을 부과하는 중개인을 거치지 않고도 세계의 어떤 개인이나 기계와도 상호작용할 수 있게 할 것이다. 이러한 변화는 글로벌 협동조합에서 분산형 자율 조직 및 자체 주권 데이터 시장에 이르기까지 완전히 새로운 비즈니스 및 비즈니스 모델의 물결을 가능하게 할 것이다. 이는 다음과 같은 이유로 중요하다.

- 사회는 산업 내의 중개자들과 수수료와 임대료를 추구하는 제삼자를 줄이고, 이 가치를 네트워크의 사용자와 공급자에게 직접 돌려줌으로써 더 효율적으로 될 수 있다.
- 조직은 새로운 환경에 더 잘 적응할 수 있는 피어투피어 커뮤니케이션과 참여자 간의 거버넌스 유대(govenance ties)라는 새로운 망(mesh : 촘촘한 그물망. 촘촘한 그물처럼 더 많은 요소를 연결함으로써 효율화를 이루어감)을 통해 본질적으로 변화에 더욱 탄력적으로 될 수 있는 기반을 마련할 수 있다.
- 개인, 기업, 기계가 더 많은 개인정보 보호, 보안 보장(security assurances)과 함께 더 많은 데이터를 공유할 수 있다.
- 오늘날 우리가 관찰하고 있는 플랫폼 의존성 리스크를 실질적으로 근절함으로써 미래에 기업 활동과 투자 활동을 해나갈 수 있다.
- 데이터 및 토큰화된 디지털 자산의 디지털적 희소성을 이용해 자신만의 데이터 및 디지털 발자국(사람들이 온라인 활동을 하면서 웹상에 남겨놓는 다양한 디지털 기록)을 소유할 수 있다.
- 네트워크 참여자들은 이러한 새로운 분산형 정보 시스템이라는 최신의 상호적 소유권 및 거버넌스와 정교하고 역동적인 경제적 인센티브를 통해 이전에 다루기 어려웠거나 아직은 전면에 확 드러나지 않은 문제들을 해결하기 위해 협력할 수 있다.

다가오는 블록체인과 웹 3.0의 물결은 암호화폐의 초창기 사용 사례의 범위를 넘어설 것이다. 이제 우리가 할 수 있는 상호작용은 과거보다 훨씬 더 풍부해졌으며, 거래는 글로벌하게 이루어진다. 이러한 물결 아래 웹 3.0은 개인, 기업, 기계의 데이터를 효율적인 머신러닝 알고리즘으로 암호화해서 연결한다. 이로 인해 근본적으로 새로운 시장과 이와 관련된 비즈니스 모델들이 생겨날 것이다.

그 결과는 '지구촌, 즉 글로벌 마을(global village)로의 귀환'과 유사하다. 여기서 '마을(village)'은 우리에게 가끔 혜택을 주었던 데서 더 나아가 인터넷으로 글로벌한 규모로 이루어지는, 그리고 끊임없이 증가하는 무수한 인간 및 기계 기술의 전문화를 지원하는 '인간중심적이고 고도로 개인화된 상호작용'에 일상적으로 몰입하게 되는 것을 의미한다.

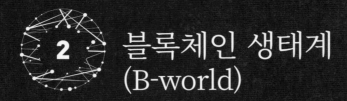

2 블록체인 생태계
(B-world)

Block
Chain
Generation

블록체인 기술 플랫폼의
랜드스케이프

블록체인 기술의 본질

블록체인 기술의 본질 그 자체라고 할 수 있는 대표적인 특징은 다음의 여섯 가지로 정리해볼 수 있다.

① 기록의 불변성

블록체인에 소량의 중요한 데이터를 영구적이고 변조 불가능한 방식으로 기록할 수 있다. 즉, 블록체인에 일부 데이터가 작성되면 해당 데이터는 지워지거나 손상될 수 없다. 기록의 불변성이라는 이러한 이점은 증거 관리 업무 등 다양한 영역에서 유용하게 사용될 수 있다.

② 분산형 구조(탈중앙화)

분산형 구조는 블록체인의 가장 혁신적인 특성 중 하나다. 서버가 단일 중앙집중식 구조가 아닌 분산형 피어투피어 네트워크(peer-to-peer network)의 형태로 존재한다. 이러한 분산형 구조는 기존의 중앙집중식 시스템에 비해 보안성과 복원력 면에서 뛰어나다.

③ 암호화된 보안

블록체인은 암호 기술을 조합해 데이터의 무결성과 신뢰성을 보장한다. 가짜 애플리케이션이라든지 암호화폐 교환 시 다양한 사기 행각이 확인되고 있지만, 이는 블록체인의 기초 기술과는 직접적인 관련이 없다. 블록체인의 주요 기초 기술인 비트코인, 이더리움 등은 아직까지 해킹된 적이 없다.

④ 안전한 결제 수단

블록체인은 사용자가 은행 같은 기관이나 정부 같은 중앙 당국에 의존하지 않는 분산형 피어투피어 네트워크를 통해 안전하게 결제할 수 있는 수단을 제공한다.

⑤ 토큰

블록체인은 개발자들이 토큰 밸류(token value)를 정의할 수 있도록 해서 기존의 화폐상품이나 자산뿐만 아니라 다양한 유형의 가치 자산을 교환매체로 사용할 수 있게 한다. 이러한 토큰을 이용해 새로운 유형의 가치를 정의하고 새로운 형태의 시장을 만들 수 있다.

⑥ 스마트 컨트랙트

스마트 컨트랙트는 중앙집중식 시스템의 컴퓨터 프로그램과 유사하지만, 두 가지 측면에서 기존 시스템에 비해 차별성과 우월성을 가진다.

첫째, 스마트 컨트랙트는 영구적이고 불변하기 때문에 일단 컨트랙트가 네트워크에 배치되면 변경되거나 손상될 수 없다.

둘째, 스마트 컨트랙트는 특정 활동이나 거래를 통해 촉발되는 프로그램이므로 시스템 구축 시 유연성과 적응성을 높일 수 있다. 즉, 다양한 정책과 규칙에 쉽게 접목될 수 있다. 예를 들면, 무역 금융 시스템, 의료 기록 시스템, 경찰기관의 증거물 보관 연속성(CoC, Chain of Custody) 시스템 등 복잡한 애플리케이션에 유연하게 적용될 수 있다.

블록체인의 유용성에 대해 요약해서 설명하자면 다음과 같다.

- 데이터를 저장할 수 있으며, 데이터의 가용성이 매우 높다.
- 애플리케이션을 실행할 수 있으며, 먼 미래까지 가동 시간을 보장받을 수 있다.
- 미리 설계된 로직에 따라 작동한다는 것을 사용자에게 납득시킬 수 있다.
- 유지 관리에 흥미를 잃거나, 어떤 방식으로든 애플리케이션의 상태를 조작하도록 매수되거나 위협을 받는다거나, 혹은 수익 동기가 확보되어 애플리케이션 상태를 조작할 수 있더라도 애플리케이션이 계속 작동한다는 것을 사용자에게 납득시킬 수 있다.
- 꼭 필요한 경우, 애플리케이션을 실행하고 백도어 키를 직접 제공할 수 있지만, 키 사용에 '합법적인' 제한을 두어야 한다. 예를 들어, 소프트웨어 업데이트가 도입되기 전에 공개 대기 기간 1개월을 거쳐야 한다거나, 애플리케이션 업데이트 사실을 사용자에게 즉시 통지해야 한다.
- 특정 거버넌스 알고리즘(예 : 투표, 미래 체제, 일부 복잡한 다원적 의회 아키텍처)에 백도어 키를 부여하고 사용자에게 해당 알고리즘이 실제로 애플리케이션을 제어하고 있음을 납득시킬 수 있다.
- 기본 플랫폼의 안정성이 99.999%에 불과하더라도 애플리케이션을 실행할 수 있으며, 이러한 애플리케이션은 100% 신뢰도로 서로 통신할 수 있다.
- 여러 사용자 또는 회사가 애플리케이션을 실행할 수 있으며, 이러한 애플리케이션은 네트워크 메시지 없이 매우 빠른 속도로 상호작용할 수 있고, 동시에 각 회사가 자체 애플리케이션을 완벽하게 제어할 수 있다.
- 다른 애플리케이션에서 생성된 데이터를 매우 쉽고 효율적으로 활용하는 애플리케이션을 구축할 수 있다(예 : 결제 및 평판 시스템을 결합하는 것이 가장 수익성이 높을 수 있음).

3세대 글로벌 스케일 P2P 네트워크 프로토콜

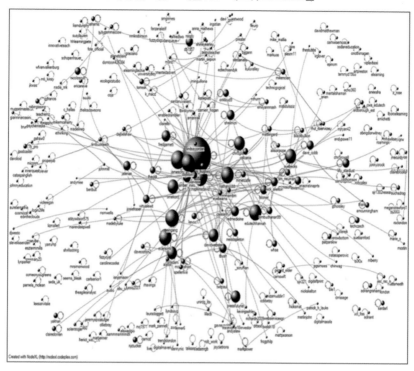

블록체인은 분산원장 기술이다.

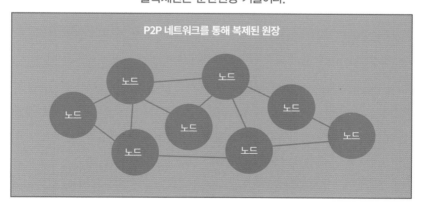

블록체인 기술 플랫폼의 핵심 개념

'플랫폼'은 컴퓨터 운영체제에서 응용 프로그램을 만드는 것과 유사하게 개발자가 프로그래밍 언어를 사용해 솔루션을 구축하는 기술 기반이다. '블록체인 플랫폼'은 스마트 컨트랙트 프로그래밍 언어[솔리디티(Solidity), 바이퍼(Vyper)]를 사용해 생성된 분산형 애플리케이션(DApp)을 가능하게 한다.

블록체인 플랫폼은 암호화폐와 동등하지 않다. 일부 플랫폼은 암호화폐(이더리움)를 포함하지만 다른 플랫폼은 그렇지 않다[하이퍼레저 패브릭, R3 코다(Corda)]. 비트코인은 암호화페이지만 솔루션 구축을 위한 일반적인 플랫폼은 아니다(간단한 스크립팅 언어가 있지만).

전 세계적으로 많은 블록체인 플랫폼이 존재한다. 기본적으로 블록체인 플랫폼은 우리가 블록체인의 개념을 구현하는 애플리케이션을 만드는 데 도움을 준다. 모든 개인이나 기업이 처음부터 자체 블록체인을 개발할 자원이나 시간이 있는 것이 아니다. 따라서 이들은 거대 테크사가 개발한 블록체인 플랫폼을 활용해 애플리케이션 개발을 더욱 빠르고 쉽게 진행할 수 있다.

블록체인의 시대를 연 비트코인은 중간관리자 없이 모든 사용자가 다 함께 거래장부를 관리하도록 함으로써 이중지불의 위험을 제거했다. 또한, 분산형 네트워크를 통해 데이터를 분산 관리함으로써 보안성을 높였다. 만약 관리 지점이 한 군데밖에 없을 경우, 해커가 그곳만 공격하면 전체 시스템을 마비시킬 수 있다. 이를 단일 장애 지점(single point of failure)이라고 하는데, 블록체인의 분산형 방식은 이러한 위험을 방지할 수 있다.

다양한 블록체인 플랫폼 카테고리

기업 부문

Ethereum(이더리움)
Hyperledger Fabric(하이퍼레저 패브릭)
Ripple(리플)
Stellar(스텔라)
R3 Corda(R3 코다)
Digital Asset Holdings(디지털 애셋 홀딩스)

중국

Neo(네오)
Qtum(큐텀)
Nervos(너보스)
Vechain(비체인)
Ant Financial(앤트파이낸셜)
Tencent Zhi Xin Lian(텐센트 Zhi Xin Lian)
Ping An(핑안)

특화형 블록체인

Chainlink(체인링크)
Factom(팩텀)
Guardtime(가드타임)
Graphene(그래핀)

한국

GroundX Klaytn(그라운드엑스 클레이튼)
ICONLOOP(아이콘루프)
Samsung Nexledger(삼성 넥스레저)

신흥 블록체인

Ethereum 2(이더리움 2)
Tezos(테조스)
Cardano(카르다노)
Solana(솔라나)
Algorand(알고랜드)
Avalanche(아발란체)
DFinity(디피니티)
Hedera(헤데라)
EOS(이오스)
Near(니어)
Cosmos(코스모스)
Polkadot(폴카닷)

기타

Aelf(엘프), Aion(아이온), AlphaPoint(알파포인트), Amis(아미스), Ardor(아더), Aspen(아스펜), Axoni(악소니), BigchainDB(빅체인디비), Hydrachain(하이드라체인), Chain(체인), Clearmatics(클리어매틱스), Cryptape(크립테이프), Domus(도무스), Elastos(엘라스토스), Kadena(카데나), Lisk(리스크), MaidSafe(메이드세이프), Multichain(멀티체인), Monax(모낙스), NEM(엔이엠), PDX(피디엑스), Rchain(알체인), Soramitsu(소라미츠), Stratis(스트라티스), Swirlds(스월즈), Symbiont(심바이온트), Taiyi(타이이), Waves(웨이브)

비트코인 거래의 분산원장

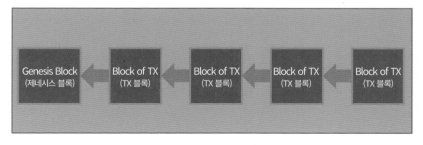

비트코인 블록체인의 데이터 스트럭처

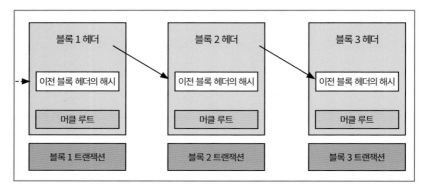

출처 : Simplified Blockchain (Source : Bitcoin.org 2015)
https://www.researchgate.net/figure/Simplified-Blockchain-Source-Bitcoinorg-2015_fig1_309414363

수백만 명 또는 그 이상의 사용자를 보유하고 있는 위와 같은 대표적인 플랫폼 혹은 서비스와 대조적으로 블록체인 플랫폼과 그 생태계는 아직 전통적인 IT 시장과 서비스에 비해서는 미미한 수준의 초기 단계다. 블록체인 세계에는 아직 사용자 혹은 매스 어답션(Mass Adoption)이 많지 않고, 상용화 단계에 있는 솔루션과 시스템 또한 적다.

이러한 상황에서 블록체인 경쟁사들은 앞에서 말했던 '10배 규칙'을 추구해야 한다. 사용자 경험의 폭을 넓히는 것이 관건이다. 물론 사용자 경험을 10배 혹은 5배로 수치화하기가 쉽지 않을 수 있다. 그러나 앞에서 말한 1위 기업들의 유저들은 그 1위 플랫폼과 서비스를 사용하면서 사용자 경험과 그에서 비롯되는 다양한 부가가치들을 그만큼 직관적으로 느꼈다는 것이다. 그 결과는 업계 2위, 그리고 그 밑의 경쟁사들보다 훨씬 높은 시장 점유율과 폭발적인 밸류에이션의 성장이었다. 바꾸어 말하자면 아직 블록체인 세계는 시장을 선점하고 리드할 수 있는 가능성이 열려 있다고 볼 수 있다.

블록체인
핵심 기술 콘셉트

불변 데이터(Immutable data)

불변성(immutability)

데이터의 불변성은 블록체인 기술을 정의하는 특징 중 하나로, 블록체인을 사용하는 사람들에게 매우 중요하다. 불변성은 블록체인 원장에 기록된 데이터가 (의도적이든 의도적이지 않든) 변조되거나 수정될 수 없음을 의미한다. 원장은 모든 트랜잭션을 처음(즉, '제네시스' 블록)부터 영구적으로 지울 수 없으며, 또한 변경할 수 없는 상태로 유지한다. 이러한 불변성은 트랜잭션에 있어 매우 중요하다. 이러한 블록체인의 불변성은 비즈니스 프로세스에 높은 신뢰도와 데이터 무결성을 제공한다.

만일 블록체인 원장이 단일 시스템(머신)에 저장되어 있다면, 공격자는 시스템 보안을 뚫고 침투해 통제 권한을 취득한 다음 원하는 트랜잭션 레코드를 수정할 수 있으며, 마지막으로 나머지 체인을 다시 작성해 모든 것이 유효한 것처럼 보이게 할 수 있다. 그러나 데이터가 단일 시스템(머신)에만 저장되는 것이 아니기 때문에 이러한 일은 발생할 수가 없다. 블록체인 기술은 블록체인 네트워크에 연결된 많은 시스템에 걸쳐서 데이터를 대량으로 복제하는 방법을 통해 이러한 공격 시나리오로부터 원장의 트랜잭션 기록을 보호하는 것이다. 이는 블록체인에 단일한 '진실의 원천'이 없다는 것을 의미한다(즉, 데이터의 권위 있는 출처로서 단일 기계나 단일 기관이 존재하지 않음). 단일의 출처가 있다는 것은 단일한 취약점이 있다는 것을 의미한다. 대신에 블록체인의 진실성은 P2P 네트워크에 연결된 다수의 시스템(머신)에 의해 정의된다.

블록체인 네트워크에 의해 확인된 트랜잭션은 이전 블록 해시와 타임스탬프 기록과 함께 해싱 프로세스에 의해 암호화된 데이터 '블록'에 담겨 다음 업데이트로 체인에 합류하게 된다. 블록체인은 본질적으로 특정 시점의 사실 장부이며, 비트코인의 경우 주소 간 비트코인 전송 정보가 포함된다. 스마트 컨트랙트 기능이 있는 블록체인은 트랜잭션 데이터뿐만 아니라 임의의 데이터도 저장할 수 있다.

불변성의 이점
① 단순화된 감사
완전하며 또한 논쟁의 여지가 없는 거래 원장 기록을 생성할 수 있으므로 쉽고 효율적인 감사 프로세스가 가능하다. 데이터가 변조되지 않았음을 증명하는 것은 업계의 규정을 준수해야 하는 회사에 큰 이점으로 작용한다. 일반적인 사용 사례로 공급망 관리, 재무[예 : 사베인즈-옥슬리 법(2002년 미국에서 기업 회계와 재무 보고의 투명성을 높이기 위해서 제정한 법)] 및 ID 신원 관리 등이 있다.

② 효율성 향상
과거 기록 전체를 유지하는 것은 감사에 도움이 되며, 비즈니스 프로세스에 새로운 기회를 제공한다.

③ 오류 증명
비즈니스 프로세스에서 누구에게 잘못이 있는지에 대한 분쟁은 흔한 문제다. 건설업을 살펴보면 이러한 분쟁의 규모는 1조 달러 이상으로 추산된다. 블록체인은 이러한 방대한 규모의 법적 분쟁을 마법처럼 사라지게 만드는 것은 아니다. 그러나 데이터 출처 및 데이터 무결성과 관련된 여러 분쟁을 방지하는 데 블록체인 기술을 활용할 수는 있을 것이다.

어떤 사람들은 블록체인의 불변성과 데이터 무결성이, 기록된 데이터가 정확함을 의미하는 것으로 오해한다. 블록체인 트랜잭션 데이터는 변경이 불가능하며 또한 정확하다(블록체인에 의해 생성된 트랜잭션의 경우). 그러나 임의의 데이터(예: 주식 시장의 주가, 센서로 측정한 강우량)는 변경할 수 없지만, 반드시 정확하지는 않다. 조각가가 대리석에 끌로 누군가의 이름을 새겨 넣는 장면을 떠올려 보라. 새겨 넣은 이름의 글자는 오래 지속되겠지만 조각가가 실수로 이름을 잘못 썼을 수 있고, 이 경우 나중에 이를 보는 사람들은 그 이름이 정확한 것인지 알 수 없을 것이다.

요약하면, 블록체인은 자동으로 또는 마법처럼 데이터를 유효하게 만들지는 않는다는 것이다. 다만 블록체인은 암호화 기술을 사용해서 데이터를 보호하므로, 데이터가 변경되거나 삭제되지 않게 할 뿐이다.

불변성과 51% 공격

누군가 미화 1,000만 달러 지불을 위해 블록체인에 거래를 게시한 상황을 생각해보라. 이것이 공격자에게는 원래의 거래를 기록한 블록체인 원장을 수정해서 유용하고자 할 매력적인 상황일 것이다. 그러나 대규모 체인의 경우 이와 같은 공격에 수억 달러의 하드웨어 리소스가 필요하다. 따라서 이러한 약점은 비트코인이나 이더리움과 같은 규모가 큰 퍼블릭 체인에서는 대개 이론적인 경우에 지나지 않는다. 다만, 적은 규모의 블록체인 네트워크의 경우에는 이러한 종류의 공격이 발생할 수 있을 것이다. 어떻게 이것이 작동하는지 설명하겠다.

앞서 언급했듯이 데이터의 진실은 하나의 시스템이 아니라 P2P 네트워크의 대다수 시스템에 의해 정의된다. '51% 공격'이라는 용어는 공격자가 블록체인 네트워크의 나머지 시스템보다 더 큰 계산 리소스를 제어하거나 소유하는 상황을 말한다. 즉, 공격자가 다른 시스템을 압도해 블록체인 기록을 다시 쓸 수 있음을 의미한다. 이것은 소규모 네트워크에서는 가능하지만, 대규모 네트워크에서는 매우 어렵다. 대규모 네트워크에서는 이를 위해 수십억 달러에 달하는 하드웨어 구입에 대한 투자가 필요하기 때문이다.

지분증명(Proof of Stake) 블록체인은 하드웨어 리소스 구매 투자가 필요하지 않다. 대신 블록체인 업데이트 프로세스 참가자에게 잘못된 데이터(예 : 가짜 거래)를 검증할 경우, 잃을 수 있는 '지분'에 대한 투자를 요구한다.

양자 컴퓨팅

양자 컴퓨팅은 블록체인의 불변성에 대한 또 다른 도전이다. 양자 컴퓨팅은 데이터 계산에 있어 혁신적인 돌파구다. 양자 컴퓨팅을 사용하면 암호화 계산과 같은 특정 계산을, 현존하는 최강의 컴퓨터보다 1억 배 빠르게 수행할 수 있다. 이는 일부 암호화 알고리즘이 '손상'될 수 있음을 의미한다(즉, 더 이상 보호 기능을 제공하지 않음).

예를 들어, 트랜잭션의 신뢰성은 개인 키 사용 트랜잭션에 서명함으로써 달성된다. 암호화 키 메커니즘은, 기존의 컴퓨터가 수천 년 미만의 컴퓨팅으로는 계산하는 것이 불가능한 특정 계산에 의존한다. 그러나 양자 컴퓨터는 동일한 계산을 몇 시간 또는 몇 분 안에 수행할 수 있으므로 공격자가 개인 키로 서명된 트랜잭션을 생성할 수 있으며, 이를 통해 계정에서 자금을 탈취할 수 있다. 다행인 점은, 최근 구글이나 IBM, 중국의 진전에도 불구하고 양자 컴퓨터의 실용화는 아직 멀었다는 것이다. 이러한 가운데 현재 블록체인 개발자들은 새로운 '포스트 퀀텀 컴퓨팅(Post Quantum Computing)' 알고리즘을 개발해서 양자 컴퓨터가 실용화되기 전에 그보다 이른 시일 안에 '양자 내성' 알고리즘으로의 전환을 계획하고 있다.

토큰화된 자산(Tokenized Asset)

자산의 토큰화

데이터(예 : 트랜잭션 레코드 또는 기타 가치 있는 데이터)가 블록체인에 기록되면 이 데이터를 수정하거나 변조할 수 없다. 이것은 불변이며, 이더리움과 같은 스마트 컨트랙트 플랫폼을 사용해 소유권 기록 등 다양한 종류의 데이터를 기록할 수 있다는 것을 의미한다.

개발자는 자산과 관련된 특정 유형의 기록을 만드는 스마트 컨트랙트를 작성할 수 있는데, 자산의 토큰화는 발행자가 분산원장이나 블록체인에 디지털 토큰을 생성하는 과정 중 하나다. 토큰은 해당 계정의 소유자가 N개의 토큰을 보유하도록 지정하는 데이터 레코드를 저장해서 생성된다. 이러한 토큰은 디지털 자산(예 : 이미지)과 연결될 수 있으나, 이들은 어떤 것과도 연관될 필요가 없으며, 단순히 그들 자신을 나타낼 수 있다(디지털 데이터). 토큰은 순전히 디지털일 수 있거나, 그림이나 농지 같은 물리적 자산을 대신 나타낼 수 있는 자산의 공식적이며 불변한 표현일 수 있다.

자산의 토큰화는 소유권을 나타낼 수 있다. 예를 들어, 50만 달러 상당의 집을 소유하고 있다고 가정해보았을 때 우리는 이 자산을 수익화하려고 할 것이다. 법적 문제에 대한 논의를 문제 삼지 않는다면 해당 자산의 소유권을 나타내는 토큰의 일부분을 블록체인에 발행할 수 있으며, 모든 토큰이 해당 자산의 100%를 나타내게 된다.

토큰화할 수 있는 것들

다음의 유형의 자산은 토큰화할 수 있으며, 이미 토큰화되었다.

- 부동산
- 사모주식
- 물리적인 용품들(예 : 보트)

블록체인은 토큰을 구입하게 되면 정부가 운영하는 레지스트리에 등록이 됐든 안 됐든 소유권을 삭제할 수 없도록 하는 불변의 공공원장이다.

부동산의 토큰화를 통해 투자자는 직접 방문을 하지 않고도 세계 모든 지역의 부동산에 투자할 수 있다. 블록체인의 자산 토큰화를 통해 안전하고 빠르며 간편하게 투자할 수 있다. 자산을 거래하는 데는 보통 며칠에서 몇 개월이 걸린다. 거래 문서와 투자자의 적격성을 검증하기 위해 외부의 실체로서 중개자가 참여하며, 이는 프로세스에 추가 비용이 들어가도록 한다. 그러나 토큰화는 불변성과 투명성을 제공할 수 있는 블록체인에 중개자의 필요성을 없애줄 수 있다.

자산이 디지털화되면 분할성이 높아지고, 또한 자산의 토큰화를 통해 분할 소유권(fractional ownership)이 가능해질 수 있다. 따라서 투자자들은 토큰화된 자산의 작은 비율에 투자할 수 있다. 예를 들어, 토큰화된 부동산 자산의 10%만 구입할 수 있다. 이는 수십억 명의 투자자들에 있어 시장 진입 장벽이 제거되었음을 의미한다.

자산의 유동성을 개선할 수 있는 것도 장점인데, 블록체인에 투자 프로세스를 도입하면 자산 토큰화를 통해 규정 준수를 보장하면서 소유권을 자동으로 이전할 수 있게 된다. 복잡성과 비용을 줄인 토큰화된 자산은 유동성을 개선할 수 있는 규제된 거래소에 투자하고 P2P 거래를 할 수 있는 가능성을 제시한다. 빠른 거래, 더 낮은 거래 수수료가 가능해진다. 토큰 거래 및 전송은 스마트 컨트랙트로 이루어지기 때문에 교환 프로세스가 자동화된다. 자동화는 중개자가 없으므로 구매 및 판매와 관련된 부담을 줄여준다. 결과적으로, 더 낮은 거래 수수료로 거래 실행을 가속화할 수 있다.

전통적으로 실제 자산의 거래는 분할의 수준에 제한이 있다. 그러나 자산 토큰화는 소유권 일부를 나타내는 토큰을 판매하거나 구입할 수 있게 함으로써 그러한 제한을 없애준다. 그렇게 새로운 투자자들에게 기회를 열어주기 때문에 투자에 참여하는 층이 더 넓어진다. 투자자 기반이 확대되는 것이다. 이전에는 감당할 수 없었던 자산이었지만 이제는 분할이 가능하므로 투자 포트폴리오를 다양화할 수 있게 된다. 미술품, 스포츠 팀, 경주마 같은 이국적인 자산부터 채권, 부동산, 벤처, 캐피털 펀드 상품과 같은 전통적인 자산에 이르기까지 거의 모든 자산의 계층이 토큰화될 수 있다. 이와 같은 자산의 예를 들어본다.

① 부동산

부동산 토큰화는 자본 및 시장의 참여를 높이기 위한 부분적인 소유권을 허용한다. 즉, 토큰화된 부동산 자산은 부동산 투자 시장을 확장할 수 있는 기회를 제공한다.

② 원자재(commodity)

상품 원자재의 토큰화는 상품의 소싱과 거래 라이프 사이클 전반에 걸쳐 새로운 시장 기회를 제공할 수 있다. 실물 자산을 거래 가능한 디지털 자산으로 전환하면 유동성이 개선되고, 기관 투자자가 주도하는 자산 등급의 진입 장벽이 낮아진다.

③ 사모주식(private equity shares)

현재 중소기업의 주주 및 주식에 대한 정보는 서류나 스프레드 시트에 기록되어 있으며, 각 당사자는 비효율적이고 오류가 발생하기 쉬운 개별 저장소에 데이터베이스 기록을 관리하게 된다. 그러나 주식 토큰화를 통해 기업은 단일 공유 및 불변 원장에 대한 정보를 제공함으로써 주주들과 상호작용할 수 있다. 또한, 주주들은 2차 시장에서 거래할 수 있는 소유권에 대해 투명성과 신뢰성을 갖게 될 것이다.

④ 실물 상품(Physical Goods)

미술품, 와인, 사기업 소유 지분, 파트너십 지분 등을 포함한 비유동적 자산은 블록체인의 투명성을 통해 입증, 대출 및 가격 발견을 제공하도록 토큰화할 수 있다.

이처럼 다양한 자산의 토큰화를 통해 다음과 같은 이점을 얻을 수 있다.

• 접근 가능(accessible)
토큰화된 자산은 전 세계 어디서나 연중무휴 24시간 액세스할 수 있다.

• 변경할 수 없음(immutable)
한번 사면 토큰 소유권이 없어진다. 그러나 소유자가 다른 사람에게 판매하는 경우 한 사람에서 다른 사람에게 양도할 수 있고, 분쟁이 있을 경우에는 불변의 소유권 기록을 보면 분쟁을 빨리 해결할 수 있다.

• 투명성 제고(transparent)
각각의 기록이 공유되고 불변의 원장에 보관되기 때문에 누구도 부정하게 자산을 소유했다고 주장할 수 없다. 에코 시스템 내의 투명성은 모든 사람이 업데이트된 소유권 기록을 명확하게 볼 수 있도록 보장한다.

• 비용 효율성 제고(cost-effective)
토큰화된 자산은 종종 투자 접근성을 제한하는 중개인의 개입을 제거한다. 시스템에서 중개인을 제거하면 높았던 수수료가 절감되고 명확성이 확보된다.

• 편리하고 용이하게 투자할 수 있음(easy to invest)
토큰화된 자산은 부분적인 소유권의 가능성으로 더 많은 유동성을 제공한다. 이러한 자산 토큰화는 최소 투자를 없앤다. 자산의 토큰화는 자산 거래 시장에 새로운 기회를 제공하지만, 많은 난제들이 이 새로운 기술의 채택을 제한한다.

이밖에도 토큰화의 이점으로는 유동성 증가, 신속한 결제, 비용 절감 및 리스크 관리 강화 등이 있다. 심지어 민간 증권이나 미술품 같은 비유동자산도 토큰화해서 2차 시장에서 거래할 수 있으며, 이는 훨씬 더 많은 투자자들이 그들에게 접근할 수 있음을 의미한다.

결제(Payment)

결제는 우리 사회에서 개인과 기업이 경제활동과 사회활동을 하는 데 아주 기본적이고 필수 불가결한 가치의 교환이다. 최근 블록체인을 결제와 비즈니스에 접목한 사례가 급증하고 있다.

블록체인을 이용한 비즈니스의 프로세스를 살펴보자. 암호화폐와 데이터가 서로 연결해 계약부터 발주, 물류, 배송, 검수, 지급 결제, 정산, 사후 관리, 계약 갱신 등에 이르기까지 일련의 비즈니스 활동이 블록체인 위에서 작동된다. 블록체인 기술은 사회의 새로운 인프라가 될 가능성이 크다. 블록체인은 사회·경제적으로 여러 가지 문제점들을 해결할 것이다. 블록체인이 이런 식으로 다양하게 활용된다면 개인의 편의성이 향상되고, 새로운 고부가가치 비즈니스 모델이 등장, 발전할 것이다. 이밖에도 거래의 효율화 등을 통해 산업이 재편될 것이다. 크게는 정부와 기업의 생산성 향상 등을 통해 경제사회 발전에 기여할 수 있을 것이다.

블록체인 기술을 활용한 결제 시스템

블록체인 기술을 활용한 결제 시스템은 어떤 것이고 어떤 점이 좋을지 살펴보자. 블록체인은 은행이나 정부 등의 제삼자의 기관 및 특정 중개업자에 의존하지 않고 전 세계 누구나 타인과 대금을 주고받을 수 있는 굉장히 파괴적인 기술 가치를 제공한다. 블록체인은 노드의 피어투피어 네트워크에 의존하고 있으며, 이 노드들이 다 같이 시스템의 상태(state, 즉 진실)를 정의한다.

먼저, 블록체인 이전의 결제에 대해서 간단히 알아보자. 그것은 커피 한 잔이나 밥 한 끼와 같은 상품 혹은 서비스의 대가로 상대방에게 종이화폐를 주는 것이 될 수 있는데, 더 복잡한 예는 은행과 같은 금융기관을 통해 결제하는 것이다. 소비자 A가 은행에 판매자 B에게 지불을 하도록 권한을 부여하고, 판매자 B는 대금을 받은 후에 상품을 배송하는 것이 한 예가 될 수 있다.

그렇다면 이제 블록체인을 접목한 결제에 대해서 알아보자. 블록체인 세계(비트코인이나 이더리움 등)에서 구매자는 블록체인 소프트웨어를 사용해 거래 내용을 네트워크에 중계한다. 네트워크에는 많은 참가자들이 존재하는데, 이 참가자들이 '암호화폐 채굴'이라고 불리는, 특정 종류의 수학적 계산을 가장 먼저 끝내기 위해 서로 경쟁하게 된다.

채굴은 영어로 마이닝(mining)이라고 부른다. 간단하게 설명하자면, 채굴은 암호화폐의 거래 내역을 기록한 블록을 생성하고, 그 대가로 암호화폐를 얻는 행위를 말한다. 암호화폐는 중앙은행과 같은 발행 기관 없이 거래 내역을 기록한 원장을 전 세계 네트워크에 분산 저장하게 되고, 이러한 블록체인을 유지하기 위해 해당 블록을 생성한 사람에게 일정한 보상을 지급하도록 설계되어 있다. 예를 들어, 비트코인의 경우 10분에 한 번씩 새로운 블록이 생성되는데, 이 블록의 이름을 16진수로 표시한 총 64자리의 해시(hash)를 찾아내는 사람에게 비트코인을 발행해 지급한다.

채굴에 성공한 보상으로 지급되는 비트코인의 양은 4년마다 절반으로 줄어드는 반감기를 거친다. 최초의 채굴이 이루어진 2009년에는 50비트코인을

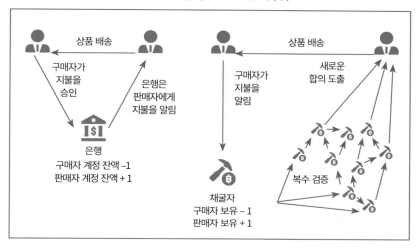

블록체인 전(좌) / 블록체인 후(우)

상품 배송

구매자가
지불을
승인

은행은
판매자에게
지불을 알림

은행
구매자 계정 잔액 −1
판매자 계정 잔액 + 1

구매자가
지불을
알림

상품 배송

새로운
합의 도출

복수 검증

채굴자
구매자 보유 − 1
판매자 보유 + 1

지급하다가, 2013년부터 25비트코인으로 줄어들었고, 2017년부터 12.5비트코인으로 감소했으며, 2021년에는 6.25개로 줄어드는 등 채굴을 통해 얻어지는 비트코인의 수량은 점점 줄어든다. 이렇게 줄어들다가 비트코인은 최종적으로 2140년에 채굴을 중지하도록 설계되어 있다. 암호화폐를 채굴하려면 직접 채굴기를 설치해 채굴하거나 혹은 전문 채굴대행업체에 위탁하는 방법이 있다. 채굴대행업체는 굉장히 많다.

이처럼 채굴이라는 행위를 통해, 원하는 계산 결과를 달성하는 첫 번째 참가자는 네트워크에 의해 보상이 할당되고, 이 트랜잭션(실제로 여러 트랜잭션의 블록)을 블록체인에 추가하고, 새롭게 추가된 이 트랜잭션 블록은 합의(a shared version of the truth)를 달성하기 위해 네트워크 전체에 복제된다. 이러한 결제 과정에는 비트코인(BTC)이나 이더리움(ETH) 등 암호화폐 단위 형태의 일정한 가치를 A에서 B에게 이전하는 과정이 포함되는데, 아직까지 현실 세계에서는 암호화폐를 지불의 대가 혹은 경제활동에 필요한 가치 교환의 매개체로 쓰는 사용처가 그리 많지는 않다. 따라서 이 크립토에 기반한 지불 절차를 현실에서 유용하게 만들기 위해서는 추가적인 메커니즘이 적용되어야 하고, 그와 같은 결제 관련 프로젝트 외에 다양한 시도가 많이 이루어졌다. 그에 관한 보다 자세한 내용을 살펴보자.

암호화폐 사용 사례

먼저 우리 한국에서 투자 목적이 아닌 송금 등의 목적으로 가상화폐를 사용한 사례는 아직 드문 것이 현실이다. 은행 앱, 토스, 카카오 송금 등으로 손가락 몇 번 누르면 돈을 보내고 받을 수 있는 편리한 디지털 금융 환경을 누리고 있기 때문이다. 그러니 굳이 복잡한 절차를 거쳐 UX, UI도 별로 익숙지 않은 메타마스크 같은 가상화폐 지갑이나 비트코인으로 돈을 환전해서 주고받는 현상이 한국에서는 많지가 않다. 그러나 개발도상국과 같이 금융제도가 상대적으로 낙후된 국가에서는 정반대의 현상이 일어나고 있다. 글로벌 시장조사기관 스태티스타(Statista)에서 74개국 주민 1,000~4,000명을 대상으로 가상화폐 사용 현황을 조사했는데 1위는 단연 나이지리아였으며, 2위 베트남, 3위 필리핀이었다.

스태티스타가 2020년 실시한 설문조사에 따르면, 나이지리아인의 32%가 가상화폐를 사용하고 있다고 한다. 이는 세계 어느 나라보다 높은 비중이다. 나이지리아의 2020년 가상화폐 거래량은 4억 달러 이상으로 추정된다. 이는 미국, 러시아 다음으로 세계 3위 수준의 거래량이다. 나이지리아는 경제 상황이 아주 좋지 않은 국가인데, 최근 5년이 안 되는 기간 내에 경기침체를 극복하긴 했지만, 여전히 경제는 어려우며, 법정화폐와 은행, 국채, 주식 등에 대한 국민의 신뢰가 매우 낮다. 나이지리아 중앙은행은 2020년에 국정 화폐인 나이라의 가치를 24% 평가절하했으며, 2021년 현재에도 10%까지 평가절하할 수 있다는 우려가 있다. 그러나 나이지리아의 물가는 계속 상승하고 있는데, 식료품 물가 상승률은 2008년 7월 이래 최대를 기록했다.

나이지리아는 가상자산이 지나치게 활성화되자 국가에서 이를 제재하기 시작했다. 그런데도 여전히 가상자산 보급률 전 세계 1위를 자랑하는데, 세

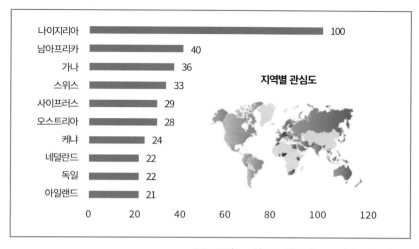

비트코인 구글 트렌드 지수(2020년 6월)

나이지리아	100
남아프리카	40
가나	36
스위스	33
사이프러스	29
오스트리아	28
케냐	24
네덜란드	22
독일	22
아일랜드	21

지역별 관심도

출처 : 쟁글(Xangle) https://blockstar.co.kr/archives/5589

명 중 한 명이 가상자산 보유자라고 한다. 최근에는 나이지리아에서 비트코인이 세계 평균 가격보다 52% 비싸게 거래되어 주목받기도 했는데, 이는 그만큼 비트코인에 대한 수요가 높다는 뜻이다.

나이지리아에서 비트코인의 수요가 높은 것은 P2P(개인 간) 결제와 송금에 비트코인이 활발하게 쓰이고 있기 때문이다. 나이지리아는 인구 1억 8,000만 명 중 은행 계좌를 가진 사람이 3,000만 명 정도인데, 그 때문에 계좌를 통한 직불카드 결제보다 스마트폰 기반 가상자산 결제 서비스가 보편화되어 있다.

또한, 나이지리아의 화폐인 나이라의 가치가 급락하면서 중앙은행이 외환 거래를 제재하고 있는데, 이로 인해 은행을 통해 1만 달러 이상을 송금하기가 어려운 환경이다. 그래서 상대적으로 비트코인 송금이 활발해졌다. 이런 점들을 미루어볼 때 개발도상국에서는 비트코인이 결제 수단으로써 가치를 발휘할 수 있다는 의견이 나온다. 그래서 비트코인은 그동안 결제 시스템에 접근할 수 없었던 수많은 사람들과 금융 시스템의 혜택을 받지 못했던 언뱅크드 피플(unbanked people)에게 자유를 주는 도구가 될 수 있다고 평가되기도 한다.

다음 도표는 블록체인의 거래가 일어나는 아주 기본적인 과정을 보여주고 있다. 앞서 언급했듯이 잠재적 거래가 네트워크에 의해 중개되고, 채굴 노드는 거래 블록을 블록체인에 추가하고, 채굴 보상(BTC나 ETH 등 새로운 암호화폐 단위 발행)을 받기 위해 경쟁한다. 블록체인에 대한 업데이트는 네트워크를 통해 배포되고 복제되며, 일정 시간이 지나면 최종 거래로 간주할 수 있다. 이 모든 과정은 법정화폐나 은행 시스템에서가 아니라 암호화폐의 영역 안에서 일어나고 있는 일들이다.

이어서, 기존 결제 방식과 블록체인 결제 방식을 비교해서 알아보자.

블록체인의 거래 프로세스

트랜잭션이 요청되고 인증됨

해당 트랜잭션을 나타내는 블록 생성

블록은 네트워크의 모든 노드(예 : 참여자)로 전송

노드는 트랜잭션을 검증

거래 완료

업데이트는 네트워크 전체에 배포

기존 블록체인에 블록 추가

노드는 일반적으로 암호화폐로 증명 작업에 대한 보상을 받음

출처 : https://appinventiv.com/blog/traditional-database-vs-blockchain/

현재의 전통적인 세계에서는 은행 등 금융기관은 제각각이다. 각각의 금융기관은 보통 중앙집중식 금융원장을 갖고 있다. 각 참가자는 고유한 신뢰 출처와 서로 다른 중재자 및 조정 프로세스를 가지고 있고, 비즈니스 프로세스의 일부인 데이터가 사일로화된 IT 시스템에 오프레저 방식으로, 즉 원장 외에 저장된다. 국가 간, 통화 간 트랜잭션의 경우에는 프로세스가 복잡하고 느려서 며칠이 걸릴 수 있다.

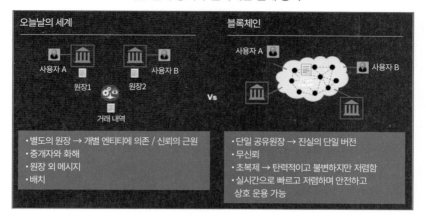
기존 결제 방식과 블록체인 결제 방식

그에 비해 블록체인 세계에서는 앞서 언급했듯이 공유된 글로벌 분산원장이 존재하는데, 이는 일단 합의가 이루어지면 하나의 버전의 진실을 의미한다. 트랜잭션 데이터는 분산원장상에 저장되며, 피어투피어 네트워크의 수천개 노드에 대량 복제되는데, 이 과정은 거의 실시간으로 이루어진다.

여기 토큰화된 돈을 지불에 사용한 스페인의 사례 연구가 있다. 스페인에서는 전자화폐기업(EME, SEFIDE)이 이 과정에 대한 법적 책임을 지고 있다. ioCash는 EME의 등록 대행사이며, 고객을 위한 전자화폐 서비스를 제공한다. EME는 옴니버스 계정을 운영하고 IBAN 번호를 전자화폐 지갑에 연결하기 위해 은행(인버시스, 풀뱅킹 라이선스 포함)과 협력한다.

이는 전자화폐 지갑이 IBAN 라우팅 번호를 가지고 있고 은행 시스템과 완전히 상호 운용이 가능하기 때문에 은행 계좌와 매우 유사하다는 것을 의미한다. 차이점은 잔액이 토큰 계약에 따라 프로그램 가능한 돈으로 구현된다는 것이다. 전기자동차의 배터리를 충전하기 위한 토큰화된 현금의 예를 들면, 주택 소유자 또는 상점 관리자는 자신의 집이나 상점 밖에서 충전소를 운영할 수 있다. 이 충전소는 '스마트 플러그' 또는 미터를 가지고 있다.

전기 소비 장치(자동차 운전자)는 은행의 옴니버스 계좌를 통해 현금 토큰화(앞에서 설명한 메커니즘을 사용)로 지갑에 자금을 조달한다. 소비자가 토큰화된 돈을 사용해 충전 시설(스마트 플러그)에 지불하고, 충전소는 자동차 배터리로 전기를 공급한다. 이후 주택 소유자 또는 점포 소유자는 은행으로부터 토큰을 운임으로 상환해 옴니버스 계좌에서 자신의 계좌로 이체할 수 있다. 이러한 접근 방식은 에너지 분배에 대한 분산 접근법을 가능하게 한다.

현금의 토큰화 응용 사례 : 전기차 충전 프로세스

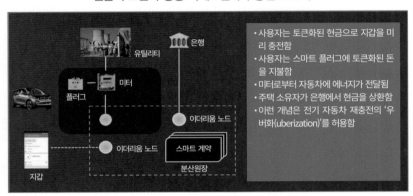

국경 간 지불이나 국제 지불과 관련된 현재의 상황은 문제와 마찰점을 가지고 있다. 절차가 복잡하고 느리고 정산 과정에서 어느 정도의 위험이 따른다.

한 국가(예 : 미국)에 있는 현지은행의 고객은 해당 국가의 현지 은행 고객인 다른 국가의 개인 또는 회사에 돈을 보내야 한다. 두 지방은행(각국에 하나씩)은 서로 직접적인 관계가 없기 때문에 통신사은행으로 알려진 중개인을 통해 일해야 한다. 이들은 자금 이체를 위해 서로 해당 계좌를 갖고 있는 은행들이다. 돈을 보내는 사람은 국내은행에 그것을 가지고 있는데, 미국에서는 ACH 절차를 이용해 미국에 본부를 둔 통신원에게 돈을 보낼 것이고, 미국은행은 SWIFT 메시지 시스템을 사용해 목적지 국가의 통신은행에 자금을 보낼 것이며, 그런 다음 두 번째 통신은행은 은행 간 네트워크(예 : EU의 SEPA)를 사용해 수취인의 현지은행으로 자금을 보낼 것이다. 일단 이 자금이 송금되면, 수

령인은 그들의 계좌에서 그 비축금을 인출할 수 있다. 이 프로세스는 시간이 많이 걸리고(영업일 기준 2~5일 정도 소요될 수 있음), 비용이 많이 들고, 오류가 발생하기 쉬우며, 위험하다.

세계은행은 2020년 4분기 현재, 국가 간 송금의 평균 거래 수수료율을 6.51%로 추산하고 있다. 은행을 통해 시작된 거래의 경우 평균 11%로 훨씬 더 높으며, 국제 결제는 평균 2~3일이 걸리는데, 이는 보통 몇 초가 걸리는 국내 송금과 극명한 대조를 이룬다. 특히 국경을 초월한 송금의 주요 개시자들은 국내의 가족들에게 돈을 보내는 이주 노동자들인데, 이들 가족의 대다수는 생계를 위해 이러한 현금 송금에 의존하고 있기 때문에 국제 결제는 더욱 골치 아픈 일이다.

이것은 기본적으로 디지털 병렬 금융 네트워크이며, 이는 복수의 참여자가 상호 작용하고 거래할 수 있는 공유 분산원장에 구현된다. 이 가치 교환의 참여자는 먼저 자신의 자산을 토큰화해야 한다. 이것은 그들이 토큰화된 현금의 형태로 공유된 원장에 디지털 표현을 만들어야 한다는 것을 의미한다. 토큰화 후, 참가자들은 이제 거래할 단일 공유원장을 갖게 되고, 이것은 진실

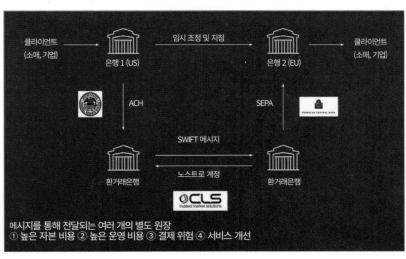

국제 결제의 응용 사례의 현황(As-ls)

의 단일 버전을 제공한다. 애플리케이션은 기본적으로 디지털화된 자산만 사용하기 때문에 디지털 방식이다.

스마트 컨트랙트로 투명성, 불변성, 원자성 보장

기업 등급의 허가된 네트워크는 필요에 따라 개인정보를 제공한다. 네트워크가 분산되어 있으므로 단일 IT 제공자에 종속되지 않으며, 다만 분권형 거버넌스가 필요하다는 의미다.

하나의 공유된 원장에서의 토큰화 활용

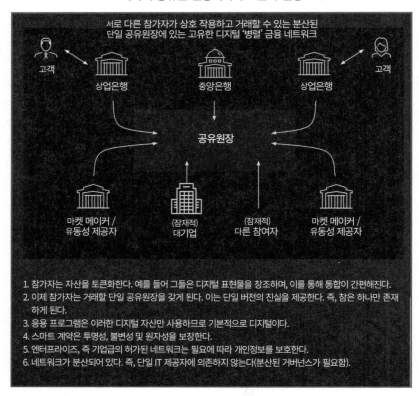

1. 참가자는 자산을 토큰화한다. 예를 들어 그들은 디지털 표현물을 창조하며, 이를 통해 통합이 간편해진다.
2. 이제 참가자는 거래할 단일 공유원장을 갖게 된다. 이는 단일 버전의 진실을 제공한다. 즉, 참은 하나만 존재하게 된다.
3. 응용 프로그램은 이러한 디지털 자산만 사용하므로 기본적으로 디지털이다.
4. 스마트 계약은 투명성, 불변성 및 원자성을 보장한다.
5. 엔터프라이즈, 즉 기업급의 허가된 네트워크는 필요에 따라 개인정보를 보호한다.
6. 네트워크가 분산되어 있다. 즉, 단일 IT 제공자에 의존하지 않는다(분산된 거버넌스가 필요함).

스마트 컨트랙트(Smart Contract)

스마트 컨트랙트의 개념

① 스마트 컨트랙트란?

닉 자보(Nick Szabo)는 1994년 '스마트 컨트랙트'라는 용어와 구상을 발표했다. 그는 법률이나 상행위와 관련된 계약을 집행할 때, 제삼자의 개입이 필요 없는 전자상거래 프로토콜에 관해 이야기하면서 디지털 기술을 적절히 활용하면 서로 모르는 당사자들끼리 제삼자의 개입이 없이도 인터넷을 통해 안심하고 계약을 집행할 수 있는 환경을 구축할 수 있다고 설명했다. 또한, 디지털 환경이 구축되면 변호사나 공증인 등 제삼자의 개입이 최소화될 것이고, 불필요한 중개 수수료의 절감 및 효율성 제고를 이루어낼 수 있다는 것이다.

제삼자가 개입되는 전통적인 계약의 집행이 디지털 환경으로 인해 바뀔 수 있게 된 것이다. 즉, 적절한 프로그래밍을 통해 계약이 스스로 수행되는 것이다. 이것은 커피 자판기를 떠올리면 쉽게 이해가 간다. 동전을 넣고 버튼을 누르면 커피가 제공된다. 커피를 제공하는 사람과 커피를 구매하는 사람은 자판기를 통해 커피의 매매에 관한 계약을 제삼자 없이도 스스로 '집행'할 수 있는 것이다. 이처럼 자체 집행의 성격을 갖는 계약을 디지털 환경으로 구현한 것이 스마트 컨트랙트다.

이러한 기술의 허점을 지적하는 의견도 있다. 스마트 컨트랙트에서 세운 가설은 디지털 환경을 적절히 구성하면 중개인이 사라질 것이라는 건데, 현실적으로는 누군가가 이를 구현하고 운영해야 하기 때문에 에너지가 소모된다는 것이다. 그리고 이용자들은 그러한 비용을 지불해야 한다는 것이다. 경우에 따라 이 비용은 기존에 중개인에게 지불하던 비용보다 더 과도할 수 있다는 견해다.

이러한 견해에 따르면, 디지털 환경이란 사람이 에너지를 쓰며 중개하던

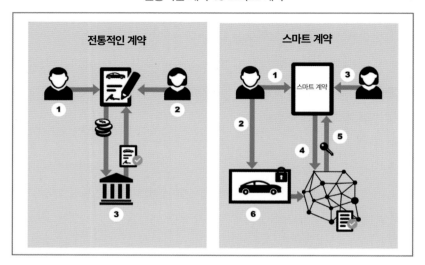

출처 : Braincept AG
https://www.linkedin.com/pulse/real-world-example-smart-contract-marvin-felder

역할을 디지털 환경이 대신하는 걸로 형태가 바뀌는 것으로, 사라지는 건 아니다. 자판기의 경우처럼(자판기는 운영자가 있음) 중개인이 사라진 것이 아니라, 판매 플랫폼이 바뀐 것이라는 이야기다.

② 스마트 컨트랙트의 진화와 이더리움 플랫폼

앞서 말했듯이 스마트 컨트랙트는 1994년 닉 자보가 처음 제안했으며, 2013년 비탈릭 부테린(Vitalik Buterin)이 비트코인의 블록체인 기술을 이용해 대금 결제, 송금 등 금융 거래뿐만 아니라 모든 종류의 계약을 처리할 수 있도록 기능을 확장하면서 널리 확산되었다.

부테린은 기존 비트코인의 소스 코드를 일부 수정해 스마트 컨트랙트 기능을 구현하고자 했으나, 비트코인 커뮤니티에서 그의 요구를 받아들이지 않았다. 이것은 비트코인을 포크(fork)해서 새로 이더리움(Ethereum)이라는 가상화폐를 만들고 스마트 컨트랙트 기능을 구현하는 것인데, 이 기능을 사용하면 개발자가 직접 계약 조건과 내용을 코딩할 수 있다. 그렇기 때문에 원칙적으로 인간이 상상할 수 있는 모든 종류의 계약을 이더리움 플랫폼을 이용해 구현할 수 있다.

다만, 솔리디티(Solidity)라는 자바 기반의 독립적인 프로그래밍 언어를 알아야 하기 때문에 프로그래머가 아닌 일반인들이 직접 스마트 컨트랙트의 조건과 내용을 코딩하기는 어려우므로 관련 소프트웨어 및 솔루션이 등장하게 되었다.

스마트 컨트랙트 활용 사례

글로벌 블록체인 기술 기업인 컨센시스의 스마트 계약 프로그램인 오픈로(OpenLaw)는 기존의 법적 계약과 블록체인 기반 자동화 디지털 컨트랙트 간의 격차를 해소하고자 한다.

오픈로(OpenLaw)는 법적 계약 체결 및 이행을 위한 컨센시스의 블록체인 기반 프로토콜이다. 오픈로(OpenLaw)를 사용해 변호사는 차세대 블록체인 기반 스마트 계약을 활용해 거래 업무에 더 효율적으로 참여하고 디지털 방식으로 법률 약정서를 체결하고 저장할 수 있다. 이러한 오픈로(OpenLaw) 플랫폼은 다음과 같은 특징을 가지고 있다.

• **마크업**(MARKUP)

계약 및 법적 동의는 도메인별 마크업 언어를 사용해 마크업되어 계약을 계산 가능한 개체로 전환한다(마크업은 문서 처리를 위해 문서에 추가되는 정보이고, 마크업된 정보라는 것은 문서의 논리적 구성이나 체계와 같은 문서의 포맷을 지정하거나 문서 내용을 찾아볼 수 있는 인덱싱 방법을 정리하거나 그러한 요소 간의 연결링크를 지정하는 기능을 뜻함).

• EXECUTION & REASONING

계약에 서명하면 안전한 비공개 실행 환경에서 스마트 컨트랙트가 실행되고, 사용자는 스마트 계약을 파기 및 중지할 수 있다.

• STORAGE

계약 '상태' 증거와 전자 서명은 이더리움 블록체인에 저장되며, 계약 해시와 지불할 주소는 온체인에 저장된다.

• APPLICATION & API

퍼블릭 및 프라이빗 API를 통해 기업은 오픈로(OpenLaw) 프로토콜을 통합할 수 있다(상호 운영성, 상호 통합성). 오픈로(OpenLaw) 기술은 금융상품, 송장 및 비금융 계약과 같은 실제 계약을 디지털화하고 관리할 수 있다.

구체적으로는 두 개의 병렬 워크플로우가 스마트 계약 소프트웨어를 구성해서 다른 종류의 전통적인 법률 협정이나 이행이 필요한 구성원들 사이에서 사용될 수 있도록 하며, 다음과 같은 프로세스를 거친다.

오픈로(OpenLaw) 플랫폼

❶ 법적 템플릿 생성 및 스마트 컨트랙트 코드 작성

❷ 참가자 지정(OpenLaw ID)

❸ 협상 및 카운터사인(같이 사인함)

❹ 법적 스마트 컨트랙트 서면 작성

❺ 자산 라이프 사이클(Relay Triggers)

핵심은 법률 계약서를 기계 처리(machine readable)가 가능한 특정한 통합 프로세스를 통해 스마트 계약으로 변환할 수 있다는 것이다.

오픈로(OpenLaw)는 법률 계약서를 이처럼 디지털화하고, 단순한 디지털화에서 더 나아가서 뭔가 조항을 만족시켰을 때 이행할 수 있는 스마트 프로그래밍 언어를 통해서 자동적으로 시행되거나 이행될 수 있게 만든다는 비전을 가지고 있다.

스마트 계약을 통한 법적 절차 자동화의 특성은 다음과 같다.

• 템플릿에서 법적 계약을 역동적으로 생성

• 유연한 매개 변수 시스템

• 온체인 및 오프체인 도메인 모두에서 프로그래밍 가능

• 신뢰할 수 있는 오라클(Oracle)을 체인링크(Chaninlink)를 통해 외부 세계와 연결

여기서 오라클의 문제가 있다. 그것은 블록체인이 아무리 무결성과 신뢰성을 보장한다고 하더라도 누군가 데이터를 잘못 올리거나, 데이터가 오류가 생기거나 해서 데이터 자체가 잘못될 수 있다는 것이다. 이 오라클 문제를 해결하는 프로젝트를 체인링크라고 한다.

법적 계약과 블록체인 기반 지불 연결을 살펴보자. 오픈로가 계약, 체인링크가 지불 연결을 수행한다.

오픈로를 통해 계약하고, 이전되는 자산들(암호화폐, 토큰)을 미국 달러로 표시하고, 체인링크의 미들웨어 솔루션을 통해서 전송 순간에 해당하는 이더리움의 양을 계산할 수 있기 때문에 앞서 말한 오라클 문제를 해결할 수 있다. 예를 들어, 계약 당사자가 오픈로 계약을 통해서 월 1만 달러의 임대료를 내겠다는 계약에 동의했다고 치자. 그 1만 달러 계약은 매달 체인링크에 오라클 솔루션을 통해서 1만 달러에 맞는 최신 환율로 적용된다(1만 달러의 이더리움은 매일 매 순간 달라짐). 그 시점에 1만 달러만큼의 이더리움의 양을 최신 환율로 전환해서 정해진 시간 안에 결제할 수 있다는 것이다.

가상화폐를 실생활에서 사용하고자 했을 때 변동성이 너무 크므로 이러한 변동성이 사용을 저해하는 문제가 발생한다. 오픈로와 체인링크, 둘은 파트너십을 통해 이런 변동성을 고정시켜 사용자들이 일상적으로 더욱 간단하고 직관적으로 스마트 컨트랙트에서 암호화폐를 사용하거나 지불할 수 있는 방법을 보여주는 협약을 맺었다.

예를 들어, 전자 조달 시스템 혹은 디지털 플랫폼을 통한 계약(BTOB, BTOC 거래, 전자상거래 플랫폼 등) 등 복잡한 비즈니스 관계가 이루어질 때는 법적 계약이나 스마트 계약 이 두 가지 기능만으로는 상당히 부족하다. 문서를 안전하게 저장하고 전체적인 워크플로우를 관리하는 기능까지 수반되어야 한다. 시스템이 위변조 방지 기능을 탑재한 문서 관리나 저장 기능을 통해서 데이터에 대한 무결성과 신뢰성을 실현하는 기능까지 포함한 일종의 애플리케이션이 수반되어야만 진정한 비즈니스 프로세스가 돌아갈 수 있는데, 이것이 블록체인을 통해서 가능할 것으로 판단한다.

법적 계약서, 고지서, 통지서, 인증서, 신용장 등 비즈니스와 관련한 수많은 문서가 있다. 이러한 문서들이 위변조되지 않는 방식으로 저장되는데, 전자계약에 전자서명을 하는 기능, 법적 수준을 조정하거나 특정한 계약에 엑세스할 수 있는 분석 및 이행 도구들, 전반적인 워크플로우 관리 프로세스가 필요할 것으로 보인다.

체인링크

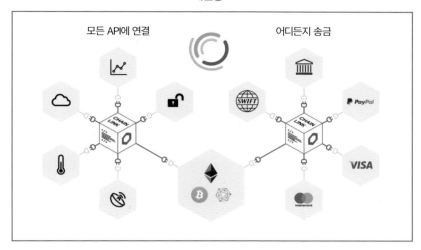

모든 API에 연결 　　　　　 어디든지 송금

출처 : 체인링크 https://steemit.com/sct/@jinuking/21-link

전자 조달 프로세스

보안 문서 저장소 및 워크플로우 시스템과 결합하면 전자 문서 관리 시스템을 위한 강력하고 효과적이며 효율적인 도구가 된다. 전자 조달 파이프라인에서 블록체인 및 관련 기술을 활용하는 것이다.

다음의 복잡한 도표는 전자 조달 관련 프로세스의 예시다. 왼쪽에서 오른쪽까지 조달에 관련된 계약이 전자적으로 이루어진다. 이 도표를 보고 어떤 블록체인 관련 요소들이 접목될 수 있는지 생각해보는 계기로 삼으면 좋겠다.

조달이라는 프로세스에는 여러 단계가 존재하지만, 블록체인 기술을 통해 중요한 데이터를 신뢰할 수 있고, 영구적으로 불변한 기록을 이뤄낼 수 있으며, 결제 기능까지 접목할 수 있다. 이러한 블록체인 기반 위에 서너 개의 관련 기술이 추가되면 탈중앙화 신원증명(DID) 및 VC 기능, 검증 가능한 자격증명, 안전한 문서 저장, 워크플로우 관리 기능이 가능하다. 리카르디안 계약도 접목할 수 있다. 이러한 기술들을 적절히 필요한 곳에서 사용 및 연계하면 상호

보완적이고 시너지 효과가 있는 시스템의 발전을 이뤄낼 수 있다.

예컨대 사용자 등록 과정에서 DID, 안전한 문서 관리 시스템을 적용할 수 있고, 내부 입찰 시스템이나 납세증명에 DID나 VC를 적용할 수 있다. 지불 게이트웨이 시스템 및 결제는 DID와 리카르디안 계약을 통해서 할 수 있다. 신용평가기관 정보에 관해서도 DID를 통한 인증을 할 수 있으며, 금융계약 관련 정보 시스템에도 리카르디안, DID, 보안 문서 등을 적용할 수 있다. 이렇게 하려면 철저한 분석을 통해 커스터마이징을 해서 개발 및 접목하는 과정을 거쳐야 한다. 또한, 단계마다 테스트를 통해 기술에 문제가 없다는 것을 검증하는 과정이 수반되어야 한다.

다음 페이지의 도표는 전자 조달 프로세스다. 간단하게 설명하자면 다음과 같다. 필요한 상품이나 서비스를 식별한다. 다양한 공급업체를 고려 및 평가한다. 선택한 공급업체의 제품 정보 보기 기능을 제공한다. RFP나 입찰 절차를 진행한다. 선택한 공급업체와 계약 조건을 협상한다. 기밀유지계약(NDA)에 사인한다거나 다른 계약 문서에 서명한다. 선택한 제품 및 서비스에 대한 구매발주서를 작성하거나 혹은 공급자로부터 송장을 받는다. 해당 송장에 대해서 공급자에게 일정 금액을 지불한다. 혹은 단계별 지불이 될 수도 있다. 공급업체로부터 물품을 계속 받고 구매 주문을 한다. 상품 평가 후기를 작성한다. 이처럼 문서에 서명하거나 최종 지급하거나 감사를 위해 기록을 보관하는 일련의 과정들이 있다. 간단히 설명했지만 실은 상당히 복잡하다. 이러한 복잡한 과정에 적합한 블록체인 기술들(DID, VC, 리카르디안 계약 기능)을 접목한다면, 문제점을 개선하는 데 기여할 수 있을 것이다.

전자 조달 관련 프로세스의 예시

중앙 프로세스 흐름: 사용자 등록 → 구매 신청/계약 → 전자입찰(암찰 알림 / 암찰 참여 / 낙찰 개시 / 수상자 선정) → 전자계약 → 개시/납품 → 지불 → 실적증명서

상단 시스템:
- G4C 시스템(납세증명서)
- 재무 시스템(계약 정보)
- 공인인증서(인증 정보)
- 협약(기업 실적)
- PG(Payment Gateway) 시스템(암참저진)
- 내부결제(통합공고)
- 공인인증서(인증 정보)

하단 시스템:
- (전자현금 이체) 금융결제 시스템, 은행
- (계약/지급보증) 보증대행
- (신용평가정보) 신용평가기관
- (공개용 암호화 키) 기밭금 시스템
- (법인등록증) 대행인
- (법인등록정보) G4C 시스템

설명 말풍선:
- 라카르드안 계약 · DID 아이덴티티 · 확인 가능한 자격증명
- 라카르드안 계약 · 보안 문서
- DID 아이덴티티 · 확인 가능한 자격증명 · 보안 문서
- 라카르드안 계약 · 보안 문서
- DID 아이덴티티 · 확인 가능한 자격증명 · 보안 문서
- DID 아이덴티티 · 확인 가능한 자격증명 · 보안 문서
- 블록체인 결제 · DID 아이덴티티
- 라카르드안 계약 · 보안 문서
- DID 아이덴티티 · 확인 가능한 자격증명 · 보안 문서
- PKI 계정 관리 · 확인 가능한 자격증명
- DID 아이덴티티 · 확인 가능한 자격증명 · 보안 문서
- DID 아이덴티티 · 확인 가능한 자격증명

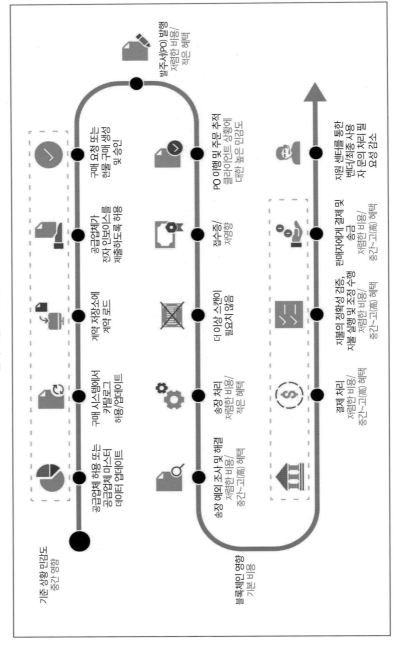

전자 조달 프로세스

기준 상황 민감도
중간 영향

블록체인 영향
기본 비용

발주서(PO) 발행
저렴한 비용/
작은 혜택

구매 요청 또는
현물 구매 생성
및 승인

공급업체가
전자 인보이스를
제출하도록 허용

계약 저장소에
계약 로드

구매 시스템에서
카탈로그
허용/업데이트

공급업체 허용 또는
공급업체 마스터
데이터 업데이트

PO 이행 및 주문 추적
클라이언트 상황에
대한 높은 민감도

접수증/
저영향

더 이상 스캔이
필요치 않음

송장 처리
저렴한 비용/
작은 혜택

송장 예외 조사 및 해결
저렴한 비용/
중간~고(高) 혜택

자원 센터를 통한
벤더/최종 사용
자 문의 처리 필
요성 감소

판매자에게 결제 및
송금
저렴한 비용/
중간~고(高) 혜택

자불의 정확성 검증,
자불 실행 및 조정 수행
저렴한 비용/
중간~고(高) 혜택

결제 처리
저렴한 비용/
중간~고(高) 혜택

아이덴티티(Identity)

분산 신원인증(DID)은 Decentralized Identity(탈중앙화 아이덴티티)의 약자로 서 블록체인의 최상층에 있다. 디지털 신원 확인은 지난 20년 동안 전 세계적 으로 상용화되었다. 이러한 전환과 변혁이 경제에 상당한 이점과 성장을 가 져올 것이라 예상된다. 일부 산업 분야와 지역에서는 이 기능을 오래 사용해 왔던 반면, 다른 산업 분야와 지역에서는 여전히 서류를 기반으로 하는 프로 세스와 물리적 문서를 사용해 신원을 확인한다.

먼저, 디지털 신원인증의 역사를 살펴보자. 기업과 정부에 있어 신원인증은 매우 중요한 부분으로 인식되어왔다. 이는 모든 사업 과정에서 어떤 사람이 어떤 업무를 했는지에 대해 책임 소재를 판단하고 관리하는 업무와 직결되기 때문이다.

기업의 신원인증 역사는 다음과 같다.

· 1980년대

기업을 위한 기본적인 신원 확인 메커니즘이 시행되었다. 1980년대의 ID 관리 작업은 이후에 LDAP(Lightweight Directory Access Protocol : TCP/IP 위에서 디렉 터리 서비스를 조회하고 수정하는 응용 프로토콜)와 액티브 디렉토리(Active Directory)를 낳았다(1998년). 내 시스템에 누가 있는지를 확인하는 작업이라고 할 수 있다.

· 1990년대

기본적인 신원 확인 메커니즘이 액세스 관리로 개념이 확장되었다. 이를 바탕으로 2001년에는 SAML(Security Assertion Markup Language)과 같은 위임된 인가 시스템이 생겨났다.

· 2000년대

관리자들의 필요에 따라 정책을 더 쉽게 정의하고 규칙을 변경할 수 있도록 거버넌스를 포함하는 개념으로 확장되었다. 2000년대 초반에 우리는 ID와 액세스 거버넌스에 대해 생각하기 시작했다.

정체성은 인증에 관한 것으로 '이 사람이 맞는가?'를 의미하며, 엑세스 관리란 권한 부여에 관한 것으로 '이 사람에게 특정 자원이나 특정 조치를 취할 권리가 있는가?'를 의미한다.

개인의 신원인증 역사를 살펴보면 다음과 같다.

· 1980년대 – IRC, BBS, 초기 형태의 이메일에 가명이 있었다.
· 1990년대 – 아마존, 구글과 같은 서비스가 탄생했다.
· 2000년대 – 페이스북과 링크드인 같은 소셜 미디어 거물들이 등장했다.
· 최근 10년 – 'Facebook으로 로그인' 등을 통해 거대 기업들이 사용자의 정체성을 관리할 수 있도록 하는 표준이 채택되고 있다.

이처럼 3차 산업혁명이 이루어지는 과정 동안, 길지 않은 시간이었지만 개인과 소비자의 세계에서도 기업과 마찬가지로 혁명적인 변화가 일어났다. 개인 로그인과 가명의 사용을 시작으로 소셜 미디어에 개인화된 광고와 콘텐츠가 사용되었고, 페이스북 신원인증과 같은 통합적인 신원인증을 통해 서로 다른 웹사이트를 로그인할 수 있는 기능이 추가되었다. 이러한 유형의 로그인을 SSO(Single Sign-On)라고 하며, 단일한 신원인증을 통해 여러 서비스를 이용할 수 있다. SSO 기능은 OKTA와 PING과 같은 기업에서도 이용되며 이는 서비스당 단일 디지털 신원에서 연합 신원(SSO)의 사용에 이르는 진화 및 발전 과정을 보여준다.

이 진화의 다음 단계는 분산형 신원인증(DID)으로, 사용자가 자신의 신원인증을 제어해 특정 부분을 특정한 목적에 따라 사용할 수 있도록 하는 기능이다. 이 DID은 SSI(Self-sovereign Identity, 자기 주권적 정체성)라고 하며 SSO에서 한층 진화된 단계다.

DID, 즉 탈중앙화 신원 확인이라는 기술은 새로운 트렌드와 관련 기술 사용의 증가로 새로운 흐름으로 자리하기 시작했다. 각국의 정부와 민간기업들에서 관련 기술 개발 및 투자, 연구, 파일럿 등의 시도가 증가하고 있으며, 마이크로소프트와 IBM 같은 저명한 회사들이 DID의 에코시스템을 확장하고 있다. 한국의 많은 기업들도 디지털 신원 확인 기술을 향상하고 다양한 DID 제휴를 맺기 위해 노력하고 있다. 그 외 미국 국토안보부, 미국 상무부, 브리티시 컬럼비아주와 같은 정부 기관뿐만 아니라 기술 스타트업 벤더, 산업협회, 표준화 관련 조직에서도 DID 확산에 주의를 기울이고 있다.

블록체인 기반 애플리케이션의 확산과 신원인증의 연계성

또 하나의 세계적 추세 중 하나는 블록체인 기반 서비스와 솔루션의 증가, 애플리케이션의 확산이다. 블록체인 애플리케이션을 포함해 현재 상용되는 모든 애플리케이션을 운용하기 위해서는 신원인증이 필요하고, 이를 구현하기 위해 다양한 신원인증 시스템이 사용되고 있다. 그 결과, 애플리케이션 이용에서 중복 작업 및 오류 발생 가능성이 증가하고 서로 다른 신원인증 시스템 간의 상호 운용성이 감소된다. 결국, 모든 애플리케이션이 공통으로 활용할 수 있는 신원인증 인프라를 구현하는 것이 이러한 문제점의 해결책으로 제시될 수 있다.

우리는 지금 이 시스템들의 빠른 융합을 목격하고 있다. 보험사는 소셜미디어에서 데이터를 수집하고 있고, 담보대출 브로커는 대출자의 은행계좌에 디지털 방식으로 접근할 수 있다. SAP는 2017년 기업 간 통합 상품을 선보였다. 이와 같이 복잡성이 폭발적으로 증가함에 따라 단일 기업 또는 사용자 기반에 대해서만이 아니라 상황에 맞는 ID 기술이 필요하게 되었다. 예를 들어, 은행과 함께 전자상거래 웹사이트에 로그인하는 경우, 사용자 세션에 배송 주소와 자금 액세스 권한을 부여할 수 있는 방법은 무엇인가? 이에 대한 응답으로, 아이덴티티 생태계에서 빠르게 채택되고 있는 새로운 표준이 있으며 마이크로소프트, IBM, 액센츄어(Accenture), PwC 같은 대형 기술 기업에서 이를 매입하고 있다. 최신 표준들은 검증 가능한 자격증명과 분산식별자라고 불리고, HTML을 개발한 것과 같은 표준 기구인 W3C가 초안을 작성했다. 그것은 주로 앞에서 설명했던 흐름에 바탕을 두고 있다.

그렇다면 이것은 블록체인과 무슨 관계가 있을까? 만약 우리가 정체성 프레임워크를 어떤 시스템에 걸쳐 있든지 상관없이 설계한다면, 우리는 가장 원칙적인 디지털 정체성을 소유자가 완전히 제어할 수 있는 모습을 볼 수 있게 될 것이다. 개인인증을 항시 필요로 하지 않고 필요할 때 사용할 수 있는 사용자 제어 데이터 스토리지에 대한 요구에 이르기까지의 과정에서 표준 선정에 대한 논의 단계 초기에 블록체인은 고려되지 않았다. 이러한 요구는 SSI(Self-Sovereign Identity)라고 불리는 사용자 제어의 토대가 되었다. 개인 키를 소유하는 경우 자신의 ID를 소유하는 것이며, 이는 블록체인을 해결책으로 선택할 경우에 볼 수 있는 예다.

분산 신원인증의 구조

분산 신원인증은 사용자와 발행인, 검증인으로 구성된다. 이 세 주체는 모두 특정 형식의 데이터를 포함하는 레지스트리를 사용한다.

• 사용자(Holder)

개인, 기기, 기업과 같은 활동적인 주체나 에이전트를 나타낸다. 사용자는 여러 신뢰할 수 있는 기관(발행인)으로부터 자격증명을 받을 수 있다.

• **발행인**(Issuer)

졸업장과 같은 교육 수료증을 발급할 수 있는 대학과 유사한 역할을 수행한다. 발행인은 부동산 소유권 증명서를 발급하는 정부 토지 소유 등록부의 역할을 할 수도 있다. 또한, 환자에 대한 실험실 진단 시험 결과를 발행하는 의료 실험실이 될 수도 있다.

• **검증인**(Verifier)

모든 자격증명은 모바일 기기나 다른 시스템을 통해 저장소에 저장된다. 은행 대출을 이용할 경우, 본인이 대출을 신청하고 일정 소득 수준에 대한 청구를 한다. 이때 은행의 역할은 검증자다.

분산 신원인증 시스템의 이점으로는 비용 절감, 데이터 무결성 향상, 새로운 수익 기회 창출을 들 수 있다.

• 비용 절감

상대방과 사용자 간의 신뢰 관련 거래 비용(사용자 획득 비용) 절감, 당사자간 데이터 공유 및 협업으로 비용 절감, 저장 비용 절감, 공동 책임

• 데이터 무결성 향상

더욱 정확하고 안정적인 데이터 제공, 시기적절한 데이터 제공, 다수의 업데이트 및 수정 가능, 개인정보 설계 가능, 높은 보안 표준 유지 가능

• 새로운 수익 기회 창출

신원 자격증명 발급자(전화 통신사, 은행)를 위한 새로운 수익 창출 기회 증가, 사용자 요구에 맞추기 위해 우수한 서비스 및 제품 제공(예 : 대출금리 향상)

디지털 전환이 빠르게 이루어지고 있는 현대사회에서 정부 공공 영역에서

의 신원 확인 시스템 활용이 중요한 과제로 대두되고 있다. 신원 확인 시스템은 일반 시민은 물론, 기업과 소비자, 웹 사용자, 그리고 경찰 기관 및 보안 관련 사업 종사자 등의 전반적인 활동에 있어 중요한 역할을 수행하고 있다.

DID는 어떻게 작동하는가

출처 : https://dark-byte.medium.com/self-sovereign-identity-a-necessity-in-the-digital-world-8dbae34a865b

블록체인 기술의 상용화 및 DID를 활용한 신원인증 사례

블록체인 기술은 정부 및 비즈니스 영역에 있어 비교적 새로운 기술이지만, 지난 몇 년간 이 신기술이 다양한 업무에 적용되는 사례가 증가하고 있다. 각국의 정부 부처들에서도 다양한 케이스에 블록체인 기술을 도입하고 있다. 그러나 현재 많은 활동들이 파일럿 또는 프로토타입 단계에 있으며, 아직 업무에 광범위하게 사용되는 상용화 단계에 이른 것은 아니다.

개인정보 보호 및 영지식증명
(ZKP, Zero-Knowledge Proof) 알고리즘

데이터 보호, 보안 및 데이터 기밀성

데이터 보호와 데이터 개인정보 보호

데이터 보호와 데이터 개인정보 보호라는 용어는 종종 번갈아 사용되지만, 둘 사이에는 중요한 차이가 있다. 데이터 개인정보 보호 기능은 데이터에 대한 접근을 정의하는 반면, 데이터 보호는 실제로 데이터에 대한 접근을 제한하는 도구와 정책을 제공한다. 즉, 데이터 보안은 외부 공격자와 악의적인 내부자에 의한 손상으로부터 데이터를 보호한다. 반면, 데이터 개인정보 보호는 데이터의 수집, 공유 및 사용 방법을 결정한다. 이처럼 컴플라이언스 규정을 통해 사용자의 개인정보 보호 요청이 회사에 의해 수행되고, 기업은 개인 사용자 데이터를 보호하기 위한 조처를 할 책임이 있다.

데이터 보호 및 개인정보 보호는 일반적으로 개인 건강 정보(PHI) 및 개인 식별 정보(PII)에 적용된다. 이는 비즈니스 운영, 개발 및 재정에 중요한 역할을 한다. 데이터를 보호함으로써 기업은 데이터 침해, 평판 훼손을 방지하고 규제 요구사항을 더 잘 충족할 수 있다.

데이터 보호 솔루션은 DLP(데이터 유실 방지), 내장 데이터 보호 기능이 있는 스토리지, 방화벽, 암호화 및 엔드포인트 보호와 같은 기술에 의존한다.

개인식별정보(PII)를 보호하기 위해 많은 노력을 기울인 시나리오를 생각해보자. 데이터가 암호화되고, 액세스가 제한되며, 중복 실행되는 여러 모니터링 시스템이 있다. 그러나 PII가 적절한 동의 없이 수집되었다면 데이터는 안전함에도 불구하고 데이터 개인정보 보호 규정을 위반하는 것일 수 있다. 대신, 직원들은 데이터 보안 포트폴리오의 일부로 중요한 데이터의 적절한 수집과 공유, 사용을 보장하는 데 필요한 프로세스를 이해할 수 있도록 데이터 보호에 대한 교육을 정기적으로 받아야 한다.

데이터 및 개인정보 보호에는 기업이 데이터를 보호하는 데 필요한 규정도 포함된다. 또한, 전 세계적으로 데이터 보호 규제가 증가함에 따라 글로벌 개인정보 보호 요구사항과 수요도 확대, 변경될 것이다. 그러나 한 가지 상수가 있다. 기업이 법을 준수하고 개인정보를 보장하는 것이다. 이것이 최선의 방법이자 적절한 데이터 보호다.

개인정보 보호가 점점 더 중요해지는 다양한 이유

사물 인터넷 & 센서 센서 및 IP 주소가 포함된 지능형 제품으로 환경을 제어	빅 데이터 / 고급 분석 맞춤형 권장 사항에 대한 고객의 통찰력 확보	새로운 장치 폼(form) 팩터 착용 가능, 확장 가능, 임베디드 또는 이식형 디지털 장치
증강현실 상황 관련 정보로 증강된 실제 세계 보기	3D 프린팅 POS(Point-of-Sale)/사용 시점에 가까운 소규모의 맞춤형 제품 제작	유비쿼터스 연결성 모든 장치에서 상시(Always-On) 고속 광대역 및 모바일 연결
고급 로봇 공학 알 수 없는 상황에 자율적으로 반응할 수 있는 스마트 로봇	인지 컴퓨팅 인공지능을 탑재해 독립적으로 감지, 예측, 추론할 수 있는 시스템	시뮬레이션 교육, 제품 테스트 및 R&D를 위한 강력한 (3D) 시뮬레이션 소프트웨어
소셜, 로컬, 모바일 관련성이 높고 지속적인 방식으로 고객과 소통	클라우드 컴퓨팅 SaaS 솔루션을 구축하기 위해 공유 클라우드 스토리지와 결합되어 확장 가능해진 가격 대비 성능	시스템 통합 개별 컴퓨팅 시스템과 소프트웨어 애플리케이션 연결

글로벌 테크 경제를 지배하는 소수의 거대 기업들, 그리고 그 성공의 공통 요소로서 데이터 활용

주식 시장에서 가장 가치 있는 네 개 회사로 꼽히는 애플, 아마존, 페이스북, 구글이 있다. 이들의 기업 가치는 몇조 달러 수준으로 평가받고 있다. '인터넷 자이언트(인터넷 거인)'라고도 불리는 이 IT 기업들은 새로운 '디지털 경제'의 핵심을 이루는 기술 기업이다. 이 기업들은 설립된 지 그리 오래되지 않았음에도 이들이 탄생하기 훨씬 전부터 몇십 년 동안 존재해왔던 전통적인 대기업 경쟁자들을 이기기 위해 새로운 기술을 활용함으로써 성공을 거두었다.

이들 각 기업은 특정 분야에 있어 세계적인 강점을 지니고 있다. 애플은 휴대폰 디자인을 가장 잘한다. 아마존은 전자상거래와 물류 분야에서 최고다. 페이스북은 페이스북, 인스타그램, 왓츠앱과 같은 소셜 미디어 채널 포트폴리오에서 최고다. 구글은 인터넷상에 거대하고 방대한 정보의 세계를 구축하는 데 결정적인 역할을 했으며, 검색엔진과 이를 활용한 광고에서 최고다.

한국의 네이버, 카카오, 중국의 알리바바, 텐센트, 틱톡, 그리고 미국의 넷플릭스, 트위터 등 많은 성공적인 기업들이 있다. 또한, 공유경제를 이끄는 우버, 에어비앤비 등 피어투피어 경제 분야에서도 신흥 기업이 나오고 있다. 이들의 공통적인 성공 요소 중 하나는 바로 특정 비즈니스 부문의 경쟁 우위를 점하기 위해 빅데이터를 활용하는 방법을 너무나 잘 알고 있다는 것이다.

인터넷 대기업들은 규모의 경제를 이루고 있는데, 예를 들면 구글은 하루 2억 기가바이트의 데이터를 처리하며 저장된 데이터는 약 1,000만 기가바이트(10EB)에 달한다. 이 수치는 단지 검색과 관련된 것만 추린 것이다. 게다가 구글은 유튜브나 지메일(지메일은 전 세계 이메일의 28%를 차지함)도 보유하고 있다. 이런 방대한 데이터 규모를 감당하기 위해 구글은 운영체제, 하드웨어, 소프트웨어, 네트워크 등 다양한 방면에서 자체 기술을 개발해야 했다.

이런 빅데이터의 볼륨이 어느 정도냐면, 일반 기업의 빅데이터 양의 기준은 인터넷 대기업의 기준에 비해 만 분의 1 규모다. 그래서 기존 시스템의 처리 역량을 넘어서는 데이터 볼륨이 있을 시에 대부분의 기업은 어려움을 겪는다.

또한, 이를 효과적으로 처리하는 소프트웨어와 하드웨어를 구축할 만한 자원이나 전문가가 부족한 실정이다. 하지만 다행히도 빅데이터용으로 설계된 오픈소스와 상용 제품 등 전문 툴의 생태계가 구축되어 있다. 이러한 다양한 툴 중에는 인터넷 거대기업에서 개발된 것도 많다. 예를 들어, 카산드라는 원래 페이스북에서 개발된 대규모 데이터베이스 툴이고, 하둡은 처음에 구글에서 개발되었다.

구글의 경우를 통해 데이터 수집 및 활용의 가능성을 알아보자. 구글은 사용자가 어디에 있었는지 알고 있다. 사용자가 휴대전화를 켤 때마다 그의 위치를 저장하기 때문이다(휴대전화에 위치 추적 기능이 켜져 있는 경우). 사용자는 휴대전화에서 구글을 이용하기 시작한 첫날부터 자신이 어디에 있었는지에 대한 타임라인을 볼 수 있다. 예를 들어, 아일랜드에서 1년 여행을 했다면 1년 동안 아일랜드에서 있었던 모든 장소를 알 수 있다. 언제 그 장소에 있었는지, 그 장소에 도착하는 데 얼마나 걸렸는지도 확인할 수 있다.

구글은 현재까지 사용자가 검색 및 삭제한 모든 내용을 알고 있다. 구글은 모든 장치에 검색 기록을 저장한다. 즉, 한 장치에서 검색 내역과 전화 기록을 삭제하더라도 다른 장치에 그 데이터가 저장되어 있을 수 있다. 구글은 또한 사용자의 광고 프로필을 가지고 있다. 구글은 사용자의 위치, 성별, 나이, 취미, 경력, 관심사, 관계 상태, 감량 가능한 체중(예를 들면 하루 만에 0.4kg 감량), 수입 등 사용자 정보를 바탕으로 광고 프로필을 만든다.

구글은 사용자가 이용하는 모든 앱을 알고 있다. 구글은 사용자의 모든 앱과 확장자에 정보를 저장한다. 그들은 사용자가 얼마나 자주, 어디서, 그리고 누구와 상호작용하기 위해 그것을 이용하는지 알고 있다. 예를 들면 페이스북에서 누구와 대화하는지, 어느 나라 사람과 대화하는지, 몇 시에 잠을 청하는지 등을 알고 있다. 구글에는 사용자의 모든 유튜브 역사가 저장되어 있다. 이러한 정보를 통해 사용자가 곧 부모가 될 것인지, 그가 보수주의자인지 진보주의자인지, 기독교인인지 이슬람교도인지, 거식증 환자인지, 우울한지 자살하지는 않을지 등을 알 수 있을 것이다.

구글이 사용자에 대해 가지고 있는 데이터는 수백만 개의 워드 문서를 채울 수 있다. 구글은 사용자에 대해 저장한 모든 데이터를 다운로드할 수 있는 옵션을 제공한다. 이 링크에는 위에서 언급한 데이터들을 포함해 사용자에 관한 모든 정보가 담겨 있다. 더 구체적으로 이야기하자면 책갈피, 이메일, 연락처, 구글 드라이브 파일, 유튜브 비디오, 휴대전화로 찍은 사진, 물건들을 구입한 회사, 구글을 통해 구입한 제품 등이다. 또한 달력, 구글 행아웃 세션, 위치 기록, 음악, 구입한 구글 책, 구글 그룹, 만든 웹사이트, 소유하고 있는 전화, 공유한 페이지를 알 수 있다. 심지어 하루에 몇 걸음이나 걸었는지도 알 수 있다.

다음으로, 페이스북을 한번 살펴보자.

페이스북 또한 사용자에 대한 수많은 데이터를 가지고 있다. 페이스북 역시 사용자의 모든 정보를 다운로드할 수 있는 구글과 비슷한 옵션을 제공한다. 여기에는 보내거나 받은 모든 메시지, 보내거나 받은 모든 파일, 휴대전화의 모든 연락처, 보내거나 받은 모든 오디오 메시지가 포함된다.

페이스북은 사용자의 스티커에서 로그인 위치까지 모든 것을 저장한다. 페이스북은 또한 사용자가 어떤 주제에 관심이 있다고 생각하는지에 대해, 그가 좋아했던 것들과 그와 그의 친구들이 어떤 이야기를 했는지를 기반으로 저장한다. 예를 들면 페이스북 계정에 연결된 모든 애플리케이션을 통해 한 사용자가 정치, 웹, 그래픽 디자인에 관심이 있다는 걸 짐작할 수 있다. 다소 무의미하게 사용자가 보낸 모든 스티커가 페이스북에 저장된다. 또한 로그인한 위치, 시간 및 장치도 저장된다. 웹캠과 마이크에도 액세스할 수 있다.

페이스북이 수집하는 데이터에는 사용자가 어디에 있는지, 어떤 응용 프로그램을 설치했는지, 그것을 어떤 용도로 사용했는지, 언제 웹캠과 마이크에 액세스하는지, 연락처, 이메일, 캘린더, 통화 내역, 주고받는 메시지, 다운로드한 파일, 게임, 사진 및 비디오, 음악, 검색 기록, 청취하는 라디오 방송국까지 포함되어 있다.

데이터 산업 및 연구가 발전함에 따라 대두되는 개인정보 보호 이슈

이처럼 빅데이터가 주목받고, 데이터 기반 산업이 빠르게 발전하며, 다양한 연구가 수반됨에 따라 데이터 산업에 기여하는 유저의 개인정보 보호 이슈도 함께 떠오르고 있다. 예를 들어, IT 기업들은 다수의 고객 데이터를 이용해 서비스를 구축하거나 개인 사용자에게 맞춤형 서비스를 제공하는 과정에서 개인정보를 수집하고 분석하게 된다. 문제는 이 과정에서 민감한 개인정보가 노출될 여지가 크다는 데 있다.

개인정보를 보호하기 위해 데이터에 대한 접근을 막을 수 있지만, 이는 데이터의 사용을 원천적으로 차단하게 되어 데이터의 활용을 막게 된다. 따라서 진정한 '프라이버시 보호'의 목적은 데이터의 유용성과 기능성을 보존하면서 데이터 제공자들이 의도하지 않은 방향의 정보 오남용을 방지하는 것이라고 할 수 있다. 이러한 데이터 프라이버시를 달성하려는 노력은 정책 수립, 기술적 연구 등 다양한 방면으로 지속되어왔다. 대표적으로 미국의 HIPAA, EU의 GDPR과 같은 개인정보 보호에 대한 규정들이 있다. 국내에서는 최근 데이터 3법을 개정하는 등 개인정보와 데이터 기반 과학 및 산업 발전을 균형 있게 이루어가려는 다양한 노력이 이루어지고 있다.

대표적인 데이터 프라이버시 기술은 고전적으로는 익명화, 매스킹, 랜덤화, 범주화 등 데이터의 정보 중 일부를 삭제하거나 변형하는 방법들이 주로 쓰였는데, 프라이버시 보호를 위해 손실되는 정보량으로 인해 활용성이 저하된다는 고질적인 단점이 있었다. 그리하여 최근 학계에서는 프라이버시 보존에 사용 가능한 시큐어 컴퓨팅(secure computing) 기술의 급격한 발전이 이루어지고 있는데, 기존의 암호 기술이 단순히 암호화, 디지털 서명 등을 이용해 데이터 보호와 신원 확인에 초점을 맞췄다면, 최근에는 이를 넘어서서 데이터 결합과 계산 과정을 보호하는 등 추가적인 기능성을 제공하는 다양한 기반 기술들이 등장하고 있다.

현재 가장 주목받는 시큐어 컴퓨팅 기술로는 차등정보 보호(Differential Privacy), 영지식증명(Zero-Knowledge Proof), 다자간 연산(Multi-Party Computation),

그리고 동형암호(Homomorphic Encryption) 등이 있다.

데이터 개인정보 보호 또는 정보 개인정보 보호는 데이터의 적절한 처리(동의, 통지 및 규제 의무)와 관련된 데이터 보안의 한 분야이다. 좀 더 구체적으로 말하면, 실제적인 데이터 개인정보 보호 문제는 다음과 같다.

- 타사와의 데이터 공유 여부 또는 방법
- 데이터를 합법적으로 수집하거나 저장하는 방법
- GDPR, HIPAA, GLBA 또는 CCPA와 같은 규제 제한

이처럼 개인 데이터 보호의 목적은 개인의 데이터를 보호하기 위한 것이 아니라 해당 데이터와 관련된 개인의 기본 권리와 자유를 보호하기 위한 것이다. 개인 데이터를 보호하는 동시에 개인의 권리와 자유가 침해되지 않도록 보장할 수 있다. 이와 같은 일을 법적으로 규제하는 것들로 GDPR(General Data Protection Regulation), HIPAA(Health Information Portability and Accountability Act) 같은 데이터 보호 규정이 있다. GDPR에 대해 잠깐 살펴보자.

GDPR은 유럽 의회에서 유럽 시민들의 개인정보 보호를 강화하기 위해 만든 통합 규정으로, 2016년 유럽 의회에서 공표되었으며[Regulation(EU) 2016/679], 약 2년간의 유예 기간을 가진 후 2018년 5월 25일부터 EU 각 회원국에서 시행되었다. 유럽연합(EU)의 시민의 데이터를 활용하는 경우, GDPR을 준수해야 한다.

GDPR의 주요 내용으로는 개인의 권리, 알 권리, 삭제 요청 권리, 데이터 프로세스에 대한 의무 등이 있다.

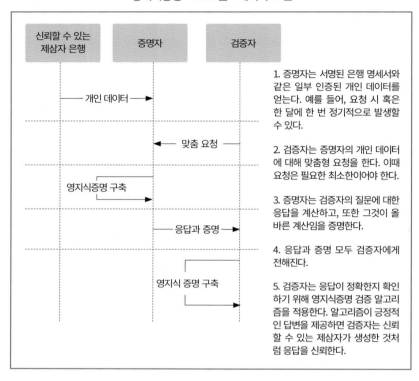

영지식증명 프로토콜 : 데이터 교환

| 신뢰할 수 있는 제삼자 은행 | 증명자 | 검증자 |

— 개인 데이터 →

1. 증명자는 서명된 은행 명세서와 같은 일부 인증된 개인 데이터를 얻는다. 예를 들어, 요청 시 혹은 한 달에 한 번 정기적으로 발생할 수 있다.

← 맞춤 요청 —

2. 검증자는 증명자의 개인 데이터에 대해 맞춤형 요청을 한다. 이때 요청은 필요한 최소한이어야 한다.

영지식증명 구축

3. 증명자는 검증자의 질문에 대한 응답을 계산하고, 또한 그것이 올바른 계산임을 증명한다.

— 응답과 증명 →

4. 응답과 증명 모두 검증자에게 전해진다.

영지식 증명 구축

5. 검증자는 응답이 정확한지 확인하기 위해 영지식증명 검증 알고리즘을 적용한다. 알고리즘이 긍정적인 답변을 제공하면 검증자는 신뢰할 수 있는 제삼자가 생성한 것처럼 응답을 신뢰한다.

영지식증명(ZKP, Zero-Knowledge Proof)

영지식증명은 암호학에서 누군가가 상대방에게 어떤 상태가 참이라는 것을 증명할 때, 그 문장의 참/거짓 여부를 제외한 어떤 것도 노출되지 않도록 하는 절차다. 영지식증명을 활용한 프로토콜의 가장 큰 특징은 정보를 공개하지 않고 정보의 '유효성'을 증명할 수 있는 방법이라는 것이다.

영지식증명은 원래 1980년대에 MIT 연구자들에 의해 제안된 암호화 체계이다. 영지식증명 계약은 한 당사자(인증 당사자)가 어떤 것이 다른 당사자(검증 당사자)에게 진실임을 증명할 수 있는 방법이다. 이 특정 진술이 사실이라는 사실을 제외하고, 추가 정보는 공개되지 않는다.

예를 들어, 누군가가 스도쿠 퍼즐에 대한 답을 안다고 주장하는 경우, 영지식증명은 검증자(verifier)가 열, 행 또는 아홉 개의 정사각형으로 무작위로 확인하도록 지정하는 것이다. 검증 횟수가 충분한 한 증명자(prover)는 스도쿠 문제의 해결책을 알고 있다고 믿는 것이 가능하다. 그러나 그러한 간단한 방법이 사람들이 증명과 검증 둘 다 거짓이 아니라고 믿게 만들지는 않는다. 스도쿠의 경우, 두 사람이 사전에 결탁해 증명자가 답을 모른 채 검증을 통과할 수 있도록 할 수도 있다. 제삼자를 설득하려면 검증 과정이 무작위적이고 증명자에게 답을 흘리지 않는다는 점도 입증해야 한다. 따라서, 제삼자가 대화형 영지식증명 결과를 검증하는 것은 어렵다. 여러 사람에게 무언가를 증명하기 위해서는 추가적인 노력과 비용이 필요하다.

① 블록체인에 대한 영지식증명 응용 사례

비트코인과 이더리움 네트워크 모두 당사자의 실체를 대체하기 위해 공개 주소를 사용해 거래를 부분적으로 익명화하며, 송신 및 수신 주소, 금액만 대중에게 알려져 있다. 다만 상호작용 기록 등 블록체인에서 이용할 수 있는 다양한 정보를 통해 주소의 실체를 파악할 수 있어 사생활 노출의 위험이 숨겨져 있다.

영지식증명, 송신자, 수신자 및 기타 거래 세부 정보는 익명으로 유지하되 거래가 유효한지 보장할 수 있다. Zcash는 영지식증명을 성공적으로 구현한 가장 잘 알려진 블록체인 프로젝트 중 하나다. Zcash는 zk-SNAKs라고 불리는 ZKP의 수정된 버전을 구현하며, 이는 '지식의 간결한 비상호작용 논거'를 나타낸다. 즉 비상호작용 영지식증명의 크기를 줄이고 빠른 시간 내에 검증을 수행할 수 있도록 해 비상호작용 영지식증명의 실용성을 극대화했다.

• 메시징(Messaging, 메시지 보내기)

메시징에서 엔드 투 엔드 암호화는 통신 중인 메시지 외에 다른 사용자가 사용자의 개인 메시지를 읽을 수 없도록 하는 필수적인 것이다. 보안을 보장하기 위해 메시징 플랫폼은 사용자에게 서버에 대한 본인 확인을 요청하고 그 반대도 요청한다. 하지만 ZKP의 출현과 함께 그들은 어떠한 추가적인 정보도 누설하지 않고 메시지 세계에서 엔드 투 엔드 신뢰를 구축할 수 있을 것이다. 이것은 블록체인 세계에서 영지식증명의 주요 응용 프로그램 중 하나다.

• 인증

영지식증명은 더 나은 보안을 통해 인증 정보와 같은 중요한 정보를 쉽게 전송할 수 있다. 사용자가 정보를 공개하지 않고 사용할 수 있는 보안 채널을 구축할 수 있다. 이 방법을 사용하면 최악의 시나리오에서 데이터 유출을 방지할 수 있다.

• 스토리지 보호

영지식증명의 또 다른 사용 사례는 스토리지 유틸리티 분야다. 영지식증명은 스토리지 유닛뿐만 아니라 스토리지 유닛 내의 정보를 보호하는 프로토콜과 함께 제공된다. 말할 필요도 없이, 액세스 채널은 원활하고 안전한 경험을 제공하기 위해 보호된다.

• 프라이빗 블록체인 거래 전송

프라이빗 블록체인 거래를 보낼 때, 그것을 제삼자의 손이 닿지 않는 곳에 두는 것은 매우 중요하다. 전통적인 방법들이 다소 보호적이지만, 그것들은 약간의 허점을 가지고 있다. 이것은 영지식증명이 작용하는 또 다른 영역이다. 이 개념은 현명하게 통합될 경우 프라이빗 블록체인 거래를 해킹하거나 가로채는 것을 거의 불가능하게 만드는 데 도움이 된다.

• 복합 문서

영지식증명은 청크(chunk, 덩어리)로 데이터를 암호화할 가능성이 있기 때문에 특정 블록을 제어해 특정 사용자에게 액세스를 제공하는 동시에 다른 사용자에게 액세스를 제한할 수 있다. 이렇게 하면 복잡한 문서를 볼 수 있는 권한이 없는 사용자로부터 개념을 보호할 수 있다.

• 파일 시스템 제어

영지식증명 구현을 효과적으로 볼 수 있는 또 다른 장소는 파일 시스템이다. 이 개념은 파일, 사용자 및 로그인에 서로 다른 보안 계층을 추가하므로 저장된 데이터를 해킹하거나 조작하기가 상당히 어렵다.

• 중요한 정보를 위한 보안

마지막으로 중요한 것은, 영지식증명은 또한 블록체인 기술이 거래를 개혁하는 방식을 개선한다는 것이다. ZKP는 신용카드 세부 정보나 내역과 같은 민감한 은행 정보를 포함하는 모든 블록에 고급 보안 수준을 추가하는데, 은행은 사용자가 정보를 요청할 때 필요한 블록만 조작할 필요가 있다. 다른 블록은 그대로 유지되므로 보호된다.

이러한 사례들은 블록체인 환경에서 영지식증명의 사용 사례들로 대두되고 있다.

동형 암호학(Homomorphic Encryption)

차세대 암호기술인 '동형암호'에 대한 연구가 활발히 진행되고 있다. 동형암호 기술은 암호화된 데이터를 연산할 수 있도록 지원하는 암호기술을 뜻한다. 동형암호 기술은 1970년대 수학자들이 처음 구상한 이후, 2009년 스탠퍼드대학과 IBM의 과학자 크레이그 젠트리(Craig Gentry)에 의해 개발되었다. 크레이그 젠트리는 개발 당시 이 기술을 "독성 화학 물질을 취급하는 데 사용되는 장갑이 들어 있는 상자와 같다"라고 비유하며, "모든 조작이 상자 안에서 이뤄지므로 화학 물질은 외부 세계에 절대 노출되지 않는다"라고 설명했다.

동형암호를 사용하면 데이터를 사용하기 전에 암호를 해독할 필요가 없다. 즉, 데이터를 처리하는 동안 데이터 무결성이 확보되고 개인정보가 보호된다는 뜻이다.

동형 암호화를 사용하면 암호화된 데이터가 여전히 암호화된 상태일 때 데이터를 처리할 수 있다. 이 같은 특성 때문에 동형암호 기술은 개인정보 보호는 물론, 데이터 활용에 있어서 획기적인 기술로 평가받고 있다. 개인정보 보호의 경우 암호화된 개인정보를 제공함으로써 기업은 개인정보를 확인할 수 없지만, 사용자는 개인화된 서비스를 받을 수 있다. 더불어 기업의 관점에서 다른 기업 및 기관과 데이터를 결합하는 경우에도 데이터 유출에 대한 우려를 없앨 수 있다.

블록체인 데이터 스토리지
(Blockchain Data Storage)

블록체인이 데이터를 많이 저장하는 일종의 데이터베이스(DB)로 여겨질 때가 있는데 그것은 오해다. 데이터를 다루는 블록체인 솔루션에서는 블록체인 상에 데이터를 결코 많이 저장하지 않는다. 블록체인 스토리지는 적은 양의 중요 데이터 및 메타데이터를 저장하기 위한 것이다. 이는 효율적으로 쿼리(데이터베이스에 정보를 요청)해야 하는 대용량 데이터 볼륨을 위한 기존 중앙집중식 스토리지와 대비된다. 영구적으로 분산되고 안전한 대용량 스토리지가 지속적으로 필요하다. 이러한 요구에 부응해 분산형 스토리지 네트워크(DSN)가 생겨났으며, 탈중앙화 분산형 저장 파일 시스템(IPFS)이 가장 두드러지지만 한계가 있다.

데이터가 블록체인에 저장되는 방식을 보자. 블록체인은 말 그대로 블록들이 체인으로 연결되어 있는 것이다. 다시 말해, 블록체인은 블록의 사슬인 것이다. 그리고 블록은 트랜잭션 레코드 그룹이다. 이 거래 기록은 상당히 단순하다. 트랜잭션 레코드에는 몇 개의 필드(날짜, 발신자, 수신자, 금액)만이 있다. 이런 심플한 구조를 비트코인 같은 블록체인에서 찾아볼 수 있다. 이후에 스마트 컨트랙트 기반의 블록체인 플랫폼이 이더리움을 필두로 해서 많이 생겨나기 시작했다. 디피니티, 테조스, 카다노, 이오스, 솔라노, 헤데라, 알고랜드 등이다.

블록체인의 블록 생성 원리

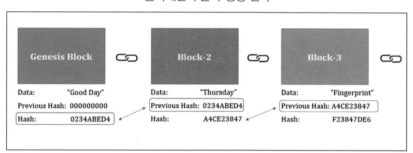

출처 : Blocks in a blockchain linked cryptographically through hash
https://medium.com/swlh/blockchain-characteristics-and-its-suitability-as-a-technical-solution-bd65fc2c1ad1

현재는 이더리움이 시총뿐 아니라 상장거래소와 dApp 분포도 면에서 높은 수치를 나타내며 선두를 달리고 있다. 위 도표를 보면 체인상의 블록들이 크립토그래피(Cryptography, 암호) 해시를 사용해 시스템 및 데이터의 무결성을 보장한다. 스마트 계약상의 블록체인 플랫폼에는 추가 스토리지가 있지만 단순한 형식[키/밸류 쌍(pair)]만을 보여주고 있다.

블록체인에서 탈중앙화된 원장은 많은 가치를 지닌다. 그러나 복잡한 데이터나 대량의 데이터를 저장하는 데는 적합하지 않다. 블록체인 원장의 업데이트 단계는 다음과 같다.

❶ 개인은 P2P 네트워크의 월릿(wallet : 디지털 통화와 연동되는 해시 키를 저장한 데이터베이스)을 사용해 트랜잭션을 생성하고 네트워크에 브로드캐스트(Broadcast)한다.

❷ 노드 네트워크는 트랜잭션 형식을 검증하고 '마이닝' 노드가 수학적 문제를 해결해 트랜잭션을 장부에 추가하기 위해 경쟁한다.

❸ 당첨된 노드는 노드 원장에 트랜잭션 블록을 추가하고 마이닝 보상을 받는다.

❹ 수천 개 노드의 P2P 네트워크를 통해 원장이 복제된다.

❺ 스마트 컨트랙트 플랫폼이 블록체인에 저장된 데이터에 키 밸류 쌍(Key-Value pair)을 추가한다.

이더리움 블록체인의 내부 구조

블록체인 단계별 프로세스				
P2P 네트워크	**커뮤니케이션**	**유효성 검증**	**확인**	**승인**
①	②	③	④	⑤
피어투피어 네트워크의 사용자가 트랜잭션을 요청한다.	요청된 트랜잭션은 노드로 알려진 컴퓨터로 구성된 P2P 네트워크로 브로드캐스트된다.	노드 네트워크는 알고리즘을 사용해 트랜잭션과 사용자 상태의 유효성을 검증한다. 확인된 거래는 암호화폐, 계약, 기록 또는 기타 정보를 포함할 수 있다.	트랜잭션이 확인되면 다른 트랜잭션과 결합해 원장에 대한 새로운 데이터 블록을 생성한다.	그런 다음 새로운 블록이 영구적이고 변경할 수 없는 방식으로 기존 블록체인에 추가된다. 이렇게 거래가 완료된다.

출처 : https://www.msg-global.com/blog-item/blockchain-moving-beyond-bitcoin

스마트 컨트랙트는 EVM 이진 코드로 컴파일되며, 이진 코드가 해석된다. 휘발성 데이터에 인메모리 스택을 사용하고 영구적인 데이터들의 변수는 메모리에 임시로 저장된다.

EVM(이더리움 가상 머신)의 구조

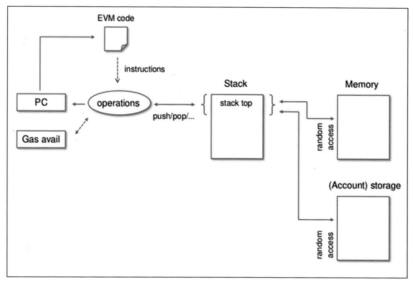

출처 : https://medium.com/swlh/getting-deep-into-evm-how-ethereum-works-backstage-
ab6ad9c0d0bf

블록체인 데이터 스토리지는 다음과 같다.

- 보관
- 트랜잭션 레코드의 선형 시퀀스
- 키밸류 쌍의 순서(32바이트 값)
- 일부 스마트 컨트랙트 플랫폼은 기초 수준이 아닌 언어 수준에서 데이터
  구조 계층(구조체)을 추가한다.

기존 시스템의 복잡한 데이터 모델 예

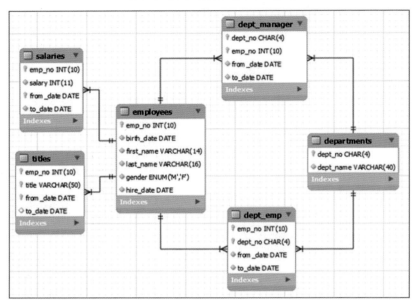

기존 시스템의 복잡한 데이터 모델의 특성은 다음과 같다.

• 예) 의료 기록 시스템

• '엔티티 관계' 다이어그램(Entity-Relationship Diagram, 실체 관계도)

• SQL DBMS에 저장됨

• 많은 독립체

• 도면 요소 간의 많은 관계

기존 시스템의 복잡한 데이터 다이어그램 예

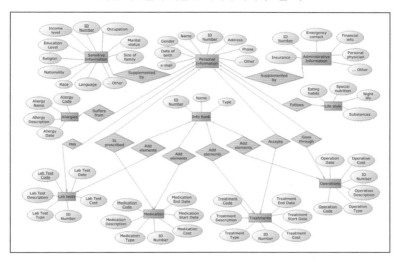

블록체인의 데이터 스토리지 vs 엔터프라이즈 SQL DBMS의 스토리지

블록체인의 데이터 스토리지	엔터프라이즈 SQL DBMS의 스토리지
단일 장애 지점 또는 취약성이 없이 완전히 분산된다.	고도로 중앙집중화된(클러스터 및 제한된 복제 제외) 일반적인 보안이지만 단일 취약점이 있다.
P2P 네트워크의 크기 때문에 해킹에 매우 안전하다.	
네트워크 동기화로 인해 성능이 매우 느리다. TPS(초당 트랜잭션 처리 수)가 15이다.	중앙집중식 설계 및 다년간의 최적화(300TPS)로 인해 매우 빠른 성능을 제공하며, 매우 복잡한 데이터 모델을 지원한다.
스토리지 구조는 이를 위해 설계되지 않았기 때문에 매우 간단하다. 또한, 쿼리 언어를 사용하도록 설계되지 않았기 때문에 쿼리 언어가 없다.	강력한 쿼리 언어 지원이 가능하며, 관리 및 보고를 위한 광범위한 도구(타사 도구 포함)와 대용량을 위한 메커니즘(빅데이터 툴만큼은 아님)을 갖추었다.
데이터 관리 및 보고를 위한 도구가 없으며, 단일 원장 시스템으로 인해 용량이 제한된다.	
일부 블록체인은 가스 비용이 비싸다.	블록체인에 비해 상대적으로 비용이 저렴하다.

대부분의 엔터프라이즈 블록체인 솔루션(공급망, 토큰화된 자산 관리, 의료 기록 등)은 다음과 같은 요소를 가지고 있다.

- 사용자 인터페이스인 웹 프런트엔드
- 대부분의 데이터는 SQL DBMS를 통한 기존 백엔드 방식으로 저장된다.
- 대체로 프라이빗 네트워크에 가치가 높은 메타데이터를 저장하는 스마트 계약이 있는 블록체인 하위 시스템이다.
- 선택적으로, 프로세스의 특정 시점에서 (최대의 보안을 위해) 상위 수준의 데이터를 퍼블릭 체인에 고정하는 메커니즘이다.

블록체인을 이용한 공급 체인 솔루션 아키텍처 사례

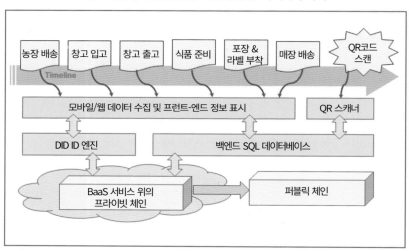

다음 페이지의 '농장에서 소매점까지 프로세스' 표는 김치 공급 체인 시스템의 구조와 흐름을 보여준다. 이것은 시스템의 전반적인 기능을 설명하기 위한 일반적인 예시다. 요구사항이 추가로 발견되거나 문서화 후 일부 세부사항이 변경될 수도 있다. 분명히 말하자면, 이것은 공장 내부의 자재를 상세하게 추적하기 위한 시스템은 아니다. 그런 작업을 위해서는 MES, MRP와 같은 다른 시스템들이 있다. 또한, 이는 도난과 부패를 추적하기 위해 설계된 시스템도 아니다. 그렇게 하려면 센서, IoT 장치, 재료의 자동 무게 측정, RFID 등 높은 비용이 들어가는 것들을 구현해야 한다. 이것은 ERP나 MRP를 대체

하기 위한 것이 아니다. 이 시스템의 기본 기능은 농장에서 소매점까지 7단계에 걸쳐 주요 원자재(배추, 무, 고추)를 추적하는 것이다. 이러한 목표는 다음과 같은 여러 단계를 거쳐 사용되는 간단한 모바일 앱에 의해 달성된다.

현재 한국 김치는 저가의 중국 제품에 의해 시장에서 위협을 받고 있다. 따라서 한국 소비자들이 100% 한국 토종김치를 구매하도록 하기 위해서는 그것이 얼마나 좋은지, 그리고 얼마나 중요한지에 대한 인식을 높여줄 필요가 있다. 이러한 인식 제고는 배추, 무 등 식재료의 흐름을 원산지(농가)부터 경기순환 종료 시점(소비자 구매)까지 쭉 추적하는 트랙 앤드 트레이스 제도를 시행하면 달성할 수 있다. 농장에서 소매점까지의 7단계는 다음과 같다.

농장에서 소매점까지 프로세스

1단계	원산지(농가)	트럭에 실을 때 농부가 데이터를 입력
2단계	창고 입고	트럭 하역 후 창고에 보관
3단계	창고 회수	나중에 창고에서 식재료를 회수해 식품 준비 및 가공 구역에 투입
4단계	식품 준비 및 가공	이 시스템의 목표는 상세한 추적과 식품 제조 관리를 위한 것이 아니기 때문에 여기에는 추적되지 않는 여러 단계가 있다. 대신 이 시스템은 소비자에 대한 마케팅과 브랜드 메시지를 신뢰할 수 있게 추진하기 위해 출처와 전체적인 흐름을 추적하는 것임
5단계	포장 및 라벨링	양배추와 다른 재료들을 조합, 양념, 발효시킴. 그 내용은 QR코드로 표시되어 병에 포장됨
6단계	소매점으로 발송	포장된 제품은 도매 유통업체(그리고 식품 공급망의 다른 단계)로 배송되었다가 소비자가 살펴보고 구매를 고려하는 소매점에 도착
7단계	개인소비자 구매	소비자는 각 제품에 있는 QR코드를 스캔할 수 있으며, 이 QR코드에는 해당 제품에 대한 특정 정보(제조일, 성분 목록 및 각 성분의 원산지)가 있는 제품 프로필 페이지가 표시된다. 원산지에 대한 구체적인 정보를 전달하는 것은 물론 브랜드에 대한 선호도가 오래도록 지속되도록 브랜드를 홍보하고 설득하며 구축하는 것이 목표임

앞의 '블록체인을 이용한 공급 체인 솔루션 아키텍처 사례' 도표에서 볼 수 있듯이 시스템의 주요 구성 요소는 다음과 같다.

- 모바일 데이터 수집 애플리케이션
- 웹 정보 표시
- QR코드를 스캔하는 모바일 앱
- 사람, 장치 및 조직을 위한 DID ID 엔진
- 클라우드의 백엔드 데이터 스토리지 시스템
- 데이터의 개인정보 보호 및 확장성을 위한 프라이빗 블록체인
- 중요한 데이터의 보안을 극대화하는 퍼블릭 블록체인

김치 공급 체인의 7단계는 각각 모바일 애플리케이션을 통해 트랙 앤드 트레이스(Track and Trace) 애플리케이션으로 데이터를 제공한다. 이 모바일 앱은 데이터 입력이 간편하며 일부 데이터(예 : GPS 위치, 이벤트 날짜 및 시간)가 자동으로 입력된다. 재료의 종류(예 : 양배추 또는 무), 재료의 양(트럭에 적재된 500kg 등), 데이터를 입력하는 사람의 신원(모바일 DID 자격증명 월릿) 및 공정과 관련된 기타 정보 등은 온라인 양식을 통해 수동으로 입력된다.

각 단계에서 수집되는 공통 데이터 집합(예 : 데이터 및 시간, ID, 위치)이 있는데, 각 단계마다 고유한 데이터(예 : 재료를 저장하는 창고 선반 번호, 재료를 가공할 식품 준비 라인 번호 또는 포장이 완성된 제품을 놓는 상자 번호)도 수집된다. 앞서 언급했듯이 이 시스템은 MES나 MRP와 같은 공장 운영 관리 시스템을 대체하지 않는다.

피어투피어(P2P) 데이터 공유는 새로운 것이 아니다. 비트토렌트(BitTorrent)는 P2P 네트워크로서 2001년 출시되었다. P2P 네트워크는 인터넷 트래픽의 대부분을 차지하며, 이 중에서도 비트토렌트는 2013년에 동시 사용자 수 최대 2700만 명을 돌파하고 현재 글로벌 유저가 20억 명이 넘는데, 파일을 보내거나 받기 위해 인터넷에 연결된 컴퓨터에서 비트토렌트 클라이언트를 사용한다. 비트토렌트 클라이언트는 비트토렌트 프로토콜을 구현하는 컴퓨터 프로그램이다. 비트토렌트의 개발자는 최근 데이터 스토리지 블록체인 치아(Chia)을 개발하기도 했다.

IPFS는 HTTP(Hyper Text Transfer Protocol)의 다음 기술로 대두된 차세대 인터넷 프로토콜 기술로서 '탈중앙화 분산형 저장 파일 시스템(Inter Planetary File System)이다. 즉 IPFS는 분산형 파일 시스템에서 데이터를 저장하고 공유하는 프로토콜이자 피어투피어 네트워크다. IPFS는 비트토렌트의 데이터 교환 프로토콜을 일반화해서 모든 유형의 데이터를 위한 시장을 형성한다. IPFS는 콘텐츠 주소 지정을 사용해서 모든 컴퓨팅 장치를 연결하는 글로벌 네임스페이스에서 각 파일을 고유하게 식별한다. IPFS는 블록체인이 아니라 별도의 탈중앙화 메커니즘을 통해 블록체인 애플리케이션을 지원한다. IPFS 위에는 블록체인 토큰 인센티브를 활용해 피어투피어 스토리지 네트워크 참여자에게 보상을 제공하는 파일코인과 같은 스토리지 계층이 있다.

피어투피어(P2P) 데이터 공유

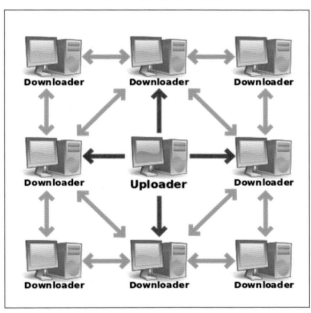

출처 : https://coincentral.com/what-is-bittorrent-btt/

IPFS의 처리 과정

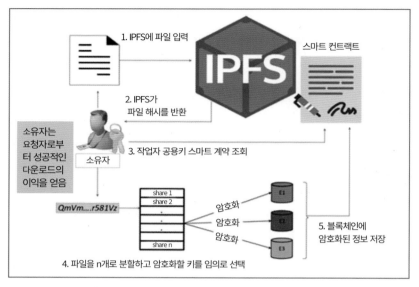

출처 : https://www.researchgate.net/figure/Data-sharing-on-IPFS-by-owner_fig1_335652136

시장에는 파일코인(Filecoin), 시아(Sia), 스웜(Swarm), 스토리지(Storj), 메이드세이프(Maidsafe) 등 유사한 분산형 스토리지 플랫폼이 있다. 현재 IPFS가 가장 큰 마인드셰어(mindshare)를 가지고 있지만, 이 분산형 스토리지 부문은 계속 발전할 것이다. 분산형 스토리지 플랫폼의 일반적인 특징은 다음과 같다.

- 피어투피어 네트워크
- 내결함성 및 복원력
- 검열 저항성
- 인센티브 메커니즘
- 콘텐츠는 위치 지향적이 아니라 주소 지정 가능

결론적으로, 블록체인에서 탈중앙화된 원장은 많은 가치를 지니지만, 복잡한 데이터나 대량의 데이터를 저장하는 데는 적합하지 않다. 보다 본격적인 민간 기업과 정부 부처에서의 엔터프라이즈형 활용 사례를 위한 블록체인 기반 솔루션은 하이브리드 데이터 스토리지 모델에 의존할 것이고, 그 예는 아마 다음과 같을 것이다.

- 적은 양의 중요 데이터 및 메타데이터를 위한 블록체인 스토리지
- 효율적으로 쿼리해야 하는 대용량 데이터 볼륨을 위한 기존 중앙집중식 스토리지

이처럼 영구적으로 분산되고 안전한 대용량 스토리지가 지속적으로 필요하다. 이러한 요구에 부응해 분산형 스토리지 네트워크(DSN)가 생겨났으며, 현재 IPFS가 가장 주목받고 있지만 역시 한계성을 지닌다.

파일코인은 유틸리티 토큰을 보상 시스템으로 사용해 IPFS에 블록체인 계층을 추가하는데, 시장에는 Swarm, StorJ, Maidsafe와 같은 다른 유사한 접근 방식을 구현하고 있는 프로젝트들이 있다. 이 중 현재 IPFS가 가장 큰 시장 점유율을 가지고 있지만, 이 부문은 계속 발전할 것이다.

다양한 합의 알고리즘(PoW, PoS 등)의 이해 및 확장성

이번에는 다양한 합의 알고리즘(Consensus Algorithm)에 대해서 알아보고 그것이 왜 필요한지에 대해서 이해해볼 것이다. 또한, 분산컴퓨팅과 합의 알고리즘의 역사에 대해서 알아보고, 블록체인 분야의 주요 합의 알고리즘은 무엇인지 살펴볼 것이다. 마지막으로 합의 알고리즘의 미래에 대해서도 고민해볼 것이다.

합의 알고리즘이 필요한 이유는 무엇일까? 합의가 필요 없는 중앙집중식 시스템에 대해서 보자면, 중앙집중식 권한은 시스템의 진실을 정의하는 효율적인 방법이다. 반면, '단일 장애 지점(single point of failure)'으로 인해 취약하다. 이는 곧, 시스템에서 특정한 단일 기관이 오작동하거나 손상될 수 있는 리스크가 크다는 것이다. 물론 중앙집중화된 시스템에서는 초당 많은 트랜잭션을 수행하기가 쉽다. 소형 노트북 한 대가 1만 tps를 처리할 수 있고, 중형 서버 한 대가 중앙집중화하면 10만 tps를 처리할 수 있다.

만약 중앙 권한이 없다면 어떨까? 여기 공유된, 혹은 합의된 버전의 특정한 사실과 진실에 도달하는 예시를 보자. 100명의 학생들로 이루어진 교실이 있고 그들 모두는 공유된 화이트보드에서 몇 가지 중요한 정보를 같이 업데이트해야 한다고 가정하자. 만약 교수 한 명이 화이트보드를 업데이트한다면, 이는 중앙집권적인, 즉 특정한 인물 혹은 집단의 권한으로 결정하고 진행한다면, 사실상 매우 효율적일 것이다. 하지만 교수님이 안 계시고 모든 학생들이 다 같이 화이트보드를 업데이트하고 싶어 한다면 어떻게 될까?

공유된 화이트보드(원장)의 업데이트 예시

Cash			
Date	Description	Debit	Credit
Jan. 1, 20X3	Balance forward		
Jan. 2, 20X3	Collected receivable	$ 10,000	
Jan. 3, 20X3	Cash sale	5,000	
Jan. 5, 20X3	Paid rent		$ 7,000
Jan. 7, 20X3	Paid salary		3,000
Jan. 8, 20X3	Cash sale	4,000	
Jan. 8, 20X3	Paid bills		2,000
Jan. 10, 20X3	Paid tax		1,000
Jan. 12, 20X3	Collected receivable	7,000	

즉, 분산된 상황에서 합의에 도달하려는 공통의 노력을 기울일 때, 어떤 종류의 조정 과정이나 합의 알고리즘이 없는 한, 공유된 화이트보드(원장)는

가치 있고 쓸모 있는 정보로 채워지겠지만, 분명히 쓸모없는 정보인 정크 정보(junk information)로도 채워질 것이다.

여기까지만 해도 문제가 이미 쉽지 않아 보이는데, 이것을 더 복잡하게 하는 사실은, 화이트보드가 단지 공유된 하나만 있는 것이 아니라는 것이다. 실제 분산 시스템의 개념에서는 학생마다 자신만의 버전인 화이트보드의 사본을 보유하고 있으며, 합의를 이루기 위해서는 그 각 버전 사본들의 내용이 동일(identical)해야 한다.

분산 시스템에서의 합의 문제

분산 시스템 합의의 역사는 40년 전으로 거슬러 올라간다. 1981년 4월, 미국 우주왕복선 발사 후, 다섯 대의 컴퓨터가 로켓 궤적을 계산하고 있었다. 다섯 개 시스템은 진실에 대한 공유된 버전에 '투표'하고 동의했다. 모든 상황이 완벽하다고 가정했을 때 이 다섯 대의 컴퓨터는 다 문제가 없어야 한다. 그러나 다섯 대의 컴퓨터 중 일부는 결함이 있을 수 있다는 가능성도 존재한다. 이럴 때 일부 시스템이 오작동하더라도 전체 시스템은 올바르게 작동해야 한다.

이것은 1983년에 처음 해결된 컴퓨터 과학의 문제다. 시스템 중 일부가 오작동하거나 손상되었을 수 있고, 통신 채널이 신뢰할 수 없음에도 불구하고 여러 시스템이 공통 버전의 진실에 동의하도록 하는 방법은 무엇일까? 분산 시스템의 컴퓨터가 합의를 이루도록 하는 것, 즉 진실의 공통된 버전에 도달하도록 하는 것은 이처럼 매우 어려운 문제다. 앞의 우주왕복선 시나리오에서, 계산을 수행하는 컴퓨터들은 '정직한(honest)' 것으로 가정되는데, 만약 어떠한 불일치가 있다면 그것은 소프트웨어 버그나 하드웨어 오작동 때문이라는 것을 의미한다.

그러나 이 어려운 문제는, 특히 네트워크 참여자들 중 일부가 부패하거나 부정직할 가능성까지 고려하기 시작하면 더 어려워진다. 참가자는 시시각각

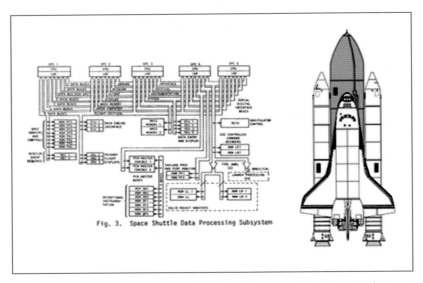

Fig. 3. Space Shuttle Data Processing Subsystem

자신의 투표(vote) 내용을 변경할 수 있다. 또한, 각기 다른 참여자에게 동일한 메시지를 발송하는 대신, 다른 메시지를 발송할 수도 있다. 그리고 참여자 간의 통신 채널 역할을 수행하는 자는 메시지를 전달하지 않을 수도 있다. 이처럼 다양하고 예측하기 어려운 리스크가 존재한다. 이러한 복잡한 시나리오는 비잔틴 장군 문제(Byzantine Generals Problem)로 알려져 있다.

분산컴퓨팅의 문제인 '비잔틴 장군 문제(Byzantine Generals Problem)'

만약 군대가 적군으로부터 한 도시를 방어하고 있다고 가정해보자. 육군은 장군이 지휘하는 여러 개의 사단으로 이루어져 있다. 사단은 거리와 위치에 따라 나뉘고 서로 메신저로 소통한다. 금방이라도 전쟁이 터질 일촉즉발의 상황에서 모든 육군 사단이 동일한 공격 계획과 시간에 동의해야 하는데, 어떤 장군들은 정직하지 않을 수도 있고(즉, 적군으로부터 파견된 스파이일 수도 있고), 어떤 전령들은 메시지를 고의로 혹은 실수로 바꿀 수도 있다.

BGP(Byzantine Generals Problem)를 푼 컴퓨터 과학 연구진은 노드의 3분의 1 이상이 부정직하면 시스템이 제대로 작동할 수 없는 리스크가 존재한다고 판단했다.

비잔틴 장군 문제

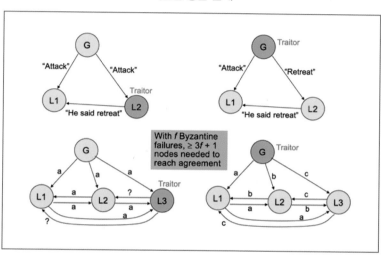

출처 : https://slideplayer.com/slide/16543825

비잔틴 장군 문제는 컴퓨터 과학에서 참가자들이 정직하지 못하거나, 오작동하거나, 다른 시스템 오류를 가질 수 있는 네트워크에서 합의를 달성하는 어려운 문제를 표현하는 다채로운 방법이다. 이는 블록체인 네트워크와 블록체인 생태계가 처한 상황에 해당되기도 한다. 여느 네트워크와 다르지 않게, 암호화폐의 세계에도 많은 부정직한 사람들이 있고, 그들은 발견할 수 있는 어떤 방식으로든 금전적인 사기를 치거나 훔치려고 한다. 다행히도 원시 프로토콜(BTC 및 ETH)이 설계되고 이 블록체인 플랫폼이, 비트코인(BTC)의 경우는 12년 동안, 이더리움(ETH)의 경우에는 6년 동안에 걸쳐 지구상에서 가장 똑똑한 범죄자와 해커들의 공격을 성공적으로 견뎌냈다. 이는 대부분 블록체인 노드에서 사용하는 합의 알고리즘 때문이다. 또한, 체인 해싱(chained hashing),

PKI 서명, 보안 네트워크 프로토콜 등을 포함해 블록체인의 전반적인 무결성을 보호하는 다른 메커니즘으로 인한 것이다.

블록체인 원장을 업데이트하는 과정을 간단하게 살펴보면 다음과 같다. 먼저, 개인은 P2P 네트워크의 지갑을 사용해 트랜잭션을 생성하고 네트워크에 배포한다. 노드들로 구성된 네트워크는 트랜잭션 형식을 검증하고 '마이닝' 노드들은 수학적 문제를 해결함으로써 트랜잭션을 장부에 추가하기 위해 경쟁한다. 당첨된 노드는 노드 원장에 트랜잭션 블록을 추가하고 마이닝에 대한 보상을 받는다. 수천 개의 노드들로 구성된 P2P 네트워크를 통해 원장이 복제된다.

앞에서 언급했듯이 네트워크는 신뢰성이 없을 수도 있고, 이 많은 노드들 중 모두가 항상 가용한 것은 아닐 수도 있다. 즉, 어떤 노드들은 잠시 동안 네트워크상의 다른 노드들과 통신할 수 없는 상태에 있을 수도 있다. 또한, 일부 노드가 오작동할 수도 있다. 어떤 노드들은 '부정직(dishonest)'할 수 있는데, 이는 노드가 네트워크를 방해하거나 통화를 이중으로 사용하려는 해커들에 의해 제어될 수 있다는 것을 의미한다.

퍼블릭 블록체인의 경우, 네트워크의 노드 수가 영구적으로 동일하게 유지되거나 구성되지 않는다. 누구나 언제든지 이 네트워크에 컴퓨터를 추가할 수도, 끌 수도 있다. 이처럼 노드의 수량이 끊임없이 변화하는 와중에도 시스템은 여전히 진실의 공유 버전에 도달해야 한다는 것은 쉽지 않은 과제다.

알다시피 이것은 안전하고 안정적이며 일관된 방법으로 해결하기 어려운 문제다. 합의 알고리즘과 토큰 인센티브[작업증명 시스템(PoW)에서는 보상 채굴, 지분증명(PoS) 시스템에서는 이해관계자 벌칙] 덕분에 블록체인 플랫폼이 이 문제를 성공적으로 해결할 수 있다. 비트코인은 2008년부터 심각한 오작동이나 다운타임 없이 인터넷에서 작동해왔으며, 초당 약 세 건의 거래량이 정상 상태로 유지되고 있다. 이더리움은 2015년부터 다운타임이나 중단 없이 약 15tps의 거래율로 논스톱으로 운영되고 있다. 이러한 거래율은 기존의 중앙집중식 기업 시스템에 비해 매우 낮은 것이 사실이다. 트랜잭션 시스템을 실행하는 최신 노트북을 생각해보았을 때, 보통의 노트북은 거래 종류에 따라 초당 1만 건의 거래를 쉽게 할 수 있다. 물론 이것은 단지 예시일 뿐이며, 실제로 노트북에서 기업 거래 시스템을 실행하자는 것은 아니다(개인용 노트북은 거래율이 훨씬 높지만, 깨지기 쉽고 신뢰할 수 없는 시스템이다).

기존의 중앙집중식 엔터프라이즈 IT 시스템을 생각해보자. 이 시스템은 데이터 센터에서 실행되는 강력한 서버가 될 것이며, 이중화(예 : 서버 클러스터링)가 어느 정도 있을 것이다. 이 시스템은 초당 10만 개의 트랜잭션을 처리할 수 있으며, 매우 높은 가용성(99.99% 가동 시간)을 가질 수 있다. 이 가용성은 매우 비싸고 달성하기 복잡하며 여전히 100% 미만이다. 이것은 시스템이 매달 평균 4.38분 동안 고장 나서 작동하지 않을 수 있다는 것을 의미하며, 그 시간 동안 일부 사람들은 돈을 잃을 수도 있다. 그 영향과 파급력, 피해 규모는 케이스별로 상이할 것이나, 만약 컴퓨터 게임이 매달 4분 동안 고장 난다면 그것은 아마도 큰 문제가 되지 않을 것이다. 그러나 만약 주식 시장이 한 달에 4분씩 무작위로 폭락한다면 그것은 매우 큰 경제적·사회적 피해를 초래할 것이다. 이러한 이유로 일부 '미션 크리티컬(Mission Critical, 본질적이고 사활이 걸린)' 엔터프라이즈 시스템은 99.999%의 가용성을 달성하려고 한다('5.999%'라고도 함). 이는 연간 약 5분의 다운타임이 발생함을 의미한다. 일부 시스템은 99.9999%(6nines)의 다운타임을 시도하는데, 이를 시간으로 환산하자면 연간 약 30초다. 이것은 대부분의 조직에 매우 비싸고 어려우며, 그들은 주식 시장이나 항공 예약 시스템과 같은 전문적인 미션 크리티컬 시나리오에서만 이를 시도한다.

전통적인 중앙집권적 기업 시스템은 블록체인에 비해 훨씬 높은 거래율을 보일 수 있는데, 이더리움 등 실제 블록체인 플랫폼의 100% 가동시간 실적 달성은 불가능하다. 이는 블록체인 기술 설계자들이 의도적으로 거래율을 희생해 신뢰성과 보안을 확보하려는 절충안이다.

합의 알고리즘의 목표는 통합된 합의를 이루고(unified agreement), 경제적

인센티브를 조정하며(align economic incentive), 공정하고 형평성에 알맞고(fair and equitable), 이중 지출을 방지하며(prevent double-spending), 결함 감내성이 있는 것(fault-tolerant) 등이다.

다양한 합의 알고리즘의 이해 및 확장성
다양한 합의 알고리즘에 대해서 알아보자.

① 작업증명(PoW, Proof-of-Work) 방식
'작업증명' 방식은 블록체인 원장을 업데이트해 마이닝 보상을 받으려는 참여자가 특정 작업을 마쳤음을 증명해야 하는 합의 알고리즘이다. 작업증명 방식은 작업 과정은 어려우나, 다른 사용자가 그 결과를 쉽게 확인할 수 있다는 특징을 가지고 있다. 또한, 이러한 작업증명 과정은 무작위 추측 과정일 수 있다. 그리고 고난도 작업 과정에 대해서는 마이닝 풀을 구성해 이에 대응할 수 있다.

예 : SHA256(텍스트 + x)의 10^{30}의 x 찾기(10^{10}이란? 작업증명(PoW) 네트워크 난이도)
작업증명 방식은 마이닝 과정에서 많은 컴퓨팅 능력을 필요로 한다. 마이너가 더 강력한 하드웨어를 채택할수록 요구되는 계산은 시간이 지남에 따라 그 난이도가 증가하지만, 트랜잭션 속도는 그대로 유지된다. 비트코인 노드는 지난 10년간 하드웨어 파워가 100만% 증가했지만 트랜잭션 속도는 그대로 유지되고 있는데, 이는 합의 알고리즘에 의해 그 비율이 결정되기 때문이다.

작업증명 방식에서 요구하는 집약적 계산 과정은 실제 '유용한' 작업은 아니며, 따라서 단지 많은 전기가 소비된다는 것을 의미한다. 이것은 기후변화

합의 알고리즘의 종류

알고리즘의 명칭	약어 및 우리말 용어
Proof-of-Work	PoW 작업증명
Proof-of-Stake	PoS 지분증명
Proof of Authority	PoA 권한증명
Delegated Proof-of-Stake	DPoS 위임지분증명
Leased Proof-of-Stake	LPoS 리스지분증명
Proof of Elapsed Time	PoET 경과시간증명
Practical Byzantine Fault Tolerance	PBFT 프랙티컬 비잔틴 장애 허용
Simplified Byzantine Fault Tolerance	SBFT 간단한 비잔틴 장애 허용
Delegated Byzantine Fault Tolerance	DBFT 위임 프랙티컬 비잔틴 장애 허용
Istanbul Byzantine Fault Tolerance	IBFT 이스탄불 비잔틴 장애 허용
Directed Acyclic Graphs	DAG 방향성 비순환 그래프
Proof-of-Activity	PoA 활동증명
Proof-of-Importance	PoI 중요도 증명
Proof-of-Capacity	PoC 용량증명
Proof-of-Burn	PoB 소각증명
Proof-of-Weight	PoW 무게증명
Proof-of-Space	PoS 공간증명

시대에 있어 경제적 문제이자 정치적인 문제가 되었다. 또한, 강력하고 전문화된 ASIC(Application Specific Integrated Circuit)과 같은 하드웨어가 등장함에 따라 채굴 산업의 중앙집중화가 발생했고, 수천 개의 서버를 가진 소수의 채굴 회사들이 블록체인에 추가되는 정보를 통제하고 있다. 즉, 마이닝 파워의 80%가 중국에 편중되었으며, 이것은 심각한 정치적인 문제에 직면하게 되었다.

② **지분증명**(PoS, Proof of Stake) **방식**

지분증명 방식이란, 해당 암호화폐를 보유하고 있는 지분율에 비례해 의사결정 권한을 주는 합의 알고리즘이다. 주주총회에서 주식 지분율에 비례해서 의사결정 권한을 가지는 것과 유사하다. 블록체인상 다음 블록 생성자

선택 기준은 '무작위성과 지분 조합, 코인 1% 보유 시 블록 1%를 확인(채굴)할 수 있는 확률'로 설명할 수 있다. 지분증명 방식은 네트워크 보안을 강화하고 리소스 낭비를 줄이도록 설계되었다. 별도의 채굴기가 필요 없이 코인을 보유하고 있으면 기본적인 자격이 충족된다. 지분증명은 완벽한 자본주의가 반영된 증명 방식으로서 자신이 가진 코인 지분에 따라 영향력을 행사하게 된다. 따라서 작업증명 방식과 대조적으로 환경친화적 시스템을 가지고 있다. 그러나 지분증명 방식에서는 독점 문제가 발생할 수 있다. 지분 독점자(가장 많은 코인을 가진 사람)는 51% 공격을 통해 블록체인의 통제권을 가지는 동안 트랜잭션을 전송 또는 취소시켜 이중지불(double-spending) 문제를 야기할 수 있다. 물론 이러한 51% 공격을 실행하는 데 지분증명 방식은 작업증명 방식보다 훨씬 더 많은 비용이 소요된다.

지분증명 방식을 사용하는 암호화폐는 Tezos/Cardano(ADA)/Qtum/PIVX/BitConnect 등이다.

③ 위임지분증명(DPoS, Delegated Proof of Stake) 방식

위임지분증명 방식이란 암호화폐 소유자들이 각자의 지분율에 비례해서 투표권을 행사해 민주적인 방식으로 대표자를 선정하고, 이 대표자들끼리 합의해 의사결정을 내리는 합의 알고리즘이다.

대표적으로 이오스(EOS)를 예로 들 수 있다. 위임지분증명 방식에서는 코인을 보유하고 있는 누구나 대표자를 뽑을 수 있는 자격이 있다. 코인 보유자들이 자신의 권한을 위임해 대표자를 선출하는 방식이 대의민주주의와 유사해서 '토큰민주주의'라고도 불린다. 다만, 네트워크상의 지갑 지분에 비례해 투표 가중치를 가진다. 선출된 대표자(delegate)는 작업증명 방식(PoW)에서 채굴기와 같은 역할을 수행해 새로운 블록을 생성하며, 거래를 검증하고, 수수료를 수익으로 취할 수 있다.

이러한 위임지분증명 방식에서는 블록 간격이나 거래 수수료 등 네트워크 매개변수 변경에 대한 투표를 실시해 블록체인을 유지한다. 위임지분증명 방식의 경우 소수의 대표 노드들에게만 거래 내역 승인을 거치면 되기 때문에 처리 속도가 훨씬 빨라진다. 이더리움은 평균적으로 초당 15 tps를 처리하는 반면, 이오스(EOS)는 3000 tps를 처리할 수 있어 속도 면에서의 장점은 이미 검증되었다.

④ 리스지분증명(LPoS, Leased Proof of Stake) 방식

리스지분증명 방식은 자신이 소유한 암호화폐를 다른 사람에게 리스(lease, 임대)해주고 그 대가로 보상을 받는 합의 알고리즘이다. 지분증명(PoS) 방식 합의 알고리즘의 향상된 버전이다. 러시아의 이더리움이라 불리는 웨이브(Waves) 플랫폼이 이 방식을 사용하고 있다.

리스지분증명 방식을 사용하면, 사용자는 자신이 소유한 암호화폐를 다른 풀노드 사용자에게 임대할 수 있다. 자신이 보유하고 있는 암호화폐를 풀마이닝 노드에 임대(리스)해서 그들이 제공하는 추가 채굴에 대한 대가로 수입을 얻는 것이다. 풀노드가 받는 금액이 클수록 해당 노드가 다음 블록의 생성자로 선택될 가능성이 높아진다. 풀노드가 다음 블록의 생성자로 선택되면, 임대자는 풀노드가 획득한 트랜잭션 수수료 총액 중 자신이 임대해준 코인 수량에 비례한 액수를 보상으로 받게 된다. 이를 위해서는 먼저 지갑을 생성하고 자신이 보유하고 있는 암호화폐를 라이트 클라이언트 지갑으로 송금하고, 그 상태에서 원하는 금액만큼 임대하면 된다.

⑤ 소각증명(PoB, Proof of Burn) 방식

소각증명 방식은 코인을 소각함으로써 사용자가 네트워크에 대한 자신의 기여도를 증명할 수 있고, 마이닝과 트랜잭션을 검증할 권리를 얻는 방식을 말한다. 코인을 소각한다는 것은 코인을 일정한 소각 주소로 보내어 이를 다시 네트워크상에서 사용할 수 없는 것을 말한다.

블록 마이닝은 랜덤하게 이루어지나 소각을 많이 할수록 다음 블록을 마이닝할 수 있는 확률을 더 많이 가지게 되며, 이에 따른 가중치를 가지게 된다. 소각한 만큼 네트워크 지분을 가지게 된다는 점에서 지분증명(PoS) 방식과 유사하나, 소각증명 방식은 자신의 코인을 영구히 소각한다는 점에서 차이가 있다. 다만, 작업증명(PoW) 방식이 하드웨어에 대한 투자가 필요하듯이 소각증명(PoB) 방식도 여러 전통적인 채굴 방식처럼 마이닝 파워를 얻기 위해서는 자금을 투자해야 한다.

⑥ 프랙티컬 비잔틴 장애 허용(pBFT, practical Byzantine Fault Tolerance) 방식

프랙티컬 비잔틴 장애 허용(pBFT) 방식을 이해하기 위해서는 먼저 '비잔틴 장군 문제'를 알아야 한다. 앞에서 설명했지만 조금 간추려서 다시 설명한다. 비잔틴 군대는 장군이라는 대표자들 간 합의를 통해 전술을 최종적으로 결정한다. 만약 같은 곳을 동시에 공격한다면 충분히 이길 수 있는 상황이지만, 일부가 공격하지 않으면 지는 상황에 부닥쳐 있다. 따라서 장군들이 모두 동일한 시간에 공격한다고 합의를 해야 하는데 이들이 한곳에 모이기는 어렵다. 따라서 장군들 간에 전령을 통해 합의해야 하지만 이 과정에서 적국의 첩자가 메시지를 변경할 수도 있다. 따라서 이 첩자들의 악의적 방해에도 합의가 제대로 이루어지도록 할 방법이 필요하다.

블록체인과 비잔틴 장군 문제는 아주 밀접한 관련을 갖는다. 블록체인 네트워크상에 새로운 블록들이 생성되는 과정에서 악의적인 공격으로 잘못된 블록이 생성될 수 있기 때문이다. 이렇게 되면 블록 안의 트랜잭션이 변경되고 이는 실제적 피해로도 이어질 수 있다. 따라서 이를 막기 위한 합의 알고리즘이 필요하다. 모든 노드가 'YES!'를 외치면 되는 게 아닌가 하겠지만, 그렇게 되면 악의적 공격이 하나라도 들어왔을 때 블록체인 네트워크는 마비된다. 따라서 어느 정도 노드 간 상태 비일치를 허용해주는 방법으로 합의 알고리즘이 만들어져야 한다.

비잔틴 장애 허용이 바로 그것이다. 비잔틴 장애 허용에서는 일부 노드(장군)의 결과가 달라도 어느 정도 이상의 결과가 동일하면 합의된 것으로 본다.

즉, 다수결의 원칙을 따르는 합의 알고리즘이라고 할 수 있다. BFT는 여러 가지 방법이 있지만, 블록체인에서는 pBFT가 많이 쓰인다.

프랙티컬 비잔틴 장애 허용(pBFT) 방식은 분산컴퓨팅의 한 이론으로 BFT를 속도와 실용적인 측면에서 개선한 형태다. 이 방식은 블록체인 시스템에 있어서 약속된 행동을 하지 않고 고의로 잘못된 정보를 전달하는 비잔틴 노드가 존재할 수 있는 비동기 시스템일 때 모든 노드가 성공적인 합의를 이룰 수 있도록 개발된 증명 방식이다. pBFT 방식은 2/3 이상의 노드만 합의가 될 수 있게 개량한 버전이라고 볼 수 있다. pBFT는 2/3 이상의 노드가 합의하면 검증되기 때문에 속도가 향상되며 노드 수가 적어져 보안에 유리하다는 장점이 있다.

프랙티컬 비잔틴 장애 허용(pBFT) 방식을 사용한 블록체인으로는 Tendermint, Hyperledger Fabric, ConsenSys Quorum/Besu, NEO, Ripple 등이 있다.

확장성 개선에 초점을 맞춘 이더리움 2.0

이더리움 1.0은 비트코인 컨센서스와 비슷하게 작업증명(PoW) 방식을 사용했다. 작업증명(PoW) 방식은 블록체인에 블록을 채굴하기 위해서는 컴퓨팅 성능(마이닝)과 전기를 필요로 한다. 이더리움 2.0은 마이닝과 전기 대신 검증자(validator)와 이더리움 스테이킹을 활용한 지분증명(PoS) 방식을 도입해 확장성 문제를 해결하고, 에너지 효율성 및 보안을 개선하고자 한다.

샤딩(Shard Chains or Sharding)은 이더리움 블록체인의 처리량을 향상시키는 확장성 메커니즘이다. 현재, 연속적인 블록으로 구성된 단일 체인은 믿을 수 없을 정도로 안전하며 정보 확인 역시 쉽다. 그러나 메인넷 활동이 많은 시간에 전체 노드에 연속된 블록의 각각의 트랜잭션을 처리하고 검증하도록 요구하면 과부하가 걸려 처리의 신속성에 영향을 미칠 수 있다. 이를 방지하기 위해 샤딩은 데이터 처리 부하를 64개 그룹으로 나누어 할당한다. 이를 통해 트랜잭션을 연속이 아닌 병렬로 처리할 수 있도록 한다. 샤딩은 단일 차선 도로를 다중 차선 고속도로로 업그레이드하기 위해 다른 차선을 추가하는 것과 같다. 더 많은 차선 확보와 병렬 처리를 통해 훨씬 더 높은 처리량을 끌어낼 수 있다.

분산형 시스템에서의 합의 도출은 블록체인의 등장 이전에도 40여 년 동안 해결하기 위해 노력해온 어려운 문제다. 네트워크상에서 컴퓨터가 손상되거나 오작동할 수도 있다. 더 나아가 네트워크 자체를 신뢰할 수 없는 경우, 이러한 문제는 더욱 복잡해진다. 이러한 문제에 대처해오면서 3 tps(비트코인)와 15 tps(이더리움1)를 달성한 것이 현재까지의 성과다.

그러나 초당 1,000건 이상의 트랜잭션이 필요할 정도로 블록체인 처리량에 대한 시장의 요구가 갈수록 높아지고 있다. 그리고 이러한 확장성 문제를 해결하기 위한 추가적인 메커니즘이 등장하고 있다. 레이어 2(Layer 2), 사이드 체인(Side Chains), 결제 채널(payment channels), 트랜잭션 롤업(transaction rollups), 체인 샤딩(chain sharding) 등이 바로 그것이다. 새로이 등장한 메커니즘을 통해 점차 확장성 요구를 충족해나갈 것이다. 예를 들어, 이더리움 2.0은 초기 단계에는 샤딩 기술을 통해 2,000 tps를 처리하고, 이후 단계에는 롤업 기술을 통해 10만 tps를 처리할 수 있게 될 것이다.

블록체인에는 확장성 외에도 개인정보 보호, 툴링, 상호 운용성, 정체성 등 해결해야 할 여러 과제가 있다. 다행스럽게도 이러한 문제들 역시 새로운 해결책이 시도되고 있다. 우리는 답을 찾을 것이다. 늘 그랬듯이.

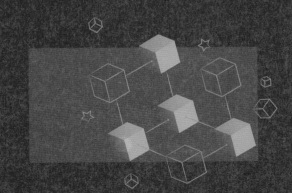

3 블록체인 유스 케이스

Block Chain Generation

가상화폐, 토큰
그리고 ICO

토큰과 디지털 자산

떠오르는 블록체인의 시대는 새로운 유형의 가치 교환을 특징으로 한다. 이 새로운 세계를 살펴보기 위해서는 디지털 자산(digital asset)과 암호화폐, 토큰(token)의 차이점을 먼저 이해하는 것이 필수적이다. 블록체인 생태계 종사자들은 이러한 용어를 항상 정확하게 구분해서 사용하는 것은 아니며, 때때로 혼용하기도 하지만, 여러 가지 차원에서 서로 다른 별개의 개념이다.

디지털 자산은 디지털 방식으로 생성, 거래, 저장하는 무형의 자산으로, 블록체인이 등장하기 이전부터 존재했으며, 블록체인을 꼭 필요로 하지 않는다. 앞의 세 가지 개념 중 디지털 자산은 가장 일반적인 개념이며, 암호화폐와 토큰은 블록체인 기술과 밀접하게 연관되거나 블록체인 기술에 의해 활성화되는 디지털 자산 유형으로 서로 구분 지을 수 있다.

'이중 지출(double-spending)'은 일방 당사자가 동시에 두 명의 상대에게 하나의 지불금을 보내는 일종의 금융 사기인데, 블록체인 기술 측면에서 암호화폐와 토큰은 자산의 진위를 보장하기 위해 '암호화'라는 수학적 기술을 사용해 위조 또는 이중 지출 가능성을 제거한 것이다.

암호화폐와 토큰의 주요 차이점 중 하나는, 암호화폐가 블록체인의 고유한 자산이라는 것이다. 암호화폐(BTC 또는 ETH)는 블록체인 기술의 필수적인 부분으로, 호스트 블록체인과 분리할 수 없다. 호스트 블록체인은 기초 수준에서 둘 이상의 고유한 암호화폐를 지원할 수 없다. 그러나 기초 수준 이상의 토큰 유형은 얼마든지 지원할 수 있다.

토큰은 기존 블록체인 위에 추가되는 무형의 가치 계층이라는 점에서 암호화폐와는 다르다. 여러 가지 토큰이 블록체인을 기반으로 추가될 수 있으며, 또한 다양한 유형으로 존재할 수 있다. 토큰은 프로그래밍 가능한 메커니즘(programmable mechanism : '스마트 계약(smart contract)'이라고 한다)을 통해 기본 블록체인 위에 추가된다. 개발자는 토큰의 핵심 기능을 구현하는 프로그램을 개발하거나 스마트 계약을 작성하고, 이러한 스마트 계약 메커니즘을 통해 토큰에 다양한 종류의 동작과 정책을 임의로 부여할 수 있다.

스마트 계약을 통해 토큰 교환 방식에 대해 새로운 규칙을 만들고 나아가 다양한 유형의 토큰을 정의할 수 있지만, 개발자들은 일련의 표준을 만들어 이러한 표준 방식을 따르는 것이 유용하다는 것을 알게 되었다. 이러한 토큰 표준 가운데 주요한 두 가지 표준은 ERC20(대체 가능한 토큰)과 ERC721(대체 불가능한 토큰)이며 이에 대해서는 뒤에서 자세히 설명한다.

암호화폐란 무엇인가?

암호화폐(cryptocurrency)는 거래가 가능하기 때문에 교환 매개체로 활용되며, 이와 동시에 가치 저장 수단으로 사용할 수 있는 블록체인 네트워크의 고유 자산이다. 암호화폐는 그것이 실행되는 블록체인 프로토콜에 의해 직접 발행되기 때문에 종종 '블록체인의 기본 통화'라고 한다.

많은 경우 암호화폐는 네트워크상의 거래 수수료를 지불하는 데 사용될 뿐만 아니라 암호화폐의 네트워크를 안전하게 유지하도록 사용자에게 인센티브를 제공하는 데도 사용된다.

암호화폐의 심화 개념을 살펴보기에 앞서 고대의 농부와 가축의 예를 통해 디지털, 지폐, 동전 등의 형태로 존재하는 통화의 핵심 기능에 대해 살펴본다.

• 가치 측정 단위

통화가 생기기 이전에 사람들은 물리적 재화(염소, 말, 닭 등)의 관점에서 자산(칼, 소, 집 등)의 가격을 정할 수 있었다. 문제는 이러한 물리적 재화의 가치 평가에 공통된 척도가 없다는 점이다. 하나의 특정한 말(horse)은 다른 말과 같지 않으므로 칼이나 다른 재화와 교환하는 것이 가능하거나 불가능할 수 있다. 반면, 화폐는 판매자가 일정한 가치 단위(예 : 소는 10만 원)로 가격을 책정할 수 있다.

• 교환 매개체

통화는 일정한 단위에 의한 측정이 가능하기 때문에 교환의 매개체로 사용될 수 있다(특정 재화를 특정 금액의 화폐로 교환).

• 가치 저장 수단

만약 지금 당장 마음에 드는 소가 없다면 농부는 그 돈을 반드시 쓸 필요 없이 항아리에 보관하거나 매트리스 아래에 넣어둘 수 있다. 반대로, 염소나 닭은 가치 저장 수단으로 활용할 수 없다. 왜냐하면 닭은 내일이라도 병에 걸려 죽거나 여우에게 잡아먹힐 수 있기 때문이다.

이처럼 암호화폐는 교환 매개체나 가치 저장 수단의 역할을 할 수 있다. 이것은 법정화폐(정부 인정 화폐, fiat)와 유사하다. 암호화폐의 가치는 변동할 수 있는데, 이는 법정화폐의 경우에도 마찬가지다. 암호화폐가 반드시 모든 당사자들에게 널리 받아들여지는 것은 아닐 수 있으며, 이는 일부 국가의 법정화폐의 경우에도 마찬가지다. 암호화폐와 법정화폐는 근본적인 차이가 있음에도 화폐의 핵심 기능(가치 단위, 교환 매체, 가치 저장) 측면에서 공통점 또한 많다.

법정화폐와 달리 암호화폐는 다음과 같은 특징이 있다.

- 탈중앙화(decentralized)되어 있다. 적어도 중앙 발행 기관에 의존하지 않는다. 대신, 암호화폐는 스마트 계약 코드를 통해 그 발행과 거래를 관리한다.
- 블록체인 또는 분산원장 기술(DLT)을 기반으로 구축되어 시스템이 자동화된 프로세스와 무신뢰(trustless)의 방식으로 구동된다. 여기서 무신뢰는 어느 중앙 기관도 시스템을 제어하지 않고, 대신 네트워크 프로토콜에 의해 미리 정의된 규칙에 따라 실행한다는 것을 의미한다.
- 수학과 암호학을 활용한 암호화 기술을 사용해 암호화폐의 기본 구조와 네트워크 시스템을 보호한다.

토큰이란 무엇인가?

토큰[또는 암호화 토큰(crypto token)]은 블록체인의 스마트 계약에 의해 정의된 디지털 자산이다. 특정 조직이나 프로젝트가 기존 블록체인 네트워크를 기반으로 개발하는 가치 단위를 나타낸다. 종종 해당 네트워크의 암호화폐와 호환성을 공유하지만, 둘은 서로 다른 범주의 디지털 자산이다.

암호화폐는 특정 블록체인 프로토콜의 고유 자산인 반면, 토큰은 해당 블록체인을 기반으로 생성된다. 예를 들면 이더리움 블록체인의 기본 토큰은 이더(ETH)인데, 이더는 이더리움 블록체인 고유의 암호화폐로서 하나만 존재하지만 이외에도 이더리움 블록체인을 활용하는 다른 많은 토큰이 존재한다.

이더리움 플랫폼은 여러 다양하고 강력한 기능을 제공하기 때문에 기본적인 토큰 구현에는 소량의 코드(짧은 프로그램 또는 스마트 계약)만을 필요로 한다.

이더리움 플랫폼을 통해 발행된 토큰은 20만 개가 넘는다. 토큰을 '발행(블록체인에 토큰의 소유권 기록을 작성한다는 의미)'하는 것은 학생도 할 수 있을 정도로 비교적 간단한 연습 수준의 작업이기 때문이다. 토큰을 발행하기 위한 스마트 계약을 작성하는 방법은 이미 많은 튜토리얼과 유튜브 비디오 등이 존재하므로 이를 참고하면 어렵지 않다.

장차 토큰에 어떠한 실제적인 가치 부여 가능성을 고려한다면 무작정 토큰을 발행하는 것은 좋지 않은 선택이 될 것이다. 이를 주의해야 할 몇 가지 이유가 있다. 하나는 초보자가 토큰을 발행하는 경우 코드에 버그가 있을 가능성이 크고, 토큰 탈취 가능성 또한 높다는 점이다. 토큰 사용자나 소유자가 하루아침에 전 재산을 잃을 수도 있다. 또 다른 하나는 토큰을 발행한다고 해서 그것이 반드시 시장에서 토큰의 적정 가치를 평가받을 수 있다는 것을 의미하지는 않는다는 점이다. 심지어 그 토큰에 아무도 관심을 보이지 않을 수도 있다.

무작정 새로이 발행된 토큰이 20만 개의 토큰 가운데에서 차별화된 주목을 받기란 쉽지 않은 일이다. 또한, 단순히 블록체인을 통해 토큰을 발행한다고 해서 이해당사자가 시장이나 거래소를 통해 구입할 수 있는 방법을 제공하는 것도 아니다. 이러한 토큰 교환 방법에 대해서는 뒤에서 자세히 살펴보기로 한다.

이더리움 플랫폼을 활용해 구축된 암호화 토큰의 예로는 BAT, BNT, BRX, COMP, DAI, GRT, LINK, MANA, MKR, OKB, REP 등을 들 수 있다. 이러한 토큰을 통해 해당 플랫폼에서 탈중앙화 금융(DeFi) 메커니즘(대출, 보험 등) 참여, 플랫폼 특화 서비스(저장, 계산) 이용, 그 밖에 게임, 엔터테인먼트 등을 포함한 다양한 기능을 제공할 수 있다.

앞서 말했듯이 토큰은 이더리움과 같은 기본 스마트 계약 플랫폼상에 존재하며, 스마트 계약을 통해 블록체인에 데이터가 기록, 구현된다. 스마트 계약은 특정 이더리움 주소에 토큰 잔액이 얼마나 되는지와 잔액 및 소유권 변동 내역과 관련한 코드도 포함하고 있다.

'토큰 전송(sending tokens)'은 실제로 스마트 계약에서 관리하는 소유권 기록(계정 잔액)을 변경하는 것을 의미한다. 결국, 토큰 자체를 나타내는 것은 이러한 계정 잔액이다. 즉, 토큰 계약의 잔액이 0이 아닌 경우 누군가가 '토큰을 보유'한다는 것을 의미한다. 이 토큰 잔액이란, 스마트 계약에서 관리하는 간단한 데이터 값으로 게임의 경험치, 소비자의 충성도, 소유권 증서 또는 의결권과 같은 모든 종류의 디지털 자산을 이 잔액을 통해 나타낼 수 있다. 또한 종류가 다른 각각의 토큰은 서로 다른 유형의 토큰 계약에 의해 저장 관리된다.

이더리움 개발 초기에 개발자들은 서로 다른 유형의 자산과 가치 교환을 관리하기 위해 각자 고유한 유형의 스마트 계약을 작성했다. 개발자들은 일부 유형의 디지털 자산에 대해 표준 규칙과 기능을 고안하는 것이 가치가 있음을 일찍이 깨달았다. 그리하여 '대체 가능한 토큰(fungible tokens)'의 발행과 전송을 다루기 위해 ERC20 토큰 표준이 2017년에 마련되었다. 대체 가능한 자산은 해당 범주의 자산이라면 다른 자산과 동일한 가치를 가진다는 것을 말한다.

예를 들어, 1달러 지폐를 떠올려보자. 1달러의 지폐는 1달러의 가치를 표상한다. 그리고 1달러 지폐 한 장은 다른 1달러 지폐 한 장과 동일한 가치를 가진다. 내가 커피 한 잔을 사기 위해 당신에게 3달러를 빌리면 당신은 나에게 3달러를 지폐로 줄 것이다. 그리고 다음 날 나는 세 장의 다른 1달러 지폐 세 장을 줌으로써 빚을 갚을 것이다. 1달러 지폐 한 장은 모두 본질적으로 동등한 가치를 지니기 때문이다.

이와 유사하게 하나의 대체 가능 토큰은 해당 범주(BAI, BAT, MKR 또는 LINK와 같은 클래스)의 다른 대체 가능 토큰과 동일한 가치를 지닌다. 또한, 해당 범주의 토큰에는 특별한 권한이나 동작 등이 연결되어 있지 않다. 따라서 ERC20

토큰은 교환 매개체, 투표권, 스테이킹(Staking : 자신이 보유한 암호화폐의 일정한 양을 지분으로 고정시키는 것) 등과 같은 경우에 유용하게 사용할 수 있다.

ERC20의 개념은 2015년 초에 등장했지만, 이더리움 표준화 과정을 거쳐야 했다. 이더리움에 대한 표준을 만들려면 개발자 그룹이 특정 프로토콜 및 표준과 함께 새 기능을 설명하는 EIP(Ethereum Improvement Proposal, 이더리움 개선 제안)를 제출해야 한다. 그런 다음 위원회는 해당 EIP를 검토, 승인, 수정 및 마무리하며, ERC로서 채택이 이루어진다. 이더리움 내의 스마트 계약을 포함한 모든 기능은 승인된 표준 중 하나를 준수해야 하는데, ERC20은 이러한 모든 ERC 표준 중에서 가장 널리 알려져 있으며 또한 가장 중요한 표준이지만, 유일한 표준은 아니다.

다음은 이더리움 생태계에서 가장 인기 있는 토큰 표준이다.

- ERC20 : 대체 가능한 자산에 대해 가장 널리 사용하고 있는 토큰 표준
- ERC721 : 대체 불가능한 토큰(NFT)에 대해 가장 널리 사용하고 있는 토큰 표준
- ERC777 : 기존 경험을 바탕으로 대체 가능한 토큰에 대해 새로운 사용 사례를 가능하게 하고자 채택한 표준으로 더욱 풍부한 내용을 담고 있다. ERC20과 호환이 가능하다.
- ERC1155 : 멀티 토큰에 대한 새로운 표준으로, 하나의 계약으로 여러 대체 가능 및 대체 불가능 토큰을 나타낼 수 있으며, 가스 효율성을 높이기 위한 일괄 작업이 가능하다.

클레이튼(Klaytn), 테조스(Tezos), 솔라나(Solana), 바이낸스(Binance)의 BSC 등과 같은 다른 블록체인 생태계 역시 주로 ERC20과 유사한 몇몇 표준을 채택해서 사용하고 있다.

ERC20 토큰 표준은 토큰에 대한 스마트 계약이 구현해야 하는 몇 가지

기능을 정의하고 있는데, 다음은 모든 ERC20 인증 스마트 계약이 지원해야 하는 기능이다.

- totalSupply : 토큰의 총 순환량
- balanceOf : 계정이 보유하고 있는 토큰 수량
- transfer : 소유자의 토큰 계정에서 다른 계정으로 일정한 토큰 양을 전송
- approve : 토큰 소유자의 토큰 전송 승인 가능
- allowance : 토큰 소유자가 승인한 토큰의 양을 다른 계정으로 전송
- transferFrom : spender가 토큰 소유자를 대신해 토큰을 다른 계정으로 전송 가능

오늘날 사람들은 ERC20 토큰을 P2P 방식으로 거래하거나 코인베이스 (Coinbase) 또는 바이낸스(Binance)와 같은 암호화폐 거래소에서 거래할 수 있다.

오픈제플린(OpenZeppelin)은 토큰 관련 스마트 계약 소프트웨어 라이브러리를 만들고 있는 팀이다. 그들은 다양한 사용 사례에 대해 서로 다른 스마트 계약을 제공하고 있다. 오픈제플린이 제공하는 스마트 계약은 보안 감사를 거친 것으로서 현재 널리 사용되고 있는데, ERC20 및 기타 토큰을 구현하는 개발자에게 매우 유용하다. 더 이상 개발자가 버그가 존재할 가능성이 있는 검증되지 않은 새 코드를 작성할 필요가 없게 된 것이다.

오픈제플린은 몇 가지 유용한 추가 기능이 있는 '사전 설정된' ERC20 스마트 계약을 제공하고 있다. 이 스마트 계약은 개발자가 추가 코드를 작성할 필요 없이 '있는 그대로' 사용할 수 있다. ERC20PresetMinterPauser라는 스마트 계약은 아래 기능을 사전에 포함하고 있다.

- Token minting : 토큰 생성 또는 발행
- Token pausing : 모든 토큰 전송을 일시적으로 중지
- Token burning : 홀더가 토큰을 소각(파기)하도록 허용

토큰과 그 판매 방법:
ICO, STO, IEO와 IDO에 대해서

'토큰 발행 후의 다음 단계'라는 것은 '블록체인 주소와 특정 토큰을 연결하는 데이터 항목을 기록한 스마트 계약을 배포한 후'를 의미한다. 그렇다면 이렇게 토큰을 발행한 후에는 이를 어떻게 수익화할 수 있을까?

5년 전, 수익화의 경로는 ICO(Initial Coin Offering)였다. 암호화폐 산업에서 ICO는 전통적인 주식 시장에서의 IPO(기업 공개)와 동일하다. 새로운 디앱(dApp) 또는 서비스 출시 등의 목적으로 자금을 조달하고자 하는 회사는 ICO를 자금 조달 방법으로 사용한다.

ICO는 IPO와 유사하지만 몇 가지 중요한 차이점이 있다. 주된 차이점은, 주식은 회사의 지분 소유권을 제공하는 반면, ICO는 그 소유권을 다른 회사나 단체에 이전하지 않는다는 것이다. ICO는 토큰의 소유권만을 전달할 뿐이다. 토큰 자체는 '유틸리티 토큰'일 수 있다. 즉, 토큰은 분산파일 저장이나 클라우드 컴퓨팅 리소스 또는 에너지 소비와 같은 운영 서비스 비용을 지불하는 데 사용할 수 있다(토큰은 서비스 시작 전에 발행되고 서비스를 구축하기 위한 자금을 얻기 위한 수단이기 때문에 종종 그 효용이 미래에 있다는 점을 유의하기 바람).

또 다른 차이점은 기존 주식은 공인된 투자자(accredited investors – 비공개 주식 판매의 경우) 또는 증권거래소(NYSE, NASDAQ)에서 일정 프로세스의 주식 공모를 통해 일반 대중만 구매할 수 있다는 것이다. ICO의 경우에는 바이낸스(Binance) 또는 코인베이스(Coinbase)와 같은 중앙화 거래소나 유니스왑(Uniswap), 팬케이크 스왑(Pancake Swap) 또는 디와이디엑스(DYDX)와 같은 탈중앙화 거래소, 경우에 따라서는 P2P를 통해 암호화폐를 구매하고 다시 이를 토큰을 구매하는 데 사용할 수 있다. 그러나 최근 몇 년 동안 각국이 금융사기를 방지하고, 금융주권에 대한 위협에 대응하고자 암호화폐에 대한 규제 환경을 훨씬 엄격하게 정비하고 있다는 점을 유념해야 한다.

ICO는 때때로 '크라우드 펀딩(crowd-funding)'이라고 불리지만 '크라우드 세일(crowd-sales)'이라고 부르는 것이 더 적절할 것이다. 크라우드 펀딩은 기부 플랫폼(GoFundMe, JustGiving 또는 Patreon)에 더 적합한 용어다. 고펀드미(GoFundMe) 등의 사이트 이용자는 재정적 투자 수익을 기대하지 않는다. 그들은 이타적인 자선적 동기에 의해 자발적으로 투자하는 것이다. 반면, 크라우드 세일(crowd-sales)은 기부가 아니라 금전적 수익을 기대하는 것을 집단적으로 판매할 때 사용하는 용어다.

최초의 ICO는 이더리움의 ETH 토큰으로, 2014년에 사전 판매가 실시되었으며, 2015년 7월에 플랫폼이 출시되었다. 이더리움은 이 크라우드 세일로 1,800만 달러를 모금했으며, 이는 당시에는 꽤 많은 금액으로 여겨졌다. ETH 이후 5,500개 이상의 ICO가 있었는데, 2017년에는 435개의 ICO가 성공적으로 이루어졌고, 각 프로젝트 평균 1,270만 달러를 모금했다. 2017년 ICO를 통해 모금된 금액은 총 56억 달러에 이르렀고, 상위 10개의 프로젝트가 총 금액의 25%를 차지했다. 2017년 실시된 ICO의 경우 결과적으로 초기 투자 대비 달러 기준 평균 약 12.8배의 수익을 올렸다. 2018년에는 1,253개 프로젝트의 ICO가 80억 달러를 모금하면서 이른바 ICO 붐이 지속되었다.

돌이켜보면 2015년 이더리움의 1,800만 달러 판매 성공은 그 후에 이루어진 ICO 규모에 비하면 왜소한 수준이었다. 예를 들어, 프로토콜 랩스(Protocol Labs)의 파일코인(FileCoin)의 경우 유틸리티 토큰으로서 2017년 9월 당시를 기준으로 3년 후인 2020년 10월에 서비스를 론칭한다고 공지했는데도, 단 15분 만에 2억 5,700만 달러 모금에 성공했다.

역대 가장 큰 규모의 ICO 중 하나는, 2017년과 2018년에 걸쳐 무려 1년 동안 43억 달러를 모금한 Block.One의 EOS 토큰이었다. 이러한 EOS 크라우드 세일에 대해 2021년 9월 텍사스 대학교 연구원은 자신의 논문을 통해 '워시 트레이딩(wash-trading : 동일 주체가 토큰을 반복적으로 사고팔아 인위적으로 가격을 올리는 것)' 혐의를 제기하기도 했다.

중국 당국이 2017년 9월 ICO의 90%를 사기라고 지칭하며 전격적으로 ICO를 금지한 이래 ICO를 둘러싼 각국의 규제가 강화되었다. 이에 여타 국가들도 ICO에 대한 조사와 감시를 실시하면서 ICO 붐이 사그라들기 시작했다. 많은 프로젝트가 ICO를 통해 투자자를 유치하기 위해 고군분투했으나, 규제 및 기타 이유로 인해 2019년에는 모금 규모가 상당히 감소해 단지 84개 프로젝트가 약 3억 5,000만 달러를 모금하는 데 그쳤다.

그리고 이에 대응해서 암호화폐 업계는 이러한 규제를 우회하거나, 또는 새로운 규제를 준수하면서도 자금을 모을 수 있는 새로운 종류의 금융상품을 설계하기 시작했다.

• STO(Security Token Offering)

STO 역시 이러한 접근 방식 중 하나다. STO는 유형자산을 담보로 토큰을 제공하는 것으로서, ICO와 관련된 사기를 방지하기 위해 고안되었다. 그러나 STO는 일반적으로 증권으로 분류되기에, 스타트업이나 투자자가 모금활동 참여 과정에서 미국 증권거래위원회(US Securities and Exchange Commission, SEC) 같은 규제기관의 규정을 준수해야 함을 의미한다. 이러한 요구 사항으로 인해 STO는 투자 모집 방법으로서 인기를 얻지 못하게 되었다.

• IEO(Initial Exchange Offering)

IEO는 자금을 모집하고자 하는 회사 대신 암호화폐 거래소가 펀딩 과정을 수행한다. 투자를 원하는 회사가 판매 토큰과 상장 수수료를 거래소에 지급하면 거래소가 실제 토큰 판매 과정을 진행한다.

IEO를 통해 토큰을 판매하고 나면 거래소는 토큰을 상장하며, 토큰 가격 및 거래 활성화를 위해 트레이딩 이벤트를 개최하는 등 회사와 함께 각종 마케팅 프로모션을 진행하기도 하고 다양한 인센티브를 제공하기도 한다. 토큰 구매에 관심을 가지고 있는 투자자들은 토큰 판매를 진행하는 암호화폐 거래소의 규모나 신뢰성 등에 영향을 받는다. IEO의 인기는 최근에도 계속되고 있지만, 미국의 경우에는 예외다. 미국 정부가 토큰을 유가증권으로 간주하고, 미국 시민이 미국 금융당국의 규제를 받고 있지 않은 암호화폐 거래소에서 IEO 토큰을 구매하는 것을 금지하고 있기 때문이다.

• IDO(Initial DEX Offering)

IDO는 탈중앙화 거래소(DEX)에서 암호화폐 판매를 실시하는 것을 말한다. IDO의 경우, 블록체인 프로젝트는 개인 투자자로부터 자금을 조달하기 위해 탈중앙화 거래소(DEX)에 토큰을 제공한다.

여러 측면에서 IDO는 IEO(Initial Exchange Offering)와 유사하다. IEO의 경우 프로젝트는 중앙화 거래소를 통해 자금을 조달하며 토큰을 출시하는데, IDO는 단지 탈중앙화 거래소를 통한다는 점만 차이가 있다. 자금 조달 후 거래소 상장을 실시해 토큰의 즉각적인 거래를 허용한다는 점 또한 유사하다.

그러나 IEO의 경우, 토큰 판매를 실시하는 중앙화 거래소가 토큰을 여타 경쟁 거래소에 상장하는 것을 허용하지 않거나, 토큰 상장에 수수료나 수수료 대신 토큰을 직접적으로 받는 등 IEO에 여러 조건을 내걸기도 한다.

이에 비해 IDO는 비용 측면에서 더 저렴하며 상장에 더 큰 유연성을 제공한다. 이러한 IDO를 지원하는 탈중앙화 거래소(DEX)는 유니스왑(Uniswap), 폴카스타터(Polkastarter), 바이낸스 DEX(Binance DEX) 등이 있다.

앞서 설명한 내용을 요약하자면 다음과 같다.

토큰은 블록체인상에서 무언가를 나타내는 것이다. '무언가'란 돈, 시간, 서비스, 주식, 가상 애완동물 등 무엇이든 될 수 있다. 애플리케이션은 스마트 계약을 통해 토큰으로 표현된 사물과 상호작용할 수 있다. 즉, 이를 생성하고 교환하고 파괴(소각)할 수 있는 것이다.

암호화폐와 마찬가지로 토큰도 가치를 보유하고 또 서로 교환할 수 있지만, 물리적 자산이나 보다 전통적인 디지털 자산 또는 특정 유틸리티나 서비스를 나타내는 데에도 사용할 수 있다. 토큰은 프로토콜 업그레이드 및 다양한 블록체인 프로젝트의 미래 방향 결정과 같은 특정 매개변수에 투표하기 위한 거버넌스 메커니즘으로도 사용될 수 있다.

토큰은 프로그래밍 가능(programmable), 무허가(permissionless), 무신뢰(trustless), 투명성(transparent)의 특징을 가진다.

• **프로그래밍 가능(programmable)**
'프로그래밍 가능'이란 스마트 계약으로 프로그래밍된 소프트웨어 프로토콜이 실행 가능함을 의미한다.

• **무허가(permissionless)**
'무허가'란 특별한 자격증명 없이도 중앙집중식 기관에 의존하지 않고 누구나 시스템에 참여할 수 있음을 의미한다.

• **무신뢰(trustless)**
'무신뢰'란 단일 기관이 시스템을 제어하지 않는다는 것을 의미한다. 대신 시스템이 네트워크 프로토콜 및 스마트 계약에 의해 사전 정의된 규칙을 기반으로 작동한다.

• **투명성(transparent)**
'투명성'은 프로토콜 및 해당 트랜잭션의 규칙을 누구나 볼 수 있고 확인할 수 있음을 의미한다.

토큰은 ICO를 통해 거래소에서 거래됨으로써 '부를 창출(create wealth)'할 수 있다. 블록체인 산업이 계속해서 성장하고 또한 성숙해지면서 기업 파트너에서 개인 사용자에 이르기까지 모든 생태계 참여자의 다양한 요구에 따라 고유한 디지털 자산의 수 역시 계속 증가할 것이다.

우리는 이러한 디지털 자산이 여러 산업의 운영 및 상호작용, 가치 생성 방식 등을 개선할 것으로 기대하고 있다. 이를 통해 다양한 새로운 사회적·경제적 가능성 역시 확대될 것이다.

2

금융 부문

은행권

필리핀의 아이투아이(i2i) 프로젝트

이더리움 개발사인 컨센시스(ConsenSys)는 필리핀을 대표하는 은행인 유니언뱅크(Union Bank)와 제휴해 필리핀의 폐쇄 루프(closed loop) 암호현금 솔루션을 개발해서 지방은행들을 주요 금융 인프라에 연결하는 아이투아이(i2i) 프로젝트를 수행했다. 그리고 이러한 필리핀 금융권의 엔터프라이즈 이더리움의 결제 네트워크 도입은 더욱 접근하기 쉽고 효율적인 금융 거래를 가능하게 했다.

필리핀은 사람이 정착 중인 섬이 880개에 달할 만큼 인구가 수많은 섬에 흩어져 있다. 이런 지리적 특성상 시골 지역에 사는 필리핀 인구 다수가 디지털 뱅킹 서비스나 국내외 송금 네트워크에 접근할 수 없다. 저렴하고 효율적인 금융 서비스에 접근하는 것 역시 심각하게 제한되어 있다. 필리핀의 각 섬에 걸쳐 있는 수백 개의 지방은행들은 접근이 간단하지 않거나 비용 대비 효과가 좋지 않다. 아이투아이(i2i) 프로젝트는 국가 차원에서 개방적으로 거래될 수 있는 현금 연동 토큰을 만드는 방식으로 이러한 문제를 해결한 것이다.

아이투아이 프로젝트는 130개의 은행을 묶어서 스테이블 코인 기반으로 각자 다른 섬들에 위치한 외떨어진 은행들 간의 송금을 가능하게 만들었다.

이처럼 필리핀 유니언뱅크는 지방은행에 저렴하고 효율적인 국내 결제 네트워크를 제공해 금융 포용(Financial Inclusion)을 유도하고자 했다. 이처럼 국내 거래 흐름이 농촌에서도 가능하게 되면 기업 활동이 활성화되고 지역사회 전체의 생계 수준이 향상될 것이다.

그 배경과 과정을 더 자세히 살펴보자. 필리핀은 인구가 1억 명이 넘는 급성장 중인 경제국이다. 그러나 인구의 70%는 은행계좌가 없고 당좌예금 계좌에 접근할 수 없다. 즉 7,000만 명의 필리핀인들은 국내 및 세계 금융 생태계에 대한 접근성이 심각한 수준으로 제한되어 있다. 필리핀 국내총생산(GDP)의 최대 10%가 해외 노동자로부터 필리핀 현지 가족에게 보내지는 국제송금이다 보니 이러한 열악한 금융 환경은 상당한 문제를 초래하게 된다. 이러한 상황에서 송금 수수료 또한 최대 7%에 달할 정도로 비싸다.

한편 필리핀의 경제 여건을 보면 인구의 3분의 1이 하루에 2달러 미만으로 생활하고 있으며, 시골 지역에 거주하는 필리핀 사람들의 56%는 금융 서비스에 대한 접근이 제한되어 있다. 이와 같이 가계경제가 은행 시스템 밖에서 운영되면 장기적인 경제적 상승의 기회가 제한되어 빈곤이 영구화된다. 금융 포용의 필요성, 결제망의 수요가 매우 컸던 것이다. 이러한 상황에서 저렴하고 효율적인 국내 결제망을 확보하면 지역기업을 활성화하고 지역사회 전체의 생활수준을 개선할 수 있을 것으로 보았다.

그래서 유니언뱅크는 이미 지역사회 내에서 뿌리를 내린 476개 지방은행들과 제휴를 맺고자 했다. 그러나 안타깝게도 지방은행 자체가 전자 은행 서비스 및 국내 송금망과 단절되어 있어 유니언뱅크가 금융 편입을 위한 토대를 마련하기가 어려웠다. 이에 유니언뱅크는 컨센시스와 함께 자국 내 일곱 개 은행과 손잡고 블록체인 기술을 활용한 파일럿 프로젝트를 기획, 시행했다.

아이투아이(i2i) 프로젝트는 기업 이더리움을 구현해 기존 결제 인프라와 필리핀의 필패스(PhilPass), 스위프트(SWIFT) 등 송금 중개업체 외부 네트워크를 연결해 자율적으로 운영되는 탈중앙화 방식의 비용 효율적인 실시간 지역 간 은행 결제 플랫폼을 만들었다. 아이투아이(i2i) 프로젝트는 전국 시중은행뿐 아니라 지방은행을 중앙은행과 연결해 원격은행이 국내 금융 시스템과 통합될 수 있도록 돕는 동시에 지역민의 은행 접근성도 개선했다.

아이투아이(i2i) 프로젝트의 주요 성공 요인은 다음과 같다.

- 스마트 계약으로 발행된 디지털 잔액, 옴니버스 계좌로 일대일 자금 지원
- 은행 데이터 센터 내에 구축 및 배치되어, 블록체인과 연결하기 위해 이더리움 노드를 실행함
- 옴니버스 계좌로 돈이 송금된 것을 감지해 ERC-20 스마트 계약 촉발
- 고객의 돈[법정화폐 : 피아트 머니(Fiat money)]이 은행 내 옴니버스 계좌로 송부되어 머무름
- 자산 서비스 자동화(예 : 쿠폰 결제)
- 투명성 향상 및 규정 준수 자동화

아이투아이(i2i) 플랫폼은 2019년에 130개 지방은행과 성공적으로 제휴해 프로젝트에 시동을 걸었고, 필리핀 중앙은행(BSP, Bangko Sentral ng Pilipinas)으로부터 국내 최초 이더리움 기반 국내 자금 이체 결제망으로 운영될 수 있도록 허가와 지원을 받았다.

아이투아이(i2i) 프로젝트를 통해 은행과 고객 및 고객 간 거래의 운영 효율성이 향상되고 비용 절감 효과를 보았다. 토큰화된 현금은 시중은행 거래로 확장되었으며, 시중은행 또는 금융기관에 대한 실행 가능성 및 확장성 검증을 통한 탈중앙화 형식의 은행 간 결제 유틸리티를 가능하게 했다.

아이투아이(i2i) 프로젝트는 다수의 혁신상을 수상하며 금융권 블록체인의 혁신 사례로 꼽혔다. 유니언뱅크는 필리핀에서 최초로 싱가포르의 유니언뱅크와 필리핀의 유니언뱅크 간의 크로스보더(CB, Cross Border) 결제를 가능케

한 은행이 되었다. 유니언뱅크는 계속해서 필리핀 시골 지역 서민들을 대상으로 은행 서비스를 확대해나가고 있다.

산탄데르 은행의 블록체인 기술 응용

컨센시스는 스페인의 최대 은행인 산탄데르 은행과 협력해 현금 토큰화 유틸리티와 국내외 결제용 실시간 결제·지급 시스템을 이더리움상에서 개발했다. 이 시스템의 운영 개발은 은행 시스템의 핵심 부분과 최소한의 통합이 필요했고 공유원장 덕분에 쉽게 확장될 수 있었다. 이로써 해외송금, 결제 등을 10~15초 이내에 완료하게 되었다.

이밖에도 산탄데르 은행은 위임투표, 채권 발행, 결제 자동화, 대중교통 요금 결제 등 금융 서비스 부문에서 블록체인 기술을 활발하게 응용하고 있다.

중앙은행 디지털 화폐 CBDC
(Central Bank Digital Currency)

싱가포르 통화청(MAS)의 우빈(Ubin) 프로젝트

암호화폐와 토큰화가 주류가 되고 있는 세상에서 중앙기관의 역할은 무엇인가? 싱가포르통화청(MAS)은 중앙은행의 블록체인 활용 사례를 발굴하기 위한 우빈(Ubin) 프로젝트를 시작하며 이 같은 질문에 대한 해답을 모색했다. 싱가포르 통화청의 공공 정책은 전 세계 다른 중앙 시스템의 청사진으로 수출된다.

싱가포르 통화청은 금융 및 은행 애플리케이션과 관련해 분산원장 기술의 잠재력을 탐구하기 시작해서 우빈(Ubin) 프로젝트를 통해 블록체인 기반의 결제 네트워크 인프라 구축을 2016년부터 추진해왔다. 싱가포르의 국부펀드인 테마섹과 미국 투자은행 JP모건 등이 이 프로젝트에 투자하며 참여했다. 싱가포르 정부의 블록체인 결제 인프라인 우빈(Ubin) 프로젝트는 2020년 7월 사실상 시제품 개발을 완료해 최종 베타 시험운영에 나서면서 상용화를 앞두고 있다.

싱가포르통화청(MAS)은 우빈(Ubin)을 통해 저비용·고효율의 결제 시스템을 구축하고 도매용 디지털화폐를 개발하고 있다. 이것이 상용화 단계에 접어든다면 블록체인 기반의 결제 인프라를 국가 단위로 구축하는 것은 싱가포르가 세계 최초가 될 전망이다. 싱가포르통화청은 상용화 단계에서는 디지털 싱가포르화폐를 발행해 실제 결제 수단으로도 사용해본다는 계획이다. 이 단계에서는 복수통화와 외화 환전, 유가증권 결제, 국경 간 결제 등을 시험해볼 수 있을 것으로 전망된다.

이처럼 현재 세계 각국이 '중앙은행 디지털화폐(CBDC, Central Bank Digital Currencies)' 개발에 나서고 있다. 코로나19 사태가 장기화하면서 전 세계적으로 감염 우려가 있는 접촉식 화폐보다는 비접촉식 디지털화폐에 대한 관심이 높아지고 있기도 하고, 포스트 코로나 시대는 비대면 중심이 될 공산이 커졌기 때문이다. 이러한 이유로 중국과 싱가포르 등 세계 각국은 디지털화폐 도입에 박차를 가하고 있다. 국제 결제은행(BIS)의 보고서에 따르면, 전 세계 중앙은행 가운데 80%가 이미 디지털화폐에 관한 연구나 실험, 파일럿 프로그램을 진행 중이다. BIS는 2026년에는 전 세계 중앙은행 가운데 20%가량이 디지털화폐를 발행할 것이라는 전망을 내놓았다.

글로벌 무역 금융 블록체인 플랫폼, 콤고(Komgo)

콤고(Komgo)는 상품(commodity) 무역 금융을 위한 블록체인 컨소시엄 네트워크다. 무역금융 산업은 급속한 성장을 이루었으나 글로벌 무역 금융시스템 표준화 및 디지털화는 어려움과 과제를 안고 있다. 즉 다자간 거래가 복잡하고, 표준화가 어려우며, 크로스보더의 특성상 규제 및 컴플라이언스 이슈를 해결하기가 어렵다. 또한 운영 면에서는 디지털 섬(digital island)의 문제가 있기 때문에 종이서류 혹은 이메일 기반의 거래 과정이 많다. 그리고 고객확인절차(KYC, Know Your Customer)가 복잡하고 신뢰성 있게 진행하기 어렵다.

'디지털 섬' 문제는 각자가 자기만의 네트워크를 구축한 탓에 상호 호환이 어렵다는 것이다. 무역금융에는 여러 주체가 참여하기 때문에 디지털상으로 무역금융을 하려면 많은 비용을 들여 서로 다른 네트워크를 통합하거나 각각의 네트워크를 연결하는 대안으로 종이서류를 선택하게 된다. 그렇다 보니 시간상의 딜레이가 일어나고, 사기(fraud) 등의 리스크가 있으며, 이윤과 기회비용이 감소하는 등의 비즈니스상 애로사항이 존재한다.

이처럼 무역금융에는 높은 운영 비용과 리스크가 존재하는데, 무역 프로세스를 디지털화하고 블록체인 기술을 도입해 데이터의 신뢰성을 증진함으로써 이러한 문제를 해결 또는 완화하고자 한 시도가 바로 콤고(Komgo)다.

블록체인 이전의 국제무역

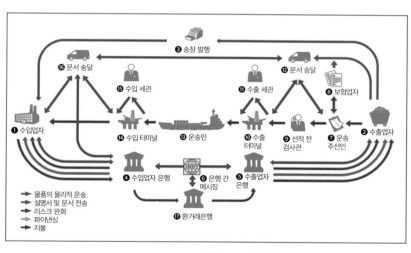

출처 : BCG Digital Innovation in Trade Finance 2017
https://medium.com/tallyx/smart-contract-for-buyers-and-sellers-the-future-of-decentralized-trade-c944fb235026

블록체인 이전의 국제 무역의 당면 과제는 다음과 같다.

- 페이퍼 기반
- 투명성 부족
- 사기나 문서 위조 등의 리스크가 존재함
- 느린 프로세스
- 중간 과정 참여자들이 많아 운영비가 높음
- 높은 기회손실비용
- 낮은 현금유동성 예) 해상상품의 신용장 발급 과정

국제무역은 단순 쌍방향 무역이 아닌, 두 개 이상의 국가 간 거래이고 그 사이에는 중개업체, 은행, 대출기관 등 다수의 이익 관계자가 포함되어 있다. 이들 사이에서 수십, 수백 건의 세부 거래가 발생하는데, 그 문서 대부분이 여전히 종이서류 기반으로 작성되고 있다. 종이서류에 거래 사항을 기록하면 종이서류가 훼손될 수도 있고, 보안에도 취약하며, 필요 시 거래 내역 추적도 쉽지 않다. 한 통계 자료에 따르면, 이로 인한 소득과 기회의 손실 등 경영상의 손실이 매년 수십억 달러에 달한다.

더 큰 문제는 모두가 이런 현실을 인지하고 있음에도 개선하기가 쉽지 않다는 점이다. 국제 무역은 다양한 국가와 여러 기업의 이해관계가 얽혀 있고 각자의 정책 환경과 산업구조가 상이하기 때문에 모두가 수용할 수 있는 새로운 시스템을 도입하기 어려운 것이 현실이다.

한 예로 국제 원자재 거래 과정이 얼마나 복잡한지 살펴보자. 스페인의 한 석유기업이 영국산 석유를 구매하려고 한다. 양사는 가격과 대금 지급 절차, 판매 방식, 공급일, 피해 발생 시 보험 관련 등 세부적인 내용에 합의하고 계약서를 체결한다. 합의가 끝나면 본격적으로 문서를 준비한다. 신용장(Letter of Credit), 선하증권(Bill of Landing), 원산지 증명서(Certificate of Origin), 수량 및 품질 증명서(Certificate of quantity and quality), 상업송장(Commercial Invoice), 보험

증명서(Insurance Certificate) 등 기본적으로 필요한 문서만 수십 개다.

실제 한 통계 자료에 따르면, 국제 원자재 무역에 앞서 기본 문서를 준비하는 데 평균 90~120일이 걸린다. 양사 간 추가적인 합의 내용이 있거나 기존 내용 수정 시 별도의 문서도 작성해야 한다.

블록체인 이후의 국제무역 시스템

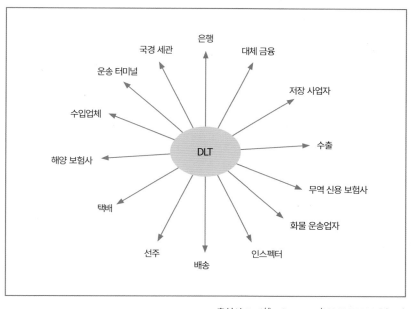

출처 : https://ko.0xzx.com/2020011260240.html

블록체인 이후의 국제무역 시스템은 분산원장기술(DLT, Distributed Ledger Technology) 플랫폼으로 무역 거래의 효율을 제고하며 구체적으로 다음의 과정을 거친다.

- 각종 증빙서류와 문서를 디지털화
- 스마트 계약으로 효율적인 비즈니스 프로세스 관리
- 계약 내용의 암호화를 통한 보안 제고, 디지털 서명
- 허가받은 참가자들끼리 실시간 데이터 공유

• 보다 개선된 프라이버시 세팅으로 액세스 관리 및 R&R 관리

콤고(Komgo) 컨센시스와 유럽 메이저 은행, 무역회사, 검수회사, 에너지 회사 등 각 업계의 열다섯 개 선두주자가 함께 참여해 구축했다. 이는 블록체인 기반 최대의 무역금융 컨소시엄 네트워크다. 금융사로는 ABN암로(ABN AMRO), BNP파리바, 크레딧에그리꼴, 씨티그룹, ING, 맥쿼리, MUFG뱅크, 나티시스, 라보 뱅크(Rabo bank), 소시에떼 제너럴, 로이드 뱅크(Lloyds Bank) 등이 있고, 에너지업체로는 쉘에너지(Shell Energy), Koch Supply&Trading, TOTSA Total Oil Trading S.A. 등이 있으며, 인증업체로는 글로벌 인증업체인 SGS가 참여했다.

콤고(Komgo)는 위변조가 불가능하고 정보 공개가 투명한 블록체인 기술의 주요 특징을 기반으로 글로벌 원자재 무역 네트워크를 구축했다. 서로 다른 정책과 산업 환경하에 있는 원자재 기업들이 거래 정보를 거부감 없이 공유하고 합의 내용을 업데이트할 수 있는 상호 신뢰 기반의 데이터 관리 시스템을 구축한 것이다. 초기의 핵심 서비스를 보면 블록체인 기반의 고객확인절차(KYC)를 통해 중앙화된 데이터베이스 없이도 빠르고 편하게 KYC를 진행할 수 있도록 했다. 디지털 신용장의 경우 스마트 계약을 기반으로 자동화와 디지털화가 가능한 신용장을 구현했다. 그 밖에 사용자 친화적인 대시보드, 실시간 정보 공유 시스템 등의 기능을 갖추었다.

콤고(Komgo)는 2년간의 개념증명(PoC, Proof of Concept)과 파일럿을 거쳐 2018년 8월에 법인화해 그로부터 4개월 후인 2018년 12월 20일 플랫폼을 론칭했다. 첫 신용장은 2018년 12월 21일에 발행되었는데, 이는 상품무역금융 업계 최초로 발행된 블록체인 기반 디지털 신용장이다. 콤고(Komgo)는 상품용 블록체인 기반 후처리 플랫폼인 VAKT(블록체인 기반 원자재 거래 플랫폼)와 연결된다. 디지털 신용장 발급으로 기존 신용장 발급 대비 99.58% 시간 단축을 달성했다. 이는 신용장 발급에 드는 소요 시간을 10일에서 1시간으로 단축한 격이다.

콤고(Komgo) 프로젝트의 실행 과정

문서 제작자　　　　　연결된 플랫폼

은행 및
금융기관

보험사

주요 기업

기타

VAKT
(원자재 거래 플랫폼)

농업 거래
플랫폼

금속 거래
플랫폼

배송
플랫폼

komgo

상인

제조업자

최종 구매자와

기타

출처 : https://www.tradefinanceglobal.com/posts/what-is-komgo-commodity-trade-finance-meets-
blockchain/

영국의 부동산 자산 토큰화 탐구

　1862년에 창설된 HMLR은 잉글랜드와 웨일스의 부동산과 재산의 소유권을 등록하고 있다. 이것은 7조 파운드(한화 약 1만 1,366조 원) 이상의 가치를 가지며 2,500만 개 이상의 소유권을 포함하고 있다. 2019년 1분기 HMLR은 토큰화 및 디지털 자산 전문가 등 분야별 대표들과 영국 부동산 시장에 영향을 미칠 수 있는 블록체인 기술을 모색하기 위한 일련의 작업에 착수했다.

　HMLR은 세계 최고의 토지등기소가 되겠다는 목표에 따라 디지털로 영역을 넓히고자 컨센시스와 함께 블록체인 기술이 가능한 혁신적인 제품과 서비스를 발굴했다. 실제 자산과 연동된 이더리움 블록체인의 타이틀 토큰 개념 증명이다. 즉, HMLR은 특정 부동산에 대한 프로토타입 '타이틀 토큰'을 만들었고, 이 자산에 대해 주식으로 대표되는 증권 토큰이 생성되어 타이틀 토큰에 연결된다. 이 솔루션을 통해 HMLR은 쉽고 빠르게 블록체인 기술 활용을 시작할 수 있도록 했다. 자산 토큰화의 기능에 대한 코데피의 증명은 다음을 증명했다.

- HMLR은 이더리움 퍼블릭 블록체인에 실제 자산과 연결할 수 있는 타이틀 토큰을 생성할 수 있다.
- 자산에 대한 유익한 지분 소유권을 나타내기 위해 부분 토큰(Fractional Token)을 만들 수 있다.
- 부분 토큰은 자산 발행, 관리 대시보드를 통해 구독자에게 발행할 수 있다.
- 또한, 부분 토큰은 이 마켓플레이스에서 교환할 수 있다.
- 마켓플레이스 트랜잭션이 성공적으로 컴플라이언스를 준수한다.

HMLR은 영국 부동산 산업에서 블록체인 기술의 잠재력을 계속 탐구하기 위해 이러한 결과를 활용하고 있다. 이는 더욱 투명하고 효율적인 부동산 산업을 창출한다는 HMLR의 목적에 부합한다.

3

공급망 이력 추적

공급망 관리

공급망 관리는 블록체인이 특유의 악재 개선에 쓰이기에 적합한 분야다. 중앙집권적이어야 할 시스템에 블록체인 기술이 활용될 때가 있는데, 그런 상황에서는 블록체인 기술이 도움이 되지 않는다. 이에 비해 공급망 관리는 대규모의 복잡한 생태계, 단편화된 비즈니스 프로세스, 데이터의 수동 입력, 신뢰와 투명성이 거의 없는 국경을 넘나드는 비즈니스 관계 등으로 인해 경제 및 비즈니스 문제가 심각한 분야다. 블록체인은 이러한 애로사항을 해결할 수 있는 자질이 있다.

해결책을 제시하기 전에 문제를 좀 더 자세히 정의해보도록 하자.

첫째, 공급망이란 무엇인가? 여러 조직, 인력, 비즈니스 프로세스, 이벤트, 정보 및 귀중한 자원(결제 및 실물 상품 모두)의 흐름으로 구성된 시스템이다. 공급망은 원료(원산지)에서 완제품(소비지)까지 여러 단계를 거쳐 제품이나 서비스를 이동하는 것을 말한다. 각 단계에는 서로 다른 조직이 포함될 수 있으며, 이들 중 다수는 서로 직접 관여하지 않고 서로를 신뢰하지 않는다. 더 복잡한 공급망 시나리오는 여러 원산지, 여러 병렬 흐름(결제, 정보 및 물리적 재화의 흐름), 여러 분배 및 소비 지점을 포함한다.

공급망이 항상 물리적 재화에 관한 것은 아니다. 우리는 지금 빅데이터와 정보경제 시대에 살고 있고, 데이터는 기업에 가치 있는 자산, 즉 다양한 방법으로 수익을 창출할 수 있는 자산이 되었다. 원산지부터 유통과 소비 지점까지 데이터를 처리하고 단계별로 가치를 추가하는 작업이 포함된다. 이를 '데이터 공급망'이라고 부른다. 이것은 향후 몇 년 동안 그 가치가 커질 비즈니스 범주이기도 하다.

원자재와 제조공정, 해운물류 등을 기반으로 상품을 만들고 유통하는 기업들이 모여 있는 글로벌 공급망 생태계의 규모는 약 50조 달러에 달한다. 짝퉁과 회색 시장[grey market: 합법적 시장(white market)과 암시장(black market)의 중간에 있는 시장을 가리키는데, 지식재산권 분야에서는 병행상품(parallel goods)이 거래되는 시장을 지칭함] 상품 수가 전체 가치의 최소 5%에 달하고, 이는 2조 5,000억 달러 규모로 추산된다.

다음은 짝퉁 및 회색 시장 상품의 영향을 받는 산업 분야다.

- 농업과 식량
- 전자 부품
- 자동차 부품
- 제약
- 화장품
- 옷
- 명품

공급망을 관리해 비용을 절감하고, 사기(詐欺)를 줄이고, 효율성을 높이고, 전달을 가속화할 수 있는 정보 시스템 시장은 1%에 불과하며, 약 250억 달러

규모에 육박한다. 전 세계와 다른 산업 분야에 걸쳐 공급망에서 중대한 문제가 발생하고 있기 때문에 더 많은 투자가 필요한 것으로 보인다.

일부 기업과 일부 산업은 공급망 '트랙 앤드 트레이스(track-and-trace)' 시스템에서 이익을 얻었다. 예를 들어, 한 글로벌 신발 제조업체는 매년 약 40억 달러의 가치를 지닌 약 2,500만 켤레의 신발을 생산한다. 그리고 연간 6,000만 달러에 달하는 회색 시장이 있다. 이 회사는 공급망 추적 시스템을 구현해 약 2,500만 달러를 절감할 수 있었다. 또 다른 회사는 농업용품 제조업체로, 연간 약 50억 달러의 매출과 연간 6억 달러의 R&D 투자가 있다. 회사 측은 짝퉁 제품 판매가 연간 8,000만 달러의 수익에 영향을 미친 것으로 추산했다. 추적 시스템을 사용해 이 회사는 3,300만 달러를 절약할 수 있었다.

애로사항을 해결하기 위한 산업계의 대책은 단편적이고 불완전한데, 이처럼 블록체인과 관련 기술[분산식별자(DID), 자격증명(VC), 영지식증명(ZKP)]의 혜택을 받을 수 있다.

다양한 산업군이 블록체인 기반 공급망 추적 및 이력관리 솔루션을 도입하면 다음과 같은 효과를 얻을 수 있다.

- **제약(Pharma) 부문**
- 위조약품 감소
- 임상시험을 위한 데이터 추적 개선

- **기업 컴플라이언스 부문**
- 보고 문제 해결
- 안전한 관리 기록

- **교육 부문**
- 인증 부정행위 감소
- 더 나은 졸업장 검증

- 자격증명 요청에 대한 지연 시간 단축
- 성적과 학점의 안전한 관리

• 식량과 농업 부문
- 투명하고 효율적인 식품 리콜
- 음식으로 인한 질병 감소
- 비용 효율적인 재고 관리
- 안전한 관리 기록

블록체인 및 여러 세대의 공급망 관리

공급망 관리 시스템은 새로운 개념이 아니라 (앞에서도 언급했듯이) 수십억 달러의 IT 산업이지만, 시스템은 진화하고 있으며 더욱 개선되어야 한다.

지금까지 시도되고 구축되었던 공급망 관리 시스템의 진화를 보자면 1세대부터 4세대까지 단계적인 진화가 이루어졌다.

전통적인 공급망 관리의 접근법에서는 다양한 문제가 존재했는데, 취약한 데이터의 사일로, 수동화된 프로세스, 호환되지 않는 형식, 파편화·단편화된 결제 시스템 및 투명성의 부족 등을 해결하고자 했다. 그 후 디지털화에 따라 공급망 관리 및 이력 추적의 디지털 프로세스가 도입되기 시작했다. 그러나 취약한 데이터의 사일로 현상, 반자동 디지털 프로세스, 호환되지 않는 형식 및 분할된 결제, 완전하지 않은, 부분적인 투명도 등의 불완전한 솔루션을 낳았다.

이에 블록체인 기술 초기에 시도되고 구축되었던 1세대 블록체인 기반 이력 추적 시스템은 다음과 같은 개선 사항을 추가한다.

- 통합되고 보안성이 강화된 데이터
- 자동화된 디지털 프로세스
- 호환성이 더 높은 형식
- 통합된 결제 시스템
- 투명성 향상

최근 등장한 2세대 블록체인 기반 시스템은 앞의 시스템에 또 새로운 기능과 가치를 추가하고 있다.

- ID 보안
- 관리 청구 및 자격증명(VC)
- 데이터 기밀성을 위한 영지식증명(ZKP)
- 에코시스템에서 다양한 역할 및 참여자에 대한 토큰 인센티브 모델 설계

블록체인 기반 공급망 관리 유스 케이스

식품 유통 이력 관리 유스 케이스 - 미국 최대 식품협동조합 탑코의 블록체인을 통한 해산물 이력 관리(2019.10)

탑코 협동조합(Topco Associates)은 유통 과정의 투명성을 높이기 위해 마스터카드가 개발한 프루브넌스(Provenance) 블록체인 솔루션을 활용한 홀체인(Wholechain) 시스템 시범 운영에 참여해 식품 이력 추적 관리 플랫폼을 사용

했다. 탑코의 회원사인 푸드시티(Food City)를 시작으로 많은 회원사가 연어, 대구, 새우 등 해산물의 어획, 보관, 유통 이력을 추적하는 데 홀체인을 이용했다.

이를 통해 탑코 회원사들과 소비자들은 마트에서 판매되는 해산물을 잡는 과정부터 포장해서 유통하는 과정이 윤리적으로 진행되었는지, 환경보호 관련 규정을 잘 지킨 제품인지를 알 수 있다. 또한 리콜 등 불미스러운 사건 발생 시 공급망을 역추적해 문제의 원인을 찾아내는 데도 효과적이다.

마스터카드에 따르면, 프루브넌스를 통해 제휴사들과 함께 '정확한 제품 이력'을 제공함으로써 제품이 합법적으로 생산, 유통되는 과정을 증명해 소비자의 신뢰를 향상시킬 수 있었다.

한국 기업 KT의 블록체인을 통한 식품 유통 이력 관리: 안전한 농축산물 먹거리 소비시대 도래를 도모

KT는 NDS(농심데이터시스템)와의 협력을 통해 식품안전이력관리 사업 및 식품 유통 분야의 블록체인 생태계 확장에 나섰다. 식품안전이력관리 사업은 식품 유통 분야에 블록체인을 적용함으로써 농축산물 및 식자재, 가공식품 유통 관리의 투명성을 확보할 수 있어 주목받고 있다. 식품의 생산, 가공, 검수, 물류, 판매, 소비의 전 유통 과정이 위·변조가 불가능한 블록체인으로 관리되기 때문에 소비자가 안심하고 먹거리를 소비할 수 있다. 또한 식품 유통 데이터를 체계적으로 관리함으로써 수요·공급 예측을 통한 생산량 조절 등 생산성 향상이 기대된다.

기존 유통 과정에서 수기로 관리하던 계약, 정산 등의 프로세스도 신속하게 처리할 수 있어 효율 및 비용 측면에서도 장점이 있다. NDS는 농축산물 이력관리 시범사업을 통해 블록체인을 활용한 식품이력 관리가 데이터 처리의 효율성과 신뢰성을 담보한다는 결과를 얻었다. 실제로 쇠고기 유통 과정의 사육, 도축, 포장, 판매에 이르는 모든 트랜잭션을 IoT 장비 등을 통해 블록체인으로 실시간 기록하고 검증했을 때 최대 6일이 소요됐던 유통 이력 추적 시간이 10분 이내로 단축되는 것이 확인되었다.

글로벌 기업 월마트의 '농장에서 매장까지 블록체인으로' 프로젝트 (2019)

월마트는 농장에서 매장까지 단 몇 초 만에 식품을 추적할 수 있도록 하는 IBM의 시범사업 프로젝트에 참여해 망고와 돼지고기 및 수입 동물성 단백질 관리에 블록체인 기반 공급망 추적 시스템을 도입했다. 이를 통해 1996년 월마트의 중국 시장 진입 때부터 겪었던 불량한 위생 상태, 오리고기 유통기한 조작, 돼지고기 품질 조작 문제를 개선할 수 있었다. 과거에는 돼지고기에 문제가 생겼을 때 수백 명의 조사관이 2주가량 조사해야 확인할 수 있었으나, 단 몇 초 만에 문제의 원인을 파악할 수 있게 되었다. 상한 냉동 망고역시 예전에는 찾는 데 일주일이 넘게 걸렸는데 2.2초로 대폭 줄었다. 이 프로젝트는 네슬레, 유니레버, 타이슨푸드 등의 대기업들과 크로거, 돌 푸드, 맥코믹, 골든스테이트, 드리스콜, 버크셔 해서웨이의 맥레인을 포함한 총 열 개 기업이 데이터 공유와 시범 운영에 참여했다.

이처럼 월마트와 IBM은 블록체인을 통해 소비자에게 안전하고 검증된 식품을 공급하기 위해 복잡한 공급망 관리에 신뢰도를 높이고, 문제 발생 시 소요되는 시간 및 비용의 효율성을 대폭 향상시킬 수 있음을 확인했다.

컨센시스가 진행했던 가짜 참치 및 불법 생산 근절을 위한 블록체인 공급망 관리 시스템(2018)

이 시스템은 음식점과 식료품점에서 '참치'로 판매되는 생선 중 무려 59%가 어종이 불명확하다는 해양 보호단체 오세아나(Oceana)의 조사에 착안했다.

어종, 원산지, 윤리적 생산 여부 등이 명확하지 않은 생선 판매에 의해 소비자가 피해를 보고 있는 상황을 개선하고자 2018년 환경단체인 WWF(World Wildlife Fund)-New Zealand, WWF-Australia, WWF-Fiji, 참치 회사인 씨퀘스트피지(Sea Quest Fiji) 및 파트너사들은 글로벌 블록체인 기술 기업이자 퓨처센스의 모기업인 컨센시스와 협력해 불법 어업과 인권 침해 근절을 위해 남태평양 제도 참치 산업에 블록체인 기술, RFID 및 QR코드를 도입했다. 이를 통해 바다에서부터 소비자의 접시까지 참치 공급망의 전 과정 추적이 가능해졌으며, 참치 소비자들의 신뢰도와 식품 안전성을 향상시킬 수 있음을 확인했다.

또한, 미국 의약품 공급망 보안법이 2023년까지 의약품의 단위 수준의 추적과 추적성을 의무화함에 따라, 컨센시스는 제약회사인 글락소스미스클라인(Glaxo Smith Kline, GSK) 및 여러 다른 회사와 협력해 블록체인 기반 공급망 시스템을 구축해서 규제 표준도 달성했다. 블록체인 기술을 사용해 과학자들이 사용하는 지적 재산권(IP) 라이선스를 추적하고 제품이 적절한 조건에서 생산, 운송, 저장되도록 보장하기 위해 글락소스미스클라인과 제휴한 것이다.

컨센시스는 마이크로소프트와 손잡고, 원자재부터 2차 시장까지 명품의 추적성과 진위성을 다루기 위해 LVMH와 협력하고 있다. AURA 플랫폼은 명품 브랜드에 의해 구축되며, 어떤 브랜드라도 완전한 컨소시엄 회원이 될 수 있다. 이더리움 블록체인 기술과 마이크로소프트 애저(Azure)를 활용한 강력한 제품 추적 및 추적 서비스로 럭셔리 업계 전체를 서비스하려는 플랫폼 AURA를 발표했는데, AURA는 소비자들이 원자재에서 판매 시점, 중고 시장에 이르기까지 명품의 제품 이력 및 진품증명에 접근할 수 있게 해준다.

LVMH 그룹에는 현재 루이뷔통, 펜디, 크리스챤 디올과 같은 여러 브랜드가 참여하고 있으며, LVMH 그룹 및 다른 럭셔리 그룹의 추가 브랜드를 탑재하기 위한 논의가 진행 중이다. 루이뷔통에 AURA 프로젝트의 개발은 3년여 전에 시작된 추적 가능성 프로그램(Track & Trace)의 지속적인 추진과 노력의 산출물이라고 할 수 있겠다.

지금까지 공급망 이력 추적에 관한 블록체인 도입 사례에 대해 살펴보았다. 공급망에 대해 배운 내용을 요약하면, 공급망은 50조 달러의 매우 큰 규모의 산업인데, 위조 상품과 회색 시장은 최소 5%의 영향을 미치며, 이는 2조 5,000억 달러의 가치를 손실할 수 있다는 것을 의미한다. 일부 공급망 생태계는 매우 복잡한데 여러 국가 및 관할권, 또는 여러 산업 부문에 걸쳐 있다.

블록체인 기술은 상품의 흐름과 정보의 흐름으로 금융 거래를 통일할 수 있는 탄력적이고 투명하며 안전한 네트워크이기 때문에 정보의 흐름, 물리적 상품의 흐름 및 지불을 추적하는 데 적합하다. 효과적인 블록체인 기반 솔루션을 성공적으로 설계하고 배포하는 것은 여러 과제를 안고 있지만, 업계 플레이어들과 비즈니스 및 서비스 모델을 잘 기획하고, 블록체인에 대해 잘 설계된 모범적인 사례를 통해 이를 극복할 수 있다. 차세대 공급망 관리 및 이력 추적 시스템은 분산형 신원, 검증 가능한 청구 및 자격증명, 영지식증명(ZKP)을 사용해 데이터 기밀을 유지하는 데까지 확장할 것이다.

블록체인과 빅데이터

블록체인과 빅데이터는 지난 10년간 가장 두각을 드러낸 기술이다. 이들이 어떻게 유기적으로 연계될 수 있고, 그럼으로써 보다 큰 시너지와 가치를 창출해낼 수 있는지 살펴보자.

빅데이터는 1999년에 등장해 그 중요성이 계속 커지고 있는 개념이다. 그에 비하면 블록체인은 비교적 새로운 기술이다. 블록체인의 기술 구성 요소들을 보면 오래된 기술들이 많지만 2009년 비트코인의 출현을 통해 다음의 기술 요소들이 지금의 블록체인 콘셉트를 만들었다.

- 공개키 암호 방식(PKE, Public Key Enabling) - 역사 50년(1970)
- PBFT(Pratical Byzantine Fault Tolerance, 비잔틴 장애 허용) 합의 알고리즘 – 역사 30년[분산 시스템을 위한 합의 알고리즘 : 사설 네트워크를 위한 PBFT 는 30년이 되었다. 패브릭(Fabric), 쿼럼(Quorum) 등]
- 근로증명 및 경제적 인센티브 – 역사 20년
- 분산원장 기술 – 역사 20년
- 머클 트리(Merkle tree) 데이터 구조 – 역사 30년(블록체인의 데이터 무결성을 위해 사용되는 머클 트리 데이터 구조는 30년이 되었다)
- 암호화 해시 – 역사 30년
- 타원 곡선 전자 서명 알고리즘(ECDSA, Elliptic Curve Digital Signature Algorithm) – 역사 20년

공개키 암호 방식은 서로 다른 키로 데이터를 암호화, 복호화하는 기술이다. 데이터를 암호화할 때 사용하는 키(공개키, Public key)는 데이터베이스 사용자에게 공개하고, 복호화할 때의 키(비밀키, Secret key)는 관리자가 비밀리에 관리하는 방법이다. 비대칭 암호 방식이라고도 하며, 대표적인 것으로 RSA(Rivest Shamir Adleman)가 있다. 장점은 키의 분배가 용이하고, 관리해야 할 키의 개수가 적다는 것이고, 단점은 암호화와 복호화의 속도가 느리며, 알고리즘이 복잡하고, 파일 크기가 크다는 것이다. 분산형 합의 알고리즘은 단일 사실에 합의하는 분산형 시스템의 합의 알고리즘이다.

머클 트리(Merkle tree)는 블록체인(blockchain)에서 블록 하나에 포함된 모든 거래 정보를 요약해 트리(tree) 형태로 표현한 데이터 구조다. 블록의 바디(body)에 포함된 모든 거래 정보를 특정 크기 단위별로 암호화 기법(예 : SHA-256)을 적용해 여러 단계(round)를 거쳐 해시값을 만든다. 이 해시값들이 트리 형태이고, 1979년 고안자 랄프 머클(Ralph Merkle)의 이름에서 따와 머클 트리(Merkle tree)라고 부른다. 이 머클 트리의 최상위에 위치하는 해시값을 머클 루트(Merkle root)라고 한다. 기존의 이진 트리 구조가 부모 노드에서 자식 노드로 향하는 구조였다면, 머클 트리는 자식 노드에서 부모 노드로 상향하는 구조다.

빅데이터는 1999년에 등장한 용어로서 그 데이터가 너무 방대해 기존의 방법이나 도구로 수집, 저장, 분석 등이 어려운 정형 및 비정형 등 다양한 데이터들을 의미한다. 또한, 데이터가 사용되기 시작한 완전히 새로운 방식을 뜻한다. 빅데이터를 직역하면 큰 용량의 데이터인데, 예전에는 20~30기가바이트의 데이터 보유가 큰 양으로 여겨졌을 때가 있었으나, 요즘 '빅데이터'는 보통 200~300테라바이트의 용량을 뜻한다. 또한, 앞으로 5년 후에는 이 데이터의 단위가 더 커질 것으로 예상한다.

미국의 시장조사기관 가트너는 "데이터는 미래 경쟁력을 좌우하는 21세기 원유"라고 했다. 또 다른 시장조사기관 IDC는 "빅데이터 기술은 다양한 형태로 구성된 방대한 크기의 데이터로부터 경제적으로 필요한 가치를 추출할 수 있도록 디자인된 차세대 기술이다"라고 했다.

정리해보면, 빅데이터는 단순히 대용량 데이터 그 자체만을 지칭하는 것이 아니라 그 데이터를 효과적으로 처리하고 분석할 수 있는 기술에 더 초점을 둔 용어라고 할 수 있다. 그래서 기업의 관점에서는 빅데이터를 간단하게 '가치를 생성할 수 있는 데이터'라고 해석하기도 한다.

빅데이터는 다양한 특성을 가지고 있는데, 가장 많이 이야기되는 특성은 크기와 다양성, 속도다.

• 크기(Volume)

크기(Volume)는 데이터의 물리적 크기를 말한다. 기업 데이터, 웹 데이터, 센서 데이터 등 수백 테라바이트에서 페타바이트(PB)가 될 수 있다.

• 다양성(Variety)

다양성(Variety)은 데이터의 형태와 종류를 말한다. (기존 기업 데이터 환경에서 사용하는) 관계형 데이터베이스(RDB)에 저장된 데이터인지, 웹 로그데이터인지, 기기 데이터인지, 비디오나 이미지 같은 비정형 데이터인지 등 데이터의 형태에 따라 종류가 다양할 수 있다. 빅데이터는 이 모든 데이터를 포함하기 때문에 이를 다룰 수 있는 기술이 필요하다.

• 속도(Velocity)

속도(Velocity)는 데이터 처리 능력과 속도다. 데이터를 수집, 가공, 분석하는 일련의 과정에서는 양이 워낙 방대해지다 보니 속도가 아주 중요하다. 데이터를 실시간 또는 일정 주기에 맞춰 처리할 수 있어야 한다.

그 후 이런 속성이 점점 확장되어서 몇 개의 속성이 추가되었다. 변동성(Volatility), 정확성(Veracity), 가변성(Variability), 가치(Value), 시각화(Visualization) 가능성 등 여덟 개의 V까지도 논의되고 있다. 그중 정확성을 뜻하는 'Veracity'

라는 단어는 진실을 뜻하는 라틴어 'Veritas(베리타스)'에서 유래되었다. 데이터의 진실, 신뢰 가능성을 뜻한다. 이 부분에 대해서는 블록체인의 데이터 위변조 방지 기능을 통해 도움을 줄 수 있는 솔루션을 구축할 수 있을 것이다.

빅데이터의 또 다른 측면인 '가치(Value)'는 데이터의 고유성, 가치를 나타내는 것, 데이터 오류로 인한 비용 손실, 프라이버시 영향에 대한 비용 손실 등을 포함한다. 이 가치는 매우 다양할 수 있다. 데이터에 따라 기업은 다양한 비즈니스 가치, 유저는 개인적인 가치, 지방자치단체나 지역은 사회적 가치 등을 대변할 수 있다.

블록체인의 암호화와 토큰화를 통해 이런 데이터의 고유한 가치를 나타내고 교환할 수 있다. 블록체인은 데이터에 신뢰를 제공하고, 가치를 교환하는 인프라로서 역할을 할 수 있다.

빅데이터를 생각할 때 시스템에서 처리되고 있는 데이터의 라이프 사이클을 이해하는 것이 중요하다. 모든 데이터에는 자체 라이프 사이클이 있으며, 데이터 유형에 따라 달라질 수 있다. 데이터의 일반적인 라이프 사이클은 다음과 같다.

❶ 제네시스(Genesis) : 데이터 항목이 처음 생성되었을 때, 혹은 IoT 장치에 의해 수집되는 시점이다.

❷ 직접 사용 : 데이터 항목이 생성된 후 사용하는 단계다.

❸ 집계 : 여러 데이터 스트림에서 리포지토리(repository : 정보를 모아놓고 서로 공유할 수 있게 한 정보의 저장소)로 수집한다.

❹ 보관 : 여러 수준의 통합 및 저장이 있는데, 데이터 레이크(data lake : 가공되지 않은 상태로 저장되어 접근이 가능한 엄청난 양의 데이터)와 데이터 웨어하우스(data warehouse : 분석을 위해 최적화된 중앙 리포지토리로서 다양한 운영 시스템에서 추출, 변환, 통합되고 요약된 데이터베이스)가 있다.

❺ 분석 : 이 단계에서는 다양한 분석 및 보고 시스템이 있다.

❻ 임팩트 스테이지 : 이렇게 추출한 통찰력을 통해 마지막 단계인 임팩트

스테이지에서 비즈니스 결정을 내리거나, 유저의 행동의 유익한 변화를 촉진하고, 시스템의 고도화를 통해 효율 향상 혹은 리스크 관리 등을 할 수 있다.

여기까지 빅데이터의 콘셉트를 살펴보았고, 다음으로 기업 부문에서의 사례를 보겠다.

현실 세계의 빅데이터 : 소비자 소매 시스템

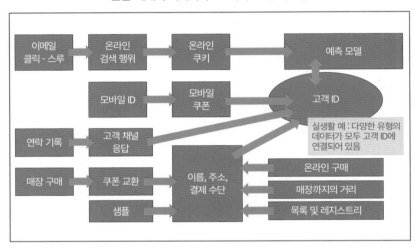

출처 : Predictive Analytics World, Oct. 2010

성공적인 소비자 기업들은 10년 이상 빅데이터를 비즈니스에 적극적으로 활용해왔다.

미국의 대표적인 소매점 체인 중 하나인 타깃(Target)의 2010년 사례를 보겠다. 위 도표의 플로우에서 보면, 그들은 고객에 대한 모든 정보가 어디에서 오든 최종적으로 한곳에 모여 분석되고 처리되도록 한다. 이 정보의 출처는 이메일, 전화, 직접 방문, 판매 단말기 등 다양하다. 이런 데이터를 통해 기업은 고객이 무엇을 원하는지, 그리고 고객이 다음에 무엇을 할 것인지를 깊이 이해할 수 있는데, 이런 통찰력은 '예측 분석'이라는 데이터 분석 프로세스에서 나온다. 10년 전, 이 과정은 AI가 아닌 기존 알고리즘을 사용했지만, 최근에는 AI 기반의 패턴 인식을 추가했다. 이런 과정을 잘 활용하면 데이터를 통한 시너지 효과를 만들 수 있고, 경쟁사들에 비해 상당한 비즈니스 우위를 점하게 된다.

여기서 특정 사례를 보겠다. 첫 번째는 소매 프랜차이즈인 타깃의 10년 전 사례이다. 타깃의 고객 중 17세 딸을 둔 가족이 있었다. 타깃은 정기적으로 홍보 인쇄물과 쿠폰을 이 가정으로 보냈다. 어느 날, 이 소녀의 아버지가 홍보물들을 열어보았는데, 안에 유아용품 홍보물이 들어 있는 것을 알게 되었다. 아버지가 화가 나서 매장에 찾아가 "내 딸은 17세인데 왜 이런 홍보물이 왔냐? 딸한테 안 좋은 영향을 미치는 것을 원하지 않는다. 이메일 목록에서 딸의 이름을 지워달라"면서 매니저에게 큰소리로 따졌다. 그러나 2주 후에 그 아버지는 매장으로 다시 가서 매니저에게 사과했다. 왜냐하면 딸이 임신했다는 것을 알게 되었기 때문이다.

타깃은 딸이 임신했다는 사실을 어떻게 알았을까? 빅데이터와 예측 분석을 통해 처음에 고객의 구매 패턴이 다른 특정한 구매 패턴으로 옮겨가는 것을 알게 되었다. 10대 소녀들의 관심사인 파티 의류, 화장품 구매 패턴을 보이다가 최근에 갑자기 비타민과 각종 영양제, 유아 옷을 검색하거나 구매한 것이다. 타깃의 분석 엔진은 이런 구매 패턴의 전환에 대해 "이 고객이 임신했다"는 판단을 내린 것이 아니라, 대신 "이런 유형의 고객이 곧 유아용품을 사기 시작할 것"이라고 예측했다. 이렇듯 때로는 빅데이터는 고객이 스스로 깨닫기도 전에 고객이 필요로 하거나 원하는 서비스나 수요를 도출해낼 수도 있다. 이것이 바로 빅데이터의 힘이다.

정부 관련 사례도 있다. 대표적인 예가 미국 국세청 사례다. 글로벌 금융위기 때 미국에서는 탈세와 사기 등 금융범죄가 늘어났고, 국가 재정에 위기가 가중되었다. 당시 미국에서 탈세가 된 총 금액은 2010년 기준 전체 저소득층의 의료보장 총액을 초과했을 정도다. 결국 미국 국세청은 탈세를 줄이기 위해 2011년에 대용량 데이터와 IT 기술을 결합해 '통합형 탈세 및 사기 범죄 방지 시스템'을 구축했다. 사기 방지 솔루션으로 이상 징후를 미리 찾아내고, 예측 모델링을 통해 납세자의 과거 행동 정보를 분석한 다음 사기 패턴과 의심이 가는 행동을 찾아냈다. 그 뒤 페이스북이나 트위터를 통해 범죄자와 관련된 계좌, 주소, 전화번호, 납세자 간 연관관계 등을 분석해 고의적인 세금 체납자를 찾아냈다. 이 과정에서 미 국세청은 오픈소스 기반의 대용량 데이터 처리 소프트웨어인 하둡(Hadoop) 등을 적용해 저렴한 비용으로 데이터를 분석했고 그 결과 연간 3,450억 달러에 이르는 세금 누락을 방지할 수 있었다.

이렇듯 빅데이터가 컨슈머 시나리오 및 다양한 비즈니스의 분야에서 도움이 될 수 있다. 기업이 기회를 극대화하고 리스크를 최소화할 수 있도록 데이터를 수집·집계·분석해 비즈니스의 여러 부문에 대한 정보에 입각한 예측과 행동을 채택하도록 하는 것이 목표다.

그중 하나는 수요 데이터 모델로 원료, 부품 등의 구매 데이터다. 밸류체인에서 수요 패턴을 예측하고, 그를 통해 비용을 보다 효율적으로 관리해 쓸데없이 낭비되는 폐기물을 절감할 수 있다. 거래 흐름 데이터 모델은 국제무역 흐름에서의 물리적 상품 및 관련 현금 흐름을 파악하고 그에 관련된 통찰

빅데이터 분석 흐름도

력을 추출한다. 제품 데이터 모델은 구매자와 판매자 간의 부품이나 상품재고관리(SKU) 데이터를 통해서 제품 리콜 조치나, 특정 공급업체를 노출하는 것에 대한 리스크를 관리할 수 있다.

앞의 도표는 현대 기업의 빅데이터 시스템을 통한 데이터 흐름을 보여주고 있다. 앞의 컨슈머 프랜차이즈의 유스 케이스와 조금 유사하지만, 여기에는 인공지능과 패턴 인식에 대한 추가 세부 정보가 담겨 있다. 데이터 항목의 라이프 사이클은 우측 하단의 데이터 획득부터 시작된다. 획득하고, 필터링하는 초기 단계다. 데이터를 인식하고, 그 후 왼쪽으로 이동해서 데이터 웨어하우스, 데이터 레이크 또는 데이터 허브인 저장소에 저장된다. 그리고 전처리 과정으로 가는데, 이 단계에서 데이터의 포맷, 유효성 확인, 클렌징 등의 추가 단계를 거친다. 이런 과정을 통해 서로 다른 출처의 다양한 데이터는 공통적이고 일관된 형식으로 변환될 수 있고, 이를 통해 데이터 처리가 수월해진다. 그 이후에는 예측 분석, AI, 데이터 마이닝, 통계 분석을 통해서 데이터 분석, 형상 추출을 진행한다. 그다음 단계는 시각화다. 시각화를 통해 데이터 패턴을 발견하는 데 도움이 될 수 있고, 또한 이전 단계에서 발견된 데이터 패턴의 시각화를 지원할 수도 있다. 이 모든 분석과 시각화는 최종적으로 활용이나 행동의 단계로 이어져야 한다. 효과적으로 활용하기 위해서는 데이터에서 얻은 통찰력을 사업 시나리오에 잘 적용해야 한다.

소비자 상점의 경우, 유아용품 쿠폰을 고객에게 보내는 것일 수도 있다. 제조업의 경우 미리 오더가 초과할 것을 예상해 추가 수요를 충족시키기 위해 추가 자재를 주문하는 것이 될 수 있고, 항공사 운용 시스템의 경우 특정 기기에서 예측된 고장이 발생하기 전에 항공기 엔진에 대한 예방 정비를 예약하는 것이 될 수 있다. 이렇듯 데이터 통찰은 다양한 곳에 적용될 수 있다.

다음으로 소비자 지향적인 인터넷 자이언트들이 중요하게 여기는 데이터 모델에 대해 살펴보겠다. 여기서 '데이터 모델'이라는 용어는 페이스북의 CEO인 마크 저커버그가 인간관계의 데이터 모델인 '소셜 그래프'를 처음 이야기할 때 언급한 개념이다. '그래프'라는 단어는 시각 차트에 관한 것이 아니라, 수학과 컴퓨터 과학에 근거한, 데이터 구조에 관한 것이다. 이 데이터 구조는 선으로 서로 연결된 많은 노드로 구성되어 있다.

이 소비자 인터넷 분야에서 사업 성공을 이끈 다양한 데이터 모델이 있다. 사람들의 관계에 대한 소셜 그래프는 페이스북과 소셜 미디어 공간(트위터, 링크드인, 카카오톡 등)에서의 데이터 모델이다. 구글이 굉장히 잘 활용하는 '목적 그래프'도 있다. 만약 구글에 '고해상도 디스플레이 모니터'와 같은 키워드를 조회하면 아마도 모니터를 구입하려는 의도가 있을 가능성이 크다.

구글은 검색, 웹사이트 링크 클릭 등 사용자의 행동을 이해하기 위해 모든 검색 쿼리와 기타 행동을 수집, 저장한다. 그래서 패턴 인식을 통해 구글 플랫폼과 광고주들을 위해 사업적 가치를 창출하는 액션(예 : TV를 판매하는 전자제품 매장에 대한 광고 표시)으로 이어질 수 있는 통찰력을 추출하고 예측한다.

또 다른 중요한 데이터 모델은 '소비 그래프'인데, 이것은 사람들이 무엇을 샀는지에 대한 기록이다. 이 데이터는 모두 인구통계학적·지역적·계절적 패턴에 기초해 집계되고 서로 상관관계가 있다. 모든 전자상거래 웹사이트가 다 이 영역을 하지만, 가장 잘하는 기업은 아마존이다. 아마존의 접근법은 체계적인데, 그 예 중 하나가 관련 제품 또는 이 아이템을 구매한 사람이 산 '다른 아이템 권장 시스템'이다. 아마존은 정교한 빅데이터 알고리즘과 AI를 활용해 강력한 결과를 전달하며, 실제로 아마존 전체 매출의 35%가 이 추천 엔진의 결과로 추정되어 빅데이터의 위력을 다시 한번 입증했다.

가치 있는 또 다른 데이터 모델은 소위 '관심 그래프'로, 사람들이 자신의 관심이나 선호도를 나타내는 무언가를 소셜 미디어에 올릴 때다. 이 관심의 표현은 목적의 표현과는 살짝 다르다. 누군가가 구글에서 '플랫 패널 TV'를 검색한다면 그것은 그가 TV를 살 목적이 있기 때문일 것이다. 그러나 페이스북이나 트위터, 링크드인 같은 소셜 미디어 사이트에서는 단순히 관심이나 정서를 표현할 수도 있다. 예를 들어, "이 초밥집에서 방금 밥을 먹었는데 너무 좋았어!"라거나 "K-Pop 스타의 최신 노래를 듣고 실망했어", "정치인 ○○○

의 연설을 듣고 화가 나" 또는 "남자친구가 있었으면 좋겠다"라고 말할 수 있다. 이 모든 것은 흥미나 느낌의 표현 혹은 사건에 대한 반응이다.

페이스북이 이걸 잘 활용하는데, '좋아요' 버튼과 관련 이모티콘(화남, 슬픔, 놀람, 웃음)을 통해 이러한 관심을 캡처하는 구조적인 방법을 가지고 있다. 이런 종류의 데이터를 직접 현금화하기는 어렵지만, 보유 사용자를 늘리거나, 커뮤니티를 구축하거나, 시장 정서의 지표를 제공함으로써 간접적으로 가치를 제공할 수 있다. 이것이 쌓이고 인사이트를 도출할 수 있다면 중장기적으로 매우 강력해질 수 있다.

그래프의 다섯 번째 유형은 '모바일 그래프'이다. 이 데이터 모델은 말 그대로 휴대전화 플랫폼에서 캡처하는 데이터이다. 휴대전화는 카메라, 마이크, GPS 등 많은 종류의 센서를 가지고 있다. 모바일 장치가 사용자의 위치를 알려줄 수 있는데, 구글이 이를 유용하게 활용했다. 그것은 특정 지역의 휴대전화 사용자들의 위치를 기준으로 교통체증을 구글맵에서 실시간으로 보여주는 것이었다. 특정 도로에 이용객이 50명인데 그들의 위치가 움직이지 않으면 교통체증을 나타내는 지표가 될 수 있다. 다른 공급업체들도 이 기능을 그들의 지도나 내비게이션 시스템에 연계했다. 이외에도 다양한 가치 제공이 있을 수 있는데, 이 케이스는 직접 데이터로 수익화를 하는 것보다도 사용자 보유량 및 사용자 충성도 증대에 그 가치가 있다.

지금까지 빅데이터와 각종 산업군, 그리고 인터넷 거대 기업들이 이를 어떻게 활용하는지 알아보았다. 빅데이터의 활용 가능성은 가히 무궁무진한 것 같다. 그러나 데이터를 제공하는 사람들을 고려하지 않은 과대 활용과 공평하지 못한 수익 모델, 혹은 개인 프라이버시 문제 등은 부정적인 사회적 여론을 형성하고 비판을 받는 등의 폐해를 야기하고 있다. 그 문제의식에서 출발한 것이 마이데이터(MyData) 운동인데, 이 역시 최근 데이터 산업에서 굉장히 중요한 트렌드다.

마이데이터는 개인 데이터의 권한을 개인에게 돌려줌으로써 개인과 공동체가 지식을 함께 개발하고, 정보에 입각한 의사결정을 내리고, 조직뿐만 아니라 서로 더 의식적이고 효율적으로 상호작용을 할 수 있도록 돕는다. 이것이 마이데이터의 비전이다. 마이데이터 운동은 앞에서 살펴보았던 인터넷 자이언트들이 우리의 데이터를 독점하고 오남용하고 컨트롤하는 것에 대한 문제의식의 발현이다.

개인 데이터의 소수 기업 독점화 및 컨트롤을 방지하고, 데이터를 사용할 때는 그것을 제공한 사람들의 동의를 받고, 더 나아가 개인 데이터의 수익화로 기여한 것에 대한 보상을 해준다면 아주 좋을 것이다.

탈중앙화를 추구하는 마이데이터 운동과 반대되는 중앙집중식 접근 방식은 가능한 한 많은 데이터를 폐쇄된 독점 저장소에 축적한다. 또한, 비즈니스 파트너의 소규모 네트워크에 판매해 이 데이터를 수익화하려고 시도한다. 이것이 지금까지 인터넷 자이언츠에 의해 취해진 접근법이다. 이 중앙집중식 모델은 한계가 있을 것으로 보인다. 장기적인 관점에서 이 접근법은 분산형 접근법으로 전환될 것이다.

분산형 접근 방식은 그 범위가 훨씬 광범위한데 다음과 같이 요약할 수 있다.

- 참여자가 소유하고 통제하며 수익을 창출하도록 선택할 수 있는 데이터 저장소를 분산하기 위한 비즈니스 네트워크(컨소시엄)를 사용한다.
- 참여자는 기업과 개인을 폭넓게 포함한다.
- 기업이 산업 생태계와 직접 관련될 수 있다.
- B2C와 B2B 모두 다 포함한다.

그렇다면 앞으로의 빅데이터의 방향이 어떨지 알아보자.

빅데이터가 이미 보관되어 있는 데이터라는 측면을 강조하는 용어라면, 패스트 데이터(fast data)는 여러 소스에서 쏟아지는 엄청난 양의 데이터를 실시간으로 처리해 분석하는 게 중요하다는 것을 강조하는 용어다. 빅데이터에도 실시간 분석의 영역이 있지만, 패스트 데이터는 비콘(Beacon: 위치 정보를 전달하기 위해 신호를 주기적으로 전송하는 기기)에서 수집되는 고객 위치나 기상 데이터 또는 공장에서의 계측 장비, 사물인터넷 센서 등에서 생산되는 데이터를 실시간으로 분석해야 하는 점을 강조한다. 실시간 분석이 필요한 영역의 예는 트레이딩 마켓이 있을 수 있다. 시시각각으로 숫자가 변하는데, 주식 가격은 몇 초라도 지연되면 가치가 확 떨어진다.

10~20년 전, '패스트 데이터' 문제를 성공적으로 해결했던 기업들도 데이터의 양이 많아지고 축적되는 속도가 빨라지며 요구 사항이 점점 까다로워짐에 따라 새로운 툴과 기술이 필요하게 되었다. 초기에 빅데이터를 처리할 때 기업들은 ERP, CRM, 회계 시스템 같은 비교적 전통적인 시스템으로 접근했다. 또 빅데이터를 처리하기 위해 기업은 데이터 레이크, 데이터 웨어하우스 기술 및 툴(예 : 하둡 및 예측 분석 엔진)을 구현했다. 그러나 이러한 툴은 이제 새로운 패스트 데이터 과제를 극복하기에는 충분하지 않다.

패스트 데이터의 당면 과제를 성공적으로 해결하려면 실시간 분석, 빠른 운영 데이터베이스가 필요할 것이다. 그리고 굉장히 빠른 서비스 분석을 지원할 수 있는 새로운 세대의 툴이나 관행 역시 필요할 것이다. 여기에는 법규 문제나 컴플라이언스도 포함될 수 있다. 이 분야는 여전히 초기 단계로 부상하고 있으며 앞으로 몇 년 동안은 계속해서 진화해나갈 것이다.

빅데이터 세계에서 또 다른 최근 트렌드는 메타데이터와 메타데이터 관리의 중요성이 커지고 있는 것이다. 메타데이터는 데이터에 대한 데이터다. 예로부터 익숙한 개념이지만, 파생되어 저장되고 있는 메타데이터의 종류에는 많은 진화가 이루어졌다. 데이터의 품질, 신뢰성, 무결성, 입증 가능성 등을 향상시킬 수 있는 블록체인 기반의 분산형 ID(DID), 검증 가능한 클레임(VC) 등 새로운 메타데이터를 창출하고 안전하게 관리하는 데 혁신의 가능성이 있다. 퓨처센스도 이 영역에 관련된 프로젝트를 진행하고 있다. 이런 과정을 거쳐 데이터의 가치가 높아짐에 따라 데이터의 더 나은 거버넌스에 대한 필요성이 증가하고, 메타데이터 관리는 거버넌스 프로세스에 도움을 줄 수 있다.

최근 몇 년 동안 데이터의 양이 빠르게 증가하고 여러 유형의 데이터가 생겨나고 있다. 비즈니스 세계에서 빅데이터의 가치가 이미 입증되고 있기 때문에 데이터는 더욱 가치 있게 되었고, 데이터의 가치가 높아질수록 데이터가 신뢰할 수 있는지, 진정성이 있는지, 변조되지는 않았는지, 그리고 데이터의 출처의 평판이나 그 출처가 부패하지 않았다는 점 등을 아는 것이 점점 중요해지고 있다.

따라서 빅데이터의 최근 과제는 '어떻게 하면 체계적으로 데이터에 신뢰를 추가할 수 있는가'이다. 이것은 매우 어려운 문제이고, 단일 솔루션으로는 풀기 어려울 수도 있다. 그 대신 데이터 무결성을 위해 블록체인 기반의 암호 해시를 사용하거나, '데이터 공급망' 추적 가능성 시스템 구현을 위해 블록체인 기반의 분산형 ID(DID)와 검증 가능한 자격증명(VC)을 사용해 데이터 공급망을 구축하는 등 여러 가지 접근 방식이 있을 수 있다. 이 시스템은 원 데이터(raw data)의 출처 단계에서 다양한 처리 단계를 거쳐 그 과정 중 여전히 무결성이 보장되고 신뢰할 수 있는 데이터로 간주할 수 있는 단계까지 데이터의 흐름을 추적할 수 있다.

DID와 VC를 데이터 공급망 및 데이터 세트(data set)에 도입하는 시도는 아직 글로벌하게는 콘셉트 정도만 있고 실제 사례는 많지 않다. 그래서 굉장히 혁신적이고 또한 도전적인 과제인 것 같다. 퓨처센스에서는 올해부터 이 기술을 접목해 데이터 입증, 데이터 무결성 및 신뢰성을 보장하기 위해 블록체인 기반 기술을 적용하는 몇 가지 '데이터 공급망' 프로젝트에 참여하고 있다.

다시 이야기하지만, 블록체인은 분산원장 기술로 거래 정보를 기록한 원장을 특정 기관의 중앙 서버가 아닌 P2P 네트워크에 분산해 참여자가 공동으로 기록, 관리하는 기술을 의미한다. 거래 정보를 기록한 원장을 노드라는 모든 구성원이 각자 분산 보관하고, 새로운 거래가 발생할 때마다 암호화된 방식으로 그 장부를 똑같이 업데이트한다. 그런 구성원이 누구인지는 서로 모른다. 즉, 익명성과 보안성이 강력한 일종의 디지털 공공장부 기술이다. 블록체인의 특성을 합의성과 익명성, 불역성, 확장성, 암호보안성 등으로 요약할 수 있는데, 이러한 특성은 기존의 3차 산업 기반의 환경에서는 찾아볼 수 없었던 것들이다.

블록체인은 공급망 관리, 거버넌스 모델, 폭넓은 참여, 자기주권신원, 의료 기록 보관, 분산 스토리지, 예술 작품이나 콘텐츠 관리, 투표 등 다양한 곳에 쓰일 수 있고, 또 쓰이려는 노력이 활발하게 이루어지고 있다. 데이터거래소 블록체인 플랫폼은 정부의 문서를 디지털화하고 무결성을 보장하는 데 쓰일 수 있고, 환경보호 및 기후변화 관련 사회적 이슈를 해결하는 기금을 모으는 데 사용될 수 있다. 또한 다양한 국적의 기업들이 서로의 시스템이 호환되지 않아 이메일이나 엑셀 등으로 거래 관리를 해왔는데, 수출입 등의 무역금융을 블록체인 네트워크를 이용해서 빠르게 더 낮은 비용으로 사기 등의 리스크 없이 관리할 수 있다. 또한 블록체인 기반으로 투자금이나 자산 운용사의 펀드를 관리할 수도 있다.

데이터 무결성 시스템은, 퓨처센스주식회사가 한국정보화진흥원(NIA)이라는 정부 부처에서 발주한 빅데이터 플랫폼 및 센터 구축 사업에 참여해 경찰청 치안 빅데이터 플랫폼 컨소시엄에서 다양한 블록체인 솔루션을 구축하게 되었는데, 그중 하나인 데이터 세트, 데이터 패키지의 무결성을 증명하는 시스템이다.

데이터 패키지 컬렉션에 '신뢰의 계층'을 추가하는 일종의 데이터 처리 시스템이다. 이건 특정한 제품을 의미하는 것이 아니라, 블록체인의 특정한 기술을 사용해서 만든 시스템이다.

블록체인 기술의 핵심 강점인 위변조 방지 기능이 적용된 데이터 스토리지 시스템은 개발 및 배치가 비교적 간단하며, 기존 시스템에 대한 최소한의 변경으로 거의 모든 정보 시스템 또는 유스 케이스 등에 커스터마이징해서 접목할 수 있다는 장점이 있다.

이 방면의 대표적인 사례 중 하나인 오션프로토콜은 블록체인 기반 분산형 인공지능을 위한 데이터 자산 및 서비스 교환 프로토콜 플랫폼으로, 사용자의 데이터 자산 공유와 수익화 촉진을 통해 모든 행위자에 대한 통제, 감사

가능성 및 투명성을 보장하고 AI 기능의 이점을 확산시키는 목적으로 구축된 프로젝트이다.

완전한 분산형에, 중앙 권한이 없고, 누구나 데이터를 생성하고 수익을 창출할 수 있는 거래소를 목표로 한다. 사용자 생성 토큰을 포함한 토큰 기반의 경제 모델과 자동화된 가격 검색 및 시장 균형 조정 메커니즘을 보유하며, 데이터 품질에 대한 인센티브를 제공하는 암호화 경제적 인센티브(staking)를 만들었다. 데이터 자체의 콘텐츠를 노출하지 않고 로컬 개인 데이터에서 계산을 실행할 수 있는 기능과 개인정보를 보호하면서 개인 데이터를 수익화할 수 있는 시장 등을 표방하고 있다.

5

분산 신원인증 시스템

현대 시대에 사는 우리 모두는 소셜 네트워크, 이메일, 기업 애플리케이션, 소비자 전자상거래 및 배달, 엔터테인먼트 및 미디어 시스템 등 다양한 종류의 시스템을 통해 데이터를 주고받으며, 거의 항상 서로, 그리고 기업과 정부와 연결된다.

우리의 아이덴티티, 즉 신원에 관련된 정보는 사람들이 행사 티켓을 구매하고, 호텔에 체크인하거나, 식사 배달 주문을 할 수 있게 해준다. 일반적으로 사용자 신원(및 관련 디지털 상호작용)은 다른 당사자 혹은 기업들에 의해 소유되고(owned) 제어되는데(controlled), 많은 경우에는 사용자들이 직접 볼 수 없고 알 수 없는 당사자에 의해 제어된다.

많은 비즈니스들이 디지털화되는 오늘날에는 특히 너무도 많은 시스템들이 존재하며, 각 시스템의 디지털 아이덴티티는 해당 시스템을 사용하는 데 있어 필수적인 측면으로 대두되었다. 각 사용자(user)는 각 시스템에 대한 ID를 가진다. 인스타그램이나 트위터의 아이덴티티, 네이버나 지메일 같은 개인 이메일 아이덴티티, 회사 이메일 아이덴티티 등을 가지고 있다.

한 가지 문제는 이러한 정체성이 대부분 서로 단절되어 있다는 것이다. 또한, 각 ID는 별도의 제공자의 통제를 받으며, 사용자는 제공자가 그 데이터로 무엇을 하는지(예 : 데이터를 제삼자에게 판매해 수익을 창출하는 것) 대부분 통제하지 못하는 상황에 처하게 된다. 어떤 경우에는 사용자는 자신의 이메일 계정이나 소셜 네트워크 서비스에서 서비스 제공자의 일방적인 결정에 따라 신원

증명이 잠기게 되는 경우도 있다. 때로는 그 결정이 정당화될 수도 있고, 때로는 그 이유가 명확하지 않을 수도 있다. 그러나 어떤 경우에도 사용자는 정작 자신의 신원이나 데이터에 어떤 일이 일어나는지 거의 통제할 수 없는 입장인 것이 사실이다.

이러한 통제의 부족(lack of control)에 대응해 최근 몇 년 동안 '자기 주권 정체성(self-sovereign identity)' 또는 사용자 통제 정체성(user-controlled identity)이라고도 알려진 탈중앙화 정체성(DID)을 향한 움직임이 일고 있다. 사용자는 자신의 데이터에 관해 누가 어떤 데이터를 볼 수 있는지 결정할 수 있다. 일반적으로 많이 알려진 DID 시나리오는 특정 대학을 졸업하고, 특정 회사에서 일하고, 특정 은행에 자산을 보유하고, 특정 의료 기관에서 치료를 받은 사람에 대한 것일 수 있다. 이 시나리오에서 사용자는 분산 식별자(Decentralized Identifier)를 가지고 있으며 참여 기관은 사용자와의 상호작용에 대한 인증서 또는 자격증명(Verifiable Credential)을 발급한다. 대학교는 학위를 수여할 수 있다. 은행은 특정한 개인의 은행 잔고를 알 수 있다. 고용주는 피고용인의 직책과 역할을 알 수 있다. 의료기관은 특정한 개인에게 어떤 치료가 행해졌는지 알 수 있다. 이런 식으로 다양하고 많은 식별과 인증에 대한 시나리오가 있을 수 있다. DID 기술 이전에는 이러한 데이터 항목들이 사일로화되어(siloed) 있었고, 대부분은 유저의 통제 밖이었다.

아이덴티티 간에 서로 분리되어 있는 것이 아니라, 상호 운영이 가능하도록 등장한 분산 신원인증의 표준 단체들이 있다. 새로이 정립되는 표준에 기반한 분산형 ID 시스템은 새로운 일련의 경험과 편리함으로의 가능성을 실현할 수 있는 잠재력을 가지고 있다. 사용자(users)와 조직(organizations)은 데이터를 보다 효과적으로 제어하고 애플리케이션, 장치 및 서비스 공급업체에 대한 높은 수준의 신뢰와 보안을 제공할 수 있게 될 것이다.

DID 시나리오에서 사용자는 모든 인증서(credentials)를 자신의 일종의 저장소인 리포지토리['크레덴셜 월릿(credential wallet)'이라고도 함]에 보관한다. 은행 대출을 신청하는 상황을 가정해봤을 때, 자신의 신원에 관련된 항목과

정보들이 사용자의 통제 속에 있기 때문에 필요 시 사용자는 자신의 학력증명서, 고용 현황증명서, 진료증명서 등을 간편하게 은행에 제출할 수 있다.

이러한 가설들이 실제로 시행되기까지는 시간, 그리고 표준화로의 노력이 필요할 것이지만, 적어도 이런 시나리오는 분산 신원인증의 비전이다. DID와 관련 표준들은 예전에 웹(web)이 콘텐츠에 대해 했었던 일련의 작업과 표준화들을 신원인증 영역에서 추구하고 있다. 웹은 누구나 웹상에서 중앙 정부나 중개자의 (너무 많지 않은) 허가 없이도 웹사이트를 만들고, 글로벌 웹 프로토콜에 게시할 수 있고, 정보를 유통할 수 있게 만들었다. 유사하게 DID와 관련 표준들은 웹상의 유저가 자신의 정체성을 정의하고 통제할 수 있는 글로벌 시스템을 만드는 비전을 추구하고 있다. 블록체인이 중앙집권적 당국과 중개업체의 허가나 통제 없이 누구나 상대방과 대금을 주고받을 수 있는 글로벌 네트워크의 비전을 가지고 있는 것과 마찬가지로 말이다.

자기 주권(Self-sovereign) 또는 자기 소유 정체성(Self-owned identity)은 사용자에게 어떤 콘텐츠가 누구와 공유되는지에 대한 통제권을 제공할 수 있고, 필요 시 회수할 수도 있는 기능을 제공할 수 있다. 개인은 수많은 앱과 서비스에 광범위한 동의를 하고 수많은 제공자에 자신의 신원 데이터를 확산시키는 대신 개인 저장소에 자신의 신원 데이터를 저장한다. 개인 저장소의 일부는 은행, 고용주, 의료 사업자와 같이 정보가 필요한 당사자와 필요에 따라 공유할 수 있다.

우리는 탈중앙화된 자기주권적 정체성(decentralized self-sovereign identity)의 비전을 실현하는 새로운 시작의 단계를 목도하고 있다. 뒤에서 다양한 조직과 정부가 중앙집중식 조직의 통제를 받지 않는 디지털 아이덴티티를 탐구하는 몇 가지 활용 사례에 대해 소개하겠다. 아직 기술을 탐구하고 있는 단계이고, 도입 초반의 시범사례들이 많다. 이건 시작에 불과하다. 앞으로 몇 년 동안 이러한 기술이 보편화되고 확산됨에 따라 다양한 산업군과 비즈니스 영역에서 분권화된 정체성 사용이 더 많아질 것이다.

한국 정부와 글로벌 정부 및 기업은 이미 분산 ID 기술을 활용해서 분야별로 다양한 서비스를 시작하기 위해 가능성을 모색하고 있다. 곧 관련 기술이 상용화될 예정이다. 특히 공공 및 민간 차원, 그중에서도 특히 의료, 금융, 정부·공공 서비스 분야에서 활용성이 큰 신원 확인 시스템에 대한 수요가 가장 클 것으로 예상되며, 아래와 같이 다양한 DID 관련 사례가 연구되고 시도되고 있다.

- 유엔난민기구(UNHCR, United Nations High Commission for Refugees)는 UNHCR 공식 ICT 프로젝트인 'R-프로젝트'의 난민 신분인증 사업에 분산 ID를 도입함(출처 : 유엔난민기구 공식 난민 신분인증 사업에 블록체인 도입, TVCC, 2019)
- 미국의 텍사스주와 유타주는 분산 ID 기술을 온라인 투표 시스템에 활용함
- 일본의 미야자키현에서는 유기농 채소 품질 관리 시스템을 구축했으며, 이바라키현에서는 온라인 투표 시스템 도입 예정임
- 중국의 항저우 산업단지에서는 주민등록 관리를 위해 분산 ID 기술을 도입했으며, 중국 대표 자동차 부품 생산 그룹인 완샹은 이러한 기반 기술을 통해 향후 차별적인 스마트시티를 건설할 계획임
- 영국 정부의 경우 분산 ID 기술에 최대 1,500만 파운드 투자 계획을 발표
- 두바이에서는 정부의 '스마트 두바이 전략' 계획을 바탕으로 2020년까지 세계 최초 스마트시티를 목표로 블록체인 산업에 집중적으로 투자했으며, 특히 경제개발부에서는 신규 비즈니스 등록 및 상용 면허 발급에 분산 ID 기술 적용을 추진하며 지능적이고 유연한 맞춤형 미래 도시로 발전하기 위해 노력하고 있음(출처 : <블록체인 산업 현황 및 국외 정책 동향>, 정보통신산업진흥원, 2019)
- 마이크로소프트는 최대 규모의 분산 ID 시스템인 ION(Identity Overlay Network) 오픈소스 프로젝트를 진행 중임. 사용자는 암호화된 데이터베이스 허브를 통해 온라인 대리 인격에 대한 안전한 접근이 가능함. 현재

일부 개발자들에게 ION 초기 프리뷰 빌드 버전이 공개됨(출처 : MS '블록체인 기반 ID 시스템' 대규모 테스트, CIO, 2019)

- 마크 저크버그 페이스북(현 메타) 최고경영자는 2018년 사용자 정보 해킹 사건의 재발 방지를 위해 탈중앙화된 분산 ID 도입을 검토하고 있으며, 자체 개발 중인 암호화폐 리브라 기술을 활용할 계획임(출처 : 페이스북, '리브라로 ID 시스템도 혁신하고 싶다', THE BCHAIN, 2019)
- 글리프(GLEIF)는 스위스에 위치한 비영리단체로서 기업과 관련 단체의 글로벌 등기부를 제공함. 글리프에서 법인 식별을 받은 단체는 150만 개에 달하며, 대부분 미국과 유럽에 위치해 있지만 이용 단체가 전 세계로 확장되는 추세임. 글리프는 DID를 활용해 기업의 임원들을 식별함. 이처럼 글리프의 주목적은 기업을 식별하는 것이지만, 기업 임원을 식별하는 서비스도 함께 제공하는데, 그 이유는 글리프의 시스템에 도입된 DID 시스템은 사람과 회사 모두를 식별할 수 있게 디자인되었기 때문임

컨센시스는 글리프 외에도 다양한 기관, 기업들과 협업해서 다음과 같은 DID 사례들을 컨설팅하거나 진행했다.

• 호주 적십자사(AUSTRALIA RED CROSS)
호주 적십자사는 DID를 활용해 자원봉사자들의 신원을 확인하는 시스템을 구축할 예정임

• 스위스연방철도(Swiss Federal Trail)
스위스연방철도는 DID를 활용해 철도 근로자와 계약자를 관리하며, 이 서비스는 개별적 권한 부여 수준과 현장에 대한 접근성을 차별적으로 제공할 수 있음

- **알라스트리아**(ALASTRIA)

알라스트리아는 스페인의 국가적 블록체인 기반의 컨소시엄으로 400개 기업이 참여하고 있음. 알라스트리아의 주요 서비스로, GDPR 인증 소비자를 위해 SSI 솔루션을 제공함

- **LAC체인**(LACChain)

LAC체인은 중남미를 기반으로 하는 지역 컨소시엄으로, 정부와 민간 기업이 함께 참여해 공통 블록체인 네트워크를 구축함. DID를 기반으로 한 SSI 솔루션을 개인 사용자와 기관에 제공함

지금까지 블록체인 시스템과 분산 신원인증 시스템의 개념과 활용 가능성에 대해 살펴보았다. 빅데이터와 데이터를 활용한 다양한 비즈니스 모델과 수익화가 가능해진 지금 같은 시대일수록 유저들의 데이터는 강력한 정보 보안을 필요로 한다. 데이터의 신뢰성과 무결성을 보존하는 동시에, 중요한 정보의 프라이버시를 유지해야 하는 쉽지 않은 문제를 어떻게 풀어야 할까?

블록체인 기술은 (단일 권한이 아닌) 개인 대 개인 네트워크에서 진실을 정의한다. 진실은 사람이 아닌 암호 알고리즘과 수학에 의해 보장된다. 블록체인은 신뢰가 필요하지만 신뢰가 존재하지 않거나 존재하기 어려운 상황을 위해 설계되었다.

DID는 개인에게 통제권을 주고 필요에 따라 개인 데이터를 관리할 수 있게 한다. 따라서 블록체인의 기술과 DID(추후 영지식증명까지 포함)는 정교하게 설계되었을 때, 다양한 데이터 시나리오에서 데이터 개인정보 보호, 데이터 보안 및 데이터 기밀성을 위한 강력하고 유용한 신뢰 메커니즘으로 작용할 수 있다.

토큰과 디지털 자산

앞서 언급한 바와 같이 토큰화란 소유권에 대한 불변의 기록을 블록체인 분산원장에 생성해 실제 자산을 블록체인과 연결하는 것이다. 이러한 토큰화는 가상자산 또는 디지털 자산을 대상으로도 가능하다. 나아가 실제 세계 또는 디지털 세계에서 가치가 있는 자산이라면 이를 누구나 토큰화할 수 있다. 규제 환경의 적절한 뒷받침이 있다면, 거의 모든 실제 자산을 토큰화해서 디지털 자산으로 변환할 수 있다. 토큰화 과정을 거치고 나면 사람들은 이를 개인지갑에 전송할 수 있고, 중앙화 거래소(Coinbase, Binance 등)나 탈중앙화 거래소(Uniswap)를 통해 거래할 수 있다.

토큰화의 이점은 다음과 같다.

- 투자 전문가가 아닌 일반인이 평소에는 거래할 수 없었던 고가치 자산을 토큰 투자를 통해 거래할 수 있도록 투자 장벽을 낮추고 잠재 투자자의 풀을 확대할 수 있다.
- 부동산과 같이 일반적으로 유동성이 낮은 자산을 토큰화하는 경우 투자에 필요한 자금의 문턱을 낮출 수 있다.
- ERC20, ERC721, ERC1155와 같은 업계 표준의 스마트 계약을 사용함으로써 규제 환경에 적절히 대응할 수 있다. 성공적인 토큰화를 위해서는 디지털 자산과 관련한 법적 규제가 무엇인지를 파악하고 이를 준수하는

것이 필수적임을 유의해야 한다.

이처럼 다양한 자산의 토큰화는 자본의 확보, 유동성 증가를 가져온다. 또한 소유권을 민주화하고, 경제적으로 더 다양하고 폭넓은 계층의 투자자를 확보해 유저 풀을 넓힐 수 있다. 또 투명성이 상승하며, 다양한 트랜잭션을 자체 시행적인(Self-automatic) 블록체인 스마트 계약에 구현할 경우 법적 검토 및 리스크 관리 비용, 거래 시간 지연 등을 감소시킴으로써 효율성을 제고할 수 있다. 이렇듯 특정한 한 종류의 자산 유형(예 : 토지)에서 여러 자산 유형(자동차, 미술품, 선박 등)으로 확장되며 상호 호환과 교환이 가능하다는 이점이 있다.

다양한 자산의 토큰화

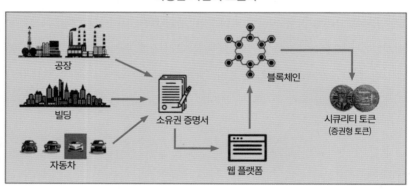

출처 : http://www.labzine.co.kr/resources/image/b03d3cfc-842c-4887-96b1-237d08b23a4d.pdf

토큰화의 실제 사례 몇 가지를 살펴보자.

귀금속의 토큰화

금, 은, 백금과 같은 귀금속은 수 세기 동안 가치 저장 수단이자 투자 수단으로 주목받았다. 특히 금은 유사 이래 인류 최고의 안전 자산이었다. 그러나 금과 같은 귀금속의 전통적인 소유 및 거래 시스템에는 많은 문제점이 있다. 자산관리, 보관 및 운송과 관련해서 특히 그러하다. 나아가 전 세계에 대부분의 금과 은은 국가의 중앙은행이 준비 자산으로 소유하고 있다. 일반에 유통되는 금의 경우에도 일반 투자자가 직접 금을 사고팔기는 어려우며, 대부분 금 관련 전문 중개인을 통해 거래가 이루어진다. 이러한 이유로 금 투자는 주식이나 채권 투자에 비해 유동성이 낮다고 할 수 있다. 시장에 거래 유동성이 부족한 경우, 시장 가격 형성이 어렵기 때문에 귀금속 전문 기업 또는 전문가와의 양자 계약을 통해 거래가 이루어질 수밖에 없으며, 이는 시장에 정보 비대칭성과 불투명성을 초래한다.

또 다른 문제점은 최소 투자 요건이 지나치게 높다는 데 있다. 이로 인해 시장에 참여할 수 있는 투자자 풀도 제한된다. 이에 더해 최근에는 원산지에서 생산 및 유통에 이르기까지 귀금속의 전 유통 과정에 대한 국제 규제가 날로 심화되고 있다.

귀금속 거래와 관련한 이런 문제들은 블록체인을 사용한 금 및 귀금속의 토큰화를 통해 해결할 수 있다. 토큰화는 부분 소유권의 이점을 제공해 투자자의 진입 장벽을 낮추고 소규모 투자자들에게 귀금속 시장에 참여할 수 있는 새로운 문을 열어줄 것이며, 이를 통해 귀금속 시장의 유동성이 향상될 것이다.

부동산의 토큰화

블록체인 기반 토큰화의 또 다른 사례는 부동산 자산이다. 부동산의 경우에는 특정 자산의 부분 소유권(또는 공동 소유권)과 관련한 블록체인을 활용한 토큰화가 중점을 이룬다. 이러한 부동산 토큰화에는 부동산 금융상품 및 증권 등의 디지털화가 포함된다.

블록체인 기반 스마트 계약을 통해 거래 내역 및 소유권 기록을 담아 디지털 자산을 프로그래밍할 수 있다. 또한, 부동산 자산의 발행, 배포, 이전과 관련한 규정 준수를 위한 규칙도 스마트 계약을 활용해 구현할 수 있다. 나아가 스마트 계약을 통해 특정 상대방에게만 토큰을 전송할 수 있도록 할 수도 있다.

산업별 자산의 토큰화

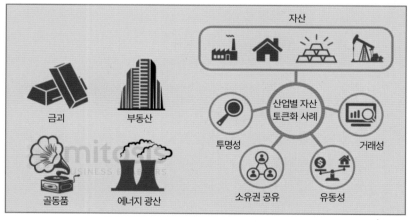

출처 : https://investors-corner.bnpparibas-am.com/markets/a-new-white-paper-tokenisation-of-alternative-investments/

부동산 토큰화 사례는 '엘리베이티드 리턴스(Elevated Returns)'를 통해 살펴볼 수 있다. 엘리베이티드 리턴스는 뉴욕에 위치한 자산관리 회사로서, 2018

년에 처음으로 부동산 토큰화 거래를 시작했다. 이 회사는 콜로라도 애스펀 (Aspen)에 위치한 세인트 레지스 리조트(St. Regis Resort)를 대상으로 이더리움 블록체인을 활용한 토큰을 발행해 1,800만 달러 상당의 거래를 성사시켰다.

엘리베이티드 리턴스는 세인트 레지스 리조트의 지분 절반 정도를 단일 형태로 매각할 계획을 가지고 있었으나, 그 후 토큰을 통해 18.9%의 지분을 판매하기로 결정했고, 템플럼마켓 LLP(Templum Markets LLP)와 협력해 인디고고 (Indiegogo : 크라우드 펀딩 사이트)를 통해 애스펀 코인(Aspen Coin)을 성공적으로 판매할 수 있었다.

이를 기점으로 엘리베이티드 리턴스(Elevated Returns)는 2019년에는 이더리움 대신 테조스 블록체인을 사용해 10억 달러 상당의 부동산 자산을 디지털화할 계획을 발표하기도 했다.

물류의 토큰화

물류 산업 역시 자산 토큰화의 좋은 사례이다. 물류 산업에서는 전통적으로 소유권 증명을 위해 선하증권(B/L, Bill of Lading)을 발행해 사용해왔다. 그러나 지금과 같은 형태의 선하증권은 분실되거나 잘못 발행된 경우에 배송 지연 또는 상품 회수와 같은 문제가 발생할 수 있다.

물류 분야 토큰화의 사례로는 앞에서 살펴본 선하증권의 문제를 해결하기 위해 블록체인 기반 토큰 시스템을 활용한 카고X(CargoX)를 들 수 있다. 카고X는 이더리움 블록체인 기반으로 스마트 선하증권(Smart B/L, Smart Bill of Lading) 시스템을 구축했다.

운송업체는 카고X가 구축한 블록체인 기반의 앱을 사용해 스마트 선하증권을 발행할 수 있다. 운송업체는 이렇게 발행한 스마트 선하증권을 수출업체에 전송하고, 수출업자는 수입업자로부터 대금을 수령한 후 스마트 선하증권 토큰의 소유권을 수입업자에게 양도할 수 있다. 그 후 수입업자는 스마트 선하증권 토큰을 운송인에게 보여줌으로써 물품의 소유권을 주장할 수 있는 것이다. 이러한 사례는 블록체인을 활용한 토큰화가 물류 분야의 혁신을 이루는 데 얼마나 큰 잠재력을 가지고 있는지 보여준다.

스마트시티 및 B2G(Business-to-Government) 정부 주도형 프로젝트

지난 수 세기 동안 전 세계의 사람들은 농촌에서 도시로 꾸준하게 때로는 급격하게 이주했다. 도시화는 저렴한 노동력 공급을 통해 경제 성장을 가능하게 했지만, 범죄와 공해, 빈곤, 소외, 질병과 같은 여러 가지 사회적 문제를 초래했다. 이촌 향도에 따른 도시화는 개발도상국과 선진국 모두에서 나타났지만 경제·정치·사회·환경 등의 차이에 따라 서로 다른 모습을 보이기도 했다. 이러한 도시화에 따른 여러 문제들은 단순히 기술만으로는 해결할 수 없기에 오늘날 블록체인이 대안으로 주목받고 있다.

전 세계적으로 도시들은 공통적으로 다음과 같은 문제에 직면해 있다.

- 환경오염
- 자원 부족 : 물, 전기, 하수 및 쓰레기 처리 용량
- 고비용의 비효율적인 에너지
- 교통체계 미비 및 교통체증
- 부패와 비효율적인 거버넌스(지하경제)
- 범죄와 공공 안전에 대한 위협
- 불충분한 의료 서비스
- 교육 시스템 실패

이러한 도시화의 문제를 '스마트시티'를 통해 해결하고자 하는 움직임이 IT 전문가, 교통전문가, 도시 계획가, 경제학자, 정책 입안자 등에게서 일기 시작했다. '스마트시티 운동'의 목표와 비전은 단순하고 명료하다. 바로 '시민을 위한 도시'를 만드는 것이다.

- 더 살기 좋은 도시
- 경제적으로 지속 가능한 성장을 이루는 도시
- 시민의 건강을 위한 도시
- 더 나은 자연 환경을 가진 도시
- 더 관리하기 편리한 도시

이를 위해 여러 가지 노력이 있었다. 그러나 그 결과는 사뭇 혼란스럽다. 다양한 출처를 통해 확인할 수 있었던 아래의 '글로벌 스마트시티 상위 10개 도시' 목록을 살펴보면 '스마트시티란 무엇인지'에 대해 그 기준조차 얼마나 불명확한지 알 수 있다. 볼드체로 표기된 도시들을 유의해서 살펴보라.

글로벌 스마트시티 상위 10개 도시

에덴 전략	매킨지 [A]	매킨지 [B]	포브스	2018 스마트시티 지수
1. 런던	1. 싱가포르	1. 런던	1. 뉴욕	1. 오덴세
2. 싱가포르	2. 뉴욕	2. 로스앤젤레스	2. 런던	2. 올보르
3. 서울	3. 서울	3. 뉴욕	3. 파리	3. 오울루
4. 뉴욕	4. 스톡홀름	4. 서울	4. 도쿄	4. 고게 정
5. 헬싱키	5. 암스테르담	5. 샌프란시스코	5. 레이캬비크	5. 스트라스부르
6. 몬트리올	6. 코펜하겐	6. 싱가포르	6. 싱가포르	6. 보르도
7. 보스턴	7. 샌프란시스코	7. 선전	7. 서울	7. 투르쿠
8. 멜버른	8. 바르셀로나	8. 두바이	8. 토론토	8. 니스
9. 바르셀로나	9. 상하이	9. 모스크바	9. 홍콩	9. 반타
10. 상하이	10. 시카고	10. 암스테르담	10. 암스테르담	10. 요엔수

앞의 결과만 본다면 서울은 스마트시티의 '상위 10개 도시 목록' 다섯 개 중 네 개에 포함되어 있다는 것을 확인할 수 있다. 그러나 교통체증과 대기오염, 경제적 미래를 걱정하고 있는 서울 시민들에게 이러한 결과에 대해 어떻게 생각하는지 직접 묻는다면 리스트에 포함되지 않은 다른 글로벌 도시와 크게 다르지 않은 문제를 겪고 있다는 대답을 들을 수 있을 것이다.

스마트시티에서 기술의 역할

스마트시티 운동은 정치인, 그리고 최근에는 IT 기업에 의해 주목받고 있다. 점점 더 기술이 정치적, 경제적으로 중요한 사회적인 거버넌스 문제를 해결하는 데 차지하는 비중이 커지고 있는 것이다.

이러한 흐름에서 IT 기업들은 다음과 같은 다양한 고난도의 기술에 도전하고 있다.

- 5G를 포함한 통신
- 스마트 빌딩, 조명 및 도로 등의 IoT 스마트 디바이스
- IoT를 위한 아날로그, 디지털의 멀티도메인 시스템 구현
- 빅데이터, 데이터 통합 및 데이터 허브 구축
- AI 및 예측 분석 시스템

그러나 단순히 기술 중심의 접근 방식만으로는 아직 큰 성공을 거두지 못하고 있다. 이는 사회적 문제와 기술 집약적 솔루션 간의 불일치에 일부분 기인한다. 지금까지 스마트시티를 위해 시도됐던 기술(센서, 통신, 데이터 저장 등)의 범위가 지나치게 좁았기 때문이다.

스마트시티를 위한 맞춤 기술, 블록체인

블록체인은 근본적으로 기존 기술과 다른 기술로서, 여기서는 블록체인이 어떠한 중요한 역할을 하는지 살펴본다.

블록체인 기반 솔루션은 도시 규모의 문제를 해결하는 데 상당한 잠재력을 가지고 있다. 블록체인 기술은 기존 IT 시스템을 넘어 사람 간, 기업 주체 간 경제적으로 강력한 상호작용을 아우르는 독보적인 기능을 제공한다. 또한 블록체인 기술은 결제, 행동, 데이터 등의 여러 범주를 포괄한다.

블록체인 기술은 본질적으로 P2P이며 동적 구성이 가능하므로 도시 규모 환경의 구성 요소들(사람, 건물, 차량, 기업, 디지털 인프라, 물리적 인프라) 간의 복잡한 상호작용에 대응할 수 있다. 스마트시티 구축 과정에서 블록체인 기반 시스템은 기존 시스템과 새로운 애플리케이션 모두에 신뢰와 불변성, 투명성, 안전성 및 검열 불가능성을 제공할 수 있다. 나아가 사회적으로 유익한 행동에 대한 토큰 기반 인센티브 제공도 가능하다.

먼저 도시가 무엇인지 정의해보자. 도시는 다음과 같은 요소들로 구성된 대규모 집합체로 볼 수 있다.

- 시민, 거주민, 방문객, 사업가, 법률 및 정책 입안자 등 다양한 역할을 수행하는 사람
- 건물, 토지, 부동산 등 다양한 유형의 고정식(이동하지 않는) 객체의 대규모 집합
- 대규모의 이동체 집합 : 차량과 운송 시스템
- 개체와 사람을 연결하는 물리적 커넥티브 인프라 : 도로 및 교통 네트워크
- 개체와 사람을 활용하는 프로세스를 가능케 하는 디지털 커넥티브 인프

라
- 커뮤니티 참여, 투표 등 미래에 대한 사회적 결정을 가능하게 하는 거버 넌스 관련 커넥티브 인프라

모든 기술에는 한계가 있지만 블록체인 기술은 도시 문제 해결을 위해 적합한 기술로서 다음과 같은 문제를 해결할 수 있다.

- 사람과 기업 간의 복잡한 대규모 상호작용 관리
- 정치적 의사의 위변조 방지 가능성 확보를 통해 광범위한 민주적 참여 유도
- 유익한 사회적 행동을 촉진할 수 있는 시장 중심 인센티브 제공
- 지속가능한 경제 발전을 위해 특별히 구축된 시장 설계 및 창출
- 자금, 정보, 물리적 재화 간의 복잡하고 다양한 흐름을 통합하고 상호 운용성 확보

그렇다면 스마트시티 비전의 실현을 방해하는 것은 무엇인가?

아마도 스마트시티 이니셔티브의 성공을 방해하는 주요한 장애 요인으로는 기술 간의 시너지 효과를 고려하지 않고 특정 기술(예 : 5G)에만 과도하게 집중하거나, 복잡한 비기술적 요인(경제, 사회, 정치, 역사, 문화)은 외면한 채 기술만으로도 문제 해결이 가능하다고 생각하는 것을 꼽을 수 있을 것이다. 그러나 이에 그치지 않고 몇 가지 다른 요인들도 있다.

① 고립된 데이터 구조

일반적으로 시민 관련 데이터(개인정보)와 비즈니스 데이터는 서로 격리되어 보관된다. 이렇게 서로 격리된 데이터 시스템을 통합하는 데는 비용과 보안 문제가 있으며, 바로 이러한 문제로 인해 스마트시티 구축에 있어 장애 요인이 된다.

② 신뢰 구축의 어려움

스마트시티 구축을 위해서는 공공 부문과 민간 부문의 참여자들이 함께 뭉쳐야 한다. 그러나 이러한 효과적인 협업에 필요한 신뢰를 구축하고 유지하는 것은 쉬운 문제가 아니라서 프로젝트가 중단되는 경우가 많다.

③ 인센티브 구조의 유연성 부족

시 행정 당국과 기존 금융 시스템에서 이용할 수 있는 인센티브 구조는 스마트시티 구축 과정에서 활용할 수 있는 소액 투자 및 지역 보상 같은 수단들을 채택할 수 있을 만큼 유연하지도 유동적이지도 않다.

④ 개인정보 보호 및 보안에 대한 우려

개인정보 보호 및 보안 문제에 대해 시민의 의식 수준이 향상되면서 이에 대한 우려 역시 계속 커지고 있다. 이는 스마트시티 구축에서 필요한 데이터 공유에 있어 장애 요인이 될 수 있다.

도시의 블록체인 활용 사례

블록체인 기술이 도움이 될 수 있는 몇 가지 활용 사례를 다음과 같이 소개한다.

도시와 블록체인 결합의 단계별 진화

<table>
<tr><th></th><th>특징</th><th>기능</th><th>적용 사례</th></tr>
<tr><td>티어3:
전통적인
디지털 인프라</td><td>확장 가능한 트랜잭션, 확장 가능한 데이터/상태 스토리지, 사일로 프라이빗</td><td>정보 및 데이터 저장. 블록체인 시스템 연결을 위한 오라클</td><td>의료 기록, 금융 서비스, 공공 기록 등의 데이터베이스</td></tr>
<tr><td>티어2:
도시 블록체인
네트워크</td><td>확장 가능한 처리량, 다수 검증자와 BFT 합의. 티어1 및 티어3 연결</td><td>티어1과 티어3 간 조정. 애플리케이션 레이어 로직 호스팅 및 실행</td><td>검증인, 클라이언트용 지갑, 가치 교환 및 감사 기능이 필요한 도시별 애플리케이션</td></tr>
<tr><td>티어1:
이더리움
메인넷</td><td>탈중앙화. 높은 내결함성. 높은 보안성. 공개 감사 및 검증 가능</td><td>가치 있는 공공 데이터 자산 추적/저장. 고가치 자산 및 자격 증명, 휴대용 ID 시스템, 보안에 중요한 거버넌스 시스템</td><td>고가치 자산 및 자격 증명. 휴대용 ID 시스템. 보안에 중요한 거버넌스 시스템</td></tr>
</table>

(왼쪽 세로축: 확장성 증가, 오른쪽 세로축: 확장성 감소)

도시의 진화를 위해 블록체인이 활용될 수 있는 분야가 무엇인지 살펴보자.

• 신원

당신의 도시는 거주자와 방문객의 신분을 어떻게 관리하는가? 사람들은 어떻게 자신의 신분을 증명할까? 그들의 신원은 어떻게 확인되는가?

• 토지 및 재산

당신의 도시는 토지와 재산을 관리하기 위해 어떤 도구와 시스템을 가지고 있는가? 이해당사자들은 이러한 시스템을 통해 어떻게 이익을 얻을 수 있는가?

• 교통 및 이동성

당신의 도시 주변에서는 사람들이 어떻게 움직이는가? 대중교통에 의존하는가, 아니면 개인 차량에 의존하는가? 누군가가 A지점에서 B지점으로 가는 것이 얼마나 쉬운가?

- 커뮤니티 및 거버넌스

거주자들은 그들이 사는 공간을 어떻게 통제하는가? 거주자들은 공동체 의식과 주인의식을 형성하기 위해 그들의 도시와 어떻게 상호작용하는가?

- 에너지 및 유틸리티

거주자들은 공공요금을 어떻게 지불하는가? 도시 전역에 공공요금이 어떻게 분포되어 있는가? 사람들이 서로 공과금을 거래할 수 있을까?

디지털 아이덴티티 사용 사례
① 시민 프로필

거주자가 서비스 및 응용 프로그램과 상호작용하기 위한 범용 프로파일을 만들 수 있다. 블록체인 기술로 탈중앙화된 사용자 프로필을 만들 수 있다. 사용자가 제어하는 휴대용 신분증을 상상해보자. 이는 사람들이 자신의 정체성을 자신이 공유하고 싶은 사람과만 공유할 수 있게 되는 반면, 서비스와 애플리케이션은 이러한 시민 프로필을 신뢰하고 검증할 수 있게 된다는 것을 의미한다.

② 자격증명

다양한 도메인에 대한 자격증명을 배포하고 확인하는 간단한 방법을 만들 수 있다. 시민 프로필과 함께 블록체인 기술을 활용해 더욱 쉽게 인증할 수 있다. 블록체인 네트워크의 데이터는 공개적이고 불변하기 때문에 복잡하고 관료적인 과정을 거쳐야 하는 자격증을 쉽게 발급, 취소, 검증할 수 있다. 잠재적 자격증명에는 빌딩 인증서, 산업 인증서 및 대학 학위가 포함될 수 있다.

③ 스마트 지갑

디지털 자산을 저장하고 관리하기 위한 사용자 친화적인 디지털 지갑을 구축한다. 블록체인은 사용하기 쉬운 셀프 디지털 지갑을 가능하게 한다. QR코드, 긴 개인 키, 시드 문구(seed phrase) 없이도 사용자가 디지털 자산, 시민 프로필, 신원 등을 완벽하게 제어할 수 있다는 의미다. 대신, 우리는 다요소 인증(Multi-Factor Authentication, MFA), 키 복구, 간단한 사용자 이름으로 지갑을 만들 수 있다.

토지 및 재산에 관한 활용 사례

① 부분 부동산

부동산 소유에 대한 보다 접근하기 쉬운 경로를 만든다.

블록체인은 부분 부동산을 포함한 새로운 종류의 자산 표현을 가능하게 한다. 토큰화되고 부분적인 부동산을 통해 도시는 이전에 소위 자산 계층인 매우 부유한 계층으로 제한되었던 부동산 투자 기회에 대한 접근성을 높일 수 있다. 도시에 대한 소유권을 증가시키는 것은 더 나은 재정적 보안과 지역 사회와의 연결을 확립할 수 있다.

② 토지 소유권 등록부

자산 소유권을 쉽게 기록, 확인 및 이전할 수 있다.

도시, 특히 빠르게 성장하고 있는 도시에서는 누가 어떤 재산을 소유하는지 추적하기가 어려울 수 있다. 블록체인은 투명하고, 감사(監査)할 수 있으며, 가치를 이전하는 데 매우 유용하다. 즉, 토지 소유권 등기부가 효과적이되는 데 필요한 것이 정확히 무엇인지에 대해 설명하고, 스마트 계약을 통해 자동화된 신고와 준수로 도시가 토지 및 재산 소유권을 추적할 수 있도록 도와준다.

③ 지주 토큰 기반 등록부

임대인의 투명성을 높이기 위해 집주인을 위한 새로운 평판 시스템을 설계한다.

블록체인은 토큰 큐레이션 레지스트리(TCR)와 같은 평판 시스템을 가능하게 할 수 있다. TCR에서 자산은 목록을 관리하기 위해 생성되고, 자산 보유자는 기본적으로 목록에 오를 사람을 결정하기 위해 투표한다. 이러한 시스템을 통해 TCR은 유용한 정보를 표면화하는 데 사용될 수 있다. 예를 들어, 임대인은 기존 임대인이 찾기 어려운 정보인 좋은 집주인의 목록을 관리하는 토큰을 보유할 수 있다.

도시 블록체인이 갖는 각 특징과 그 예시

단계	이름	설명	예
8	상호운용성	서로 다른 블록체인 레지스트리 병합	없음
7	P2P 트랜잭션	권리는 4단계 시스템에서 중개자 없이 거래됨	없음
6	권리 분할	주어진 대상에 대한 권리를 블록체인을 통해 분할적으로 관리	ConsenSys, Herbor
5	권리 세분화	하나의 대상에 대한 다양한 권리를 블록체인을 통해 세분화해서 관리	없음
4	블록체인 레지스트리	중앙 데이터베이스를 허가된 블록체인으로 대체	두바이, 조지아주
3	스마트 에스크로	스마트 계약을 사용해 에스크로 지불	Propy
2	스마트 워크플로우	블록체인을 사용해 거래 진행 상황 기록	스웨덴, 두바이 부동산 (Landstream)
1	블록체인 기록	퍼블릭 블록체인을 활용해 토지 거래 관련 문서 기록	브라질, 조지아, 두바이
0	통합 없음	블록체인을 사용하지 않음	세계의 대부분

교통 및 이동수단 활용 사례
① 현대식 결제가 적용된 양도 가능한 티켓
여행객이 서로 다른 환승 시스템을 통해 티켓을 양도할 수 있다.

환승 티켓은 블록체인 네트워크에서 대표할 수 있어 이용자들이 사용하지 않는 티켓을 서로 간에 양도할 수 있다. 마찬가지로 한 환승 시스템에 적재된 가치는 상호 운용 가능한 시스템을 통해 다른 환승 시스템으로 옮겨질 수 있다. 이 모든 것이 현대식 모바일 디지털 결제 시스템과 함께 블록체인 위에 구축될 수 있다.

② 상호 운용 가능한 교통 체계 인프라

자전거 및 승차 공유를 포함한 다양한 교통수단을 위한 개방형 네트워크를 구축한다.

자전거와 승차 공유의 부상은 도시의 풍경을 완전히 바꾸어놓았다. 도시들은 블록체인을 이용해 이들 시스템을 위한 개방형 프로토콜을 구축할 수 있어 누구나 블록체인을 기반으로 접근할 수 있다. 이것은 이러한 산업의 최초 서비스 제공자들이 독점적으로 누리고 있는 네트워크 효과로부터 도시가 벗어날 수 있다는 것을 의미한다. 대신에 승차 공유 서비스와 자전거 공유 서비스는 사용자에게 가장 큰 가치를 제공하기 위해 서로 경쟁할 것이다.

③ 인센티브화된 이동성 및 운송 행위

새로운 인센티브 시스템을 설계해 모빌리티 행동을 개선한다.

블록체인은 다른 종류의 행동을 장려하는 새로운 종류의 경제 시스템을

도시 교통수단에 블록체인 도입 시 기대효과

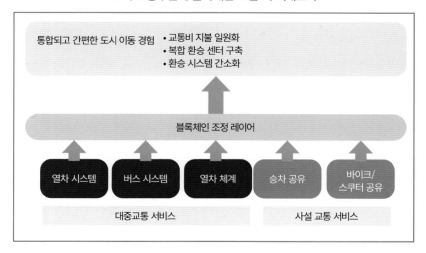

만드는 데 사용될 수 있다. 예를 들어, 도시는 지도 정보를 크라우드소싱하거나 다른 도로 문제에 대한 보고를 위한 토큰 기반 인센티브 시스템을 설계할 수 있다. 블록체인은 이러한 실험 시스템을 제삼자 없이도 규모에 맞게 배치, 수정, 업그레이드할 수 있도록 한다.

블록체인이 접목된 도시 교통수단의 특징

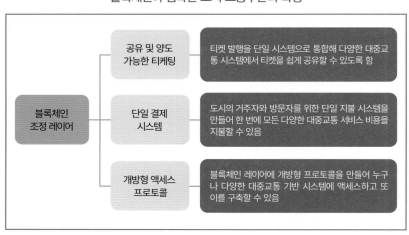

커뮤니티 및 거버넌스의 활용 사례
① 토큰화된 경험
고유한 참여 모델을 가진 새롭고 게임화된 기능으로 경험을 만들어볼 수 있다.

토큰화 추세는 엔터테인먼트 세계로 확장될 수 있으며, 도시는 콘서트, 스포츠 이벤트, 도시 축제에 대한 새로운 참여 모델을 만들 수 있다. 블록체인은 토큰, 로열티 시스템, 컬렉터블을 통해 완전히 새로운 방식으로 팬들을 참여시키는 새로운 종류의 경험을 창조하기 위해 사용될 것이다.

② 도시 암호 수집품

관광객과 아이들이 도시에 참여할 수 있는 수집 가능한 게임을 만들 수 있다. 고정되지 않는 토큰을 통해 도시는 거주자, 관광객, 그리고 아이들을 참여시키기 위해 도시 전역에 수집품을 만들어놓을 수 있다. 다른 수집품들은 역사적 기념물을 방문하거나 도시 공원에서 지역 야생동물을 식별하는 것과 같은 다양한 성과를 나타낼 수 있다. 수집품은 사람들 사이에서 거래될 수 있고, 동시에 흥미로운 새로운 게임과 경험을 만들기 위해 결합될 수 있다.

③ 유권자 등록

유권자 등록을 위한 보다 쉬운 프로세스를 구축해 정치 참여를 용이하게 한다. 많은 도시에서 유권자 등록 과정은 완전한 공개를 원칙으로 한다. 그러나 그 등록에는 시간이 많이 소요되는 등 비효율적인 요소가 있다. 즉, 유권자 등록 과정은 공개되어 있지만, 유권자 등록을 위해 신원을 확인하는 방법이 여전히 오래된 구식의 전통 방식을 따르는 것이 문제다. 이러한 측면에서 공식적인 온체인 아이덴티티를 통해 블록체인 기술의 검증 가능성을 활용하면 유권자 등록을 간소화할 수 있다.

④ 커뮤니티 투표 및 시그널

공동체 구성원들이 그들이 어떻게 통치되기를 원하는지 더 나은 신호를 보낼 수 있도록 허용하는 것이다. 블록체인을 통해 주민들이 다양한 이슈와 우선순위에 대해 투표하는 데 활용할 수 있는 커뮤니티 거버넌스 토큰을 만들 수 있다. 시민들이 무엇을 원하는지 추측하기보다는 직접 참여하고 그들의 의견을 직접 들을 수 있는 애플리케이션을 만든다. 2차 투표와 같은 고급 시스템을 사용하면 이진 폴링 시스템을 사용하는 대신 거주자가 원하는 바를 더 정확하게 파악할 수 있다.

⑤ 크라우드펀딩 커뮤니티 프로젝트

공동체 구성원들이 그들에게 중요한 프로젝트를 위한 자금을 크라우드펀딩할 수 있도록 허용하는 것이다. 직접 가치 이전을 지원함으로써 블록체인을 손쉽게 활용해 크라우드펀딩 플랫폼을 만들 수 있다. 새로운 종류의 금융상품으로, 우리는 정부 프로젝트를 위한 새로운 종류의 자금 조달 메커니즘을 구축할 수 있다. 예를 들어 우리는 도시가 지방채권을 더 쉽게 팔 수 있도록 하는 한편, 진입 장벽을 낮춰서 이러한 채권에 대한 접근성을 높일 수 있다.

⑥ 로열티 네트워크

지역사회 구성원들이 지역 기업을 지원하도록 장려하는 시스템을 만들 수 있다. 블록체인은 로열티 네트워크를 포함한 새로운 종류의 네트워크를 만드는 데 매우 좋다. 이더리움이나 다른 퍼블릭 블록체인과 같은 오픈 플랫폼에 시스템을 구축함으로써 커뮤니티 내 소규모 기업을 위한 보상 네트워크를 구축할 수 있다. 중소기업을 함께 연결함으로써 대기업이 고객층 구축에 활용하는 다양한 보상 프로그램과 인센티브 제도로 경쟁할 수 있다.

에너지 및 환경 활용 사례
① 에너지 그리드 결제 및 거래

점점 더 피어투피어 에너지 그리드를 반영하는 지불 시스템을 구축한다. 에너지 망이 변하고 있다. 태양 에너지와 다른 분산 에너지원의 증가는 우리의 에너지 망이 점점 더 피어투피어(peer to peer) 되어가고 있다는 것을 의미한다. 사람들은 그 어느 때보다도 더 많은 에너지를 생산해 전력망에 되팔고 있다. 블록체인을 활용하면 증가하는 에너지 시스템의 복잡성을 효율적으로 관리하는 동시에 임대료를 추구하는 제삼자를 제거하는 결제·거래 시스템을 구축할 수 있다.

② 탄소 배출권 거래

탄소 상쇄 크레디트 시장을 조성해 에너지 절약 프로젝트를 장려한다. 탄소 상쇄 크레디트는 한동안 다양한 성공도를 보이며 존재해왔다. 블록체인을 통해 스마트 컨트랙트 및 서로 다른 문서 확인 서비스로 이러한 크레디트를 생성하고 검증하고 거래하는 과정을 간소화할 수 있다. 우리는 이 탄소 배출권을 더 쉽게 거래하고 판매할 수 있고, 탄소 배출권 판매가 쉬워질수록 이를 얻기 위해 필요한 변경 사항을 이행할 가능성이 커진다.

③ 상품화 및 무역

새로운 종류의 상품 시장을 창출해 물(상하수도)과 같은 공공재도 거래 가능한 자산이 될 수 있다. 우리는 다양한 다른 유틸리티의 상품화를 보아왔다. 다음 몇십 년간의 추세 중 하나는 물의 상품화가 될 것이다. 블록체인은 물(및 기타 유틸리티)을 상품 자산으로 안전하게 표현해서 도시가 그 주변에 새로운 종류의 시장을 건설할 수 있게 한다. 블록체인이 제공하는 투명성과 결합하면, 이러한 새로운 상품 시장은 그 어느 때보다 접근성과 효율성이 높아질 것이다.

8

블록체인과 헬스케어

우리 삶과 밀접한 헬스케어는 국가 경제에서 주요 부분을 차지하고 있다. 각 국가의 의료 시스템은 상이해서 이를 직접적으로 비교하기는 힘들지만, 미국의 경우를 살펴보면 헬스케어 분야가 미국 경제의 약 5분의 1을 차지하고 있다. 미국의 연간 의료 지출은 약 4조 달러에 이르고, 1인당 지출은 연간 약 1만 2,000달러에 달한다. 그 같은 지출 규모는 10년 내에 두 배로 늘어날 것으로 예측하고 있다. 미국 자동차 회사인 제너럴모터스(General Motors)의 경우 생산하는 차량 한 대당 1,525달러가 근로자의 헬스케어 비용으로 사용되고 있으며, 이는 차량 한 대를 생산하는 데 들어가는 강철 원자재 비용보다 많다.

의료 시스템에서 자금 흐름은 매우 중요하다. 일부 국가(특히 미국)에서는 결제 시스템이 파편화(fragmented)되어 있고 매우 복잡해 사기의 가능성이 존재한다. 바로 블록체인 기술이 긍정적인 영향을 미칠 수 있는 분야다. 또한, 결제 영역 외에도 블록체인 기술로 해결할 수 있는 여러 문제가 있다.

환자의 의료기록 문제

환자의 의료기록 분야도 블록체인 기술로 해결할 수 있는 영역이다. 아직도 많은 국가에서 의료 데이터의 디지털화는 부분적으로만 진행되어 있어서 의료 관련 기록들이 여기저기 흩어져 있다. 잠재적으로 생명을 구하는 데 직접적으로 도움을 줄 수 있는 중요한 의료 데이터들이 서로 다른 시스템에 저장되어 있기 때문에 의료진이 이에 접근하는 데 제약이 많은 상황이다. 종종 환자는 의료기록의 일부를 잃어버리거나, 자신의 의료기록을 의료 기관으로부터 데이터 손상에 취약한 물리적 형태(진단서, 소견서, X-Ray 필름, 검사결과지 등)로 발급받아 타 의료기관에 제출해야 하는 불편을 겪고 있다.

2016년 존스홉킨스 대학의 발표에 따르면, 치료가 계획대로 수행, 완료되지 않았거나 환자의 의료기록이 누락되거나 오류가 있거나 하는 등의 문제가 미국에서 환자의 주요 사망 원인 중 세 번째에 해당한다고 한다. 블록체인 기술은 변경할 수 없는 기록을 제공하고 환자 데이터의 '자기 주권'(사용자가 제어하는 데이터) 실현을 가능케 함으로써 이러한 문제를 해결하는 데 도움이 될 수 있다.

데이터의 신뢰성

또 다른 문제는 의료 분야에서 데이터의 신뢰성과 무결성이 매우 중요하다는 점이다. 예를 들어, 의료 제공자가 서명하여 보험사에 제출한 의료기록이 실제 의료진에 의해 작성된 것인지 그 진위를 판별하는 것은 그 신뢰성에 있어서 가장 중요한 문제다. 실험실에서의 테스트 결과가 신뢰할 수 있는 장치 또는 의료 기기를 통해 산출된 것이며, 그 데이터가 변경되지 않았음을 확인하는 것 또한 중요하다. 블록체인 기술이 필수적인 역할을 할 수 있는 영역이다.

의약품 공급망에서 위조 의약품 문제

의료 부문, 특히 제약 산업에서 또 다른 문제는 의약품 공급망에서 위조품이 유통되거나 회색시장이 존재한다는 것이다. 위조 의약품은 환자의 건강에 치명적인 영향을 미칠 수 있다. 따라서 의약품 공급망에서도 블록체인 기술은 중요한 역할을 할 수 있다. 블록체인 기반 시스템을 통해 의약품 공급망에서 제조 및 유통 과정 각 단계마다 이력을 추적할 수 있어, 의료진과 환자 모두 자신이 소비하는 의약품에 대한 투명성과 신뢰성을 확보할 수 있다. 의약품뿐 아니라 의료 기기에도 위조 관련 문제가 있다. 의약품 공급망에서 위조 문제는 앞으로 원격의료 등 홈 모니터링이 증가함에 따라 더욱 중요한 이슈로 떠오를 것이다. 나아가 이러한 위조품 문제는 의약품에 그치지 않고 자동차 부품이나 사치품과 같은 다른 제조 분야에서도 발견할 수 있다.

블록체인 기술의 활용 방법

다음은 헬스케어와 관련해 블록체인 기술이 어떤 역할을 할 수 있는지에 대한 간단한 요약이다.

- 추적/등록 : 데이터에 대한 비대칭적인 권한을 가진 당사자가 없도록 변경할 수 없는 투명한 방식으로 정보와 데이터를 기록한다.
- 데이터 액세스/전송 : '진실'한 정보의 공유를 위해 여러 당사자 간의 데이터 전송을 용이하게 한다.

- 신원/인증 : 민감한 정보를 누설하지 않으면서 인증 또는 확인을 위해 신원 관련 정보를 확인할 수 있는 기능을 제공한다.
- 지불 및 정산 : 실시간 지불 및 거래를 가능하게 한다. 재화/수익의 이동 또는 서비스/자산의 이용을 기록해 수익 정산을 할 수 있다.
- 토큰 교환 : 여러 당사자 간에 거래되는 내재 가치가 있는 가상 통화/토큰을 사회적으로 유익한 행동(예: 영양 개선, 건강 운동, 흡연과 같은 건강에 해로운 습관 방지)을 위해 생태계 또는 커뮤니티 참가자에게 인센티브로 제공하는 데 사용할 수 있다.

헬스케어 활용 사례

아래에서는 헬스케어 분야에서 블록체인의 대표적인 사용 사례에 대해 살펴보겠다.

투명한 공급망

위조 의약품으로 인해 매년 수만 명이 사망하는 것으로 추산된다. 개발도상국에서는 시중의 약국에서 유통, 판매되는 약의 약 10~30%가 실제로 위조 의약품이며, 의약품 추적 및 검증과 관련해 포장, 운송 및 지방 정부 규정 등 다양한 곳에서 그 문제가 발견되고 있다.

메디레저(MediLedger) 네트워크는 헬스케어, 제약 및 생명과학 산업 분야를 위한 블록체인 기반 네트워크로 2019년에 시작되었으며, 공급망에서의 제품 검증부터 거래 및 비즈니스 프로세스를 포함한 부분까지 확장되었다.

메디레저 네트워크는 이더리움 블록체인 플랫폼에 구축된 프라이빗 블록체인 네트워크다. 업계 관계자들에 의해 운영되기 때문에 현재로서는 토큰이나 암호화폐와는 관련이 없다. 네트워크의 관리 주체는 미국에 기반을 둔 크로니클드(Chronicled)사이다. 메디레저 네트워크에서 거래 파트너는 블록체인의 스마트 계약 프로그램에 의해 자동으로 시행되는 규칙에 따라 직접 상호 간 비즈니스를 수행한다. 크로니클드는 참가자를 지원하고 네트워크를 개선하며 솔루션을 고도화하고 있다.

메디레저는 2019년 11월 발효된 미국 정부 규정인 미국 의약품 공급망 보안법(US Drug Supply Chain Security Act, DSCSA)의 핵심 요구사항을 충족시키기 위해 크로니클드에서 개발했다. 메디레저는 미국 내 도매유통업체가 처방 의약품을 반품 및 재판매하기 전에 검증해서 위조 의약품이 공급망에 유입되는 것을 막고자 한다. 제약 부문에서 판매 가능한 반품의 80% 이상을 처리하고 있다. 네트워크 참가자에는 제조업체, 도매 유통업체 및 소프트웨어 서비스 제공업체와 같은 제약 산업의 다양한 구성원이 포함된다. 네트워크의 각 구성원은 블록체인 기반 소프트웨어를 실행하고 공통 프로토콜을 통해 다른 참가자와 상호작용한다.

여기에서도 개인정보 보호가 가장 중요한 문제로, 크로니클드는 영지식 스나크(zk-SNARK) 기술을 패리티 이더리움(Parity Ethereum)과 결합해 이 문제를 해결했다. 이를 통해 네트워크의 모든 참가자가 원시 트랜잭션 데이터를 제어할 수 있도록 하는 동시에, 트랜잭션에 대한 증명을 체인에 기록할 수 있게 했다.

영국의 의약품 공급망

파마트러스트(FarmaTrust)는 영국 런던에 본사를 둔 회사로, 의약품의 유통 간 출처를 제공하기 위해 다면 시스템을 구축하고 있다. 추적 시스템은 이더리움 블록체인을 기반으로 하며, 데이터는 변경 불가능하고 손상되지 않기 때문에 데이터 무결성이 보장된다.

2021년 9월, 영국의 공공 및 민간 기업 컨소시엄은 블록체인 인프라를 활용할 제약산업의 새로운 디지털 공급망을 만들겠다는 계획을 발표했다. 여기에 파마트러스트가 기술 지원을 담당했다. 이 프로젝트는 영국 정부의 디지털 제조 이니셔티브인 메이드 스마터(Made Smarter)와 결합된 프로그램으로서, 이 프로젝트를 위해 컨소시엄에 5,300만 파운드를 지원했다. 업계에서는 지멘스(Siemens), 글락소스미스클라인(GlaxoSmithKline), 아스트라제네카(AstraZeneca)와 같은 제약 제조업체 및 공급업체가 파트너로 참여했다.

영국 정부 프로젝트의 목표는 처방전을 의약품 제조 공장에서 환자에게 직접 보낼 수 있도록 해서 보안과 투명성을 높이고 보다 개인화된 접근 방식을 제공하는 것이다. 디지털화된 시스템을 사용하면 제품이 어디에 있었는지, 얼마나 오랫동안 어떤 조건에서 있었는지 등 공급망의 모든 측면을 투명하게 확인할 수 있다.

이외에 영국 정부 프로젝트와 별개로 파마트러스트에서 개발 중인 야심찬 시스템이 있다.

파마트러스트의 시스템은 네 가지 섹션으로 나눌 수 있다.

1. 규제 준수 : 제약회사가 정부가 정한 가이드라인 내에서 업무를 수행하도록 함으로써 도움을 준다.

2. 트랙 앤드 트레이스(Track and Trace) : 블록체인을 사용하여 재고를 관리한다.

3. 공급망 투명성 : 어떤 방식으로든 의약품이 변경되었을 때를 추적한다.

4. 소비자 신뢰(Consumer Confidence) 앱 : 마지막으로, 고객은 소비자 신뢰(Consumer Confidence) 앱을 통해 의약품의 유통기한을 확인할 수 있다.

기술적인 측면

• 다양한 레거시 시스템 데이터 집계
• 블록체인에 불변의 기록을 생성해서 데이터 무결성을 보장해 규제 기관 친화적

- 머신 러닝/AI 서비스를 사용해서 보다 효과적인 수요 계획 및 관리와 같은 활용 방안에 대한 데이터 통찰력 제공

비즈니스 측면
- 회사 프로세스 및 절차의 디지털화 및 현대화 지원
- 프로세스 자동화를 통한 비용 절감
- 빠르고 정확한 제품 리콜 프로세스 지원
- 제품 반품을 간소화해서 비용과 사기 감소

혜택
- 규정 준수 활성화(FMD/DSCSA)
- 위조 약물 및 표준 이하 제품의 퇴출
- 법규 집행 통지 자동화

트랙 앤드 트레이스(Track and Trace) 프로세스는 다음과 같다. 각 정품 약품 패킷에는 고유한 키 ID가 부여된다. 유통의 각 단계에서 안전하게 암호화된 로그가 모든 이동 경로를 추적한다. 이를 통해 배송업체와 판매자는 각 단계에서 이 약이 무엇인지, 어디에서 왔는지 등 모든 단계에서 그 행선지를 알 수 있다. 암호화된 블록체인 기술을 사용하면 각 약물 패킷에 이러한 내용의 변조 방지 데이터 기록을 부여할 수 있다.

약품 데이터를 안전하게 유지하는 것 외에도 파마트러스트는 회계 및 배송 소프트웨어와 통합된 주문형 보고서 형식의 액세스를 제공한다. 이를 통해 당사자들은 의약품의 수령 여부를 확인하고 배송을 정확하게 확인할 수 있다.

다른 시스템(예: 메디레저)과 달리 파마트러스트 시스템은 관련 코인 또는 토큰이 있다. 이더리움 기반 토큰으로 FTT라고 불리며, 2018년 7월 ICO와 함께 출시되었다. 현재 이 코인은 주요 거래소에 상장되어 있지는 않다.

환자 중심의 전자 건강 기록(EHR)

앞서 언급한 바와 같이 환자의 의료기록에는 파편화된 데이터의 고립, 수동적 프로세스, 부족한 디지털화, 복잡한 비즈니스 관계 및 데이터 기록 구조, 부적절한 표준 등 많은 문제가 있다.

블록체인 기술은 이러한 문제들에 대해 개선 가능성을 제시한다. 지난 수년간 블록체인 기술을 사용한 전자 건강 기록(EHR, Electronic Health Record) 또는 전자 의료기록(EMR, Electronic Medical Record)을 지원하기 위한 여러 프로젝트가 있었다. 이러한 프로젝트의 비전은 기존의 EHR 소프트웨어와 연계되어 환자의 기록을 한눈에 볼 수 있는 중요한 단일 뷰 역할을 할 수 있는 의료기록을 제공하는 것이다. 실제 환자 데이터는 블록체인에 기록되지 않고 대신 기록의 '디지털 지문'만 저장되며, 실제 데이터에 대한 프록시 역할을 하고 추적 및 진위를 판단하게 하는 고유한 암호화 해시 값이 부여된다. 이것은 의료기록뿐만 아니라 블록체인 산업 전반에 걸쳐 널리 사용되는 표준 기술이다. 그 이유는 블록체인 기술이 의료기록이나 기타 엔터프라이즈 애플리케이션에 저장된 데이터 항목의 복잡한 관계를 처리할 수 없는 좁은 범위의 저장 메커니즘만 제공하기 때문이다. 또한 개인정보 보호 문제라든지 데이터가 저장되는 지리적 위치를 제한하는 GDPR과 같은 데이터 규정을 준수해야 할 필요성이 있기 때문이다.

블록체인 지원 EHR 시스템의 비전은 다음과 같다.

- 환자와 의료 제공자에게 더 나은 경험을 제공할 수 있는 환자의 의료기록에 대한 포괄적인 단일 정보 소스
- 의료기록에 대한 액세스를 추적하여 기록이 업데이트되면 알림이 전송되

도록 해서 개인 데이터가 의료 기관 또는 다른 사람과 공유될 때마다 환자로부터 명시적인 동의를 구해야 한다. 또한 환자는 자신의 의료기록(또는 그 일부)을 연구원과 공유하고 제3자가 의료 정보에 액세스할 수 있는 기간에 대한 제한을 설정할 수 있다.

- 의료 보험사는 중개자의 시간과 비용을 추가로 필요로 하지 않고, 환자로부터 직접 의료 서비스에 대한 즉각적인 검증 및 확인을 받을 수 있다.

훨씬 더 완전하고 디지털화되어 공유 가능한 환자 의료기록이 출현하여 보다 발전된 분석을 촉진함으로써 의료 시장에 긍정적인 영향을 미칠 것으로 기대하고 있다. 예를 들어, 개인맞춤형 의료는 유망한 분야이지만 양질의 데이터가 부족해 발전이 지연되고 있다. 보다 신뢰할 수 있는 광범위한 인구 수준의 데이터에 대한 액세스는, 대상 의약품에 대한 보다 강력하고 세분화된 분석을 가능케 할 것이다.

EHR의 사용 사례와 관련해 2016년의 한 가지 선구적인 노력은 메사추세츠 공과 대학(MIT)의 미디어연구소가 이스라엘 의료센터, 로버트 우드 존슨 재단과 공동으로 진행한 프로젝트인 메드렉 2.0(MedRec 2.0)이다.

이더리움 블록체인을 기반으로 구축된 메드렉 2.0은 환자의 모든 정보를 한 곳에 저장해 환자와 의사가 보다 쉽게 의료기록을 확인할 수 있도록 했다. 현재 설계 단계에서는 공급자가 권한 증명(PoA, Proof of Authority) 합의 메커니즘과 함께 프라이빗 블록체인을 사용한다. 코드는 오픈 소스이며 개발자들이 널리 사용하고 있는 소스 코드 저장소인 깃허브(Github)를 통해 이를 사용할 수 있다.

다른 EHR 프로젝트에는 타이베이 의과대학 병원과 DTCO(디지털 재무 공사)의 phrOS가 있다. 이 프로젝트는 X-Ray를 포함한 환자의 의료 데이터를 블록체인을 사용해 추적한다. 의사와 환자는 모바일 앱으로 정보를 확인할 수 있다.

또 다른 EHR 프로젝트는 2018년 6월에 출시된 MTBC이다. 이 시스템은 이더리움(Ethereum) 블록체인을 기반으로 구축된 많은 시스템과 달리 IBM 하이퍼레저 패브릭(IBM Hyperledger Fabric)을 기반으로 구축되었다. MTBC 시스템의 목표는 환자의 의료기록을 안전하게 저장하고, 오랫동안 의료 디지털화의 장애물이었던 상호 운용성 문제를 제거하며, 환자의 중요한 건강 데이터에 누가 접근할 수 있는지에 대해 환자 스스로에게 절대적인 통제권한을 부여하는 것이다.

MTBC가 사용하는 접근 방식은 블록체인에 저장되는 것이 실제 데이터가 아니라 데이터 무결성과 데이터 신뢰성을 보장하는 암호화 해시 값인 점에서 다른 접근 방식과 유사하다. MTBC에서 환자는 의료기관이 사용하는 EHR 시스템에 상관없이 원하는 의사에게 다양한 수준의 의료기록 접근 권한을 부여할 수 있다. 승인된 의사가 블록체인에 데이터를 추가하면 해당 세부 정보가 EHR에 미러링되므로 규제 지침을 준수하면서 원본 기록이 최신 상태로 안전하고 포괄적으로 유지된다.

MTBC는 다른 EHR 벤더들도 블록체인에 연결할 수 있도록 할 계획이다. 이 상호 운용 가능한 접근 방식은 적용 가능한 레코드를 하나의 데이터 진입점에 연결함으로써 원래의 EHR과 블록체인의 엔트리를 복제할 필요성을 줄인다. 또한, 시스템은 환자가 데이터에 액세스하거나 수정한 엔터티를 볼 수 있도록 로그를 생성한다.

2018년의 야심 찬 계획 이후, MTBC는 케어클라우드(CareCloud)로 이름을 변경해 클라우드 기반 접근 방식을 강조하면서 의료 서비스 제공업체 간의 비즈니스 및 운영 문제에 초점을 맞춘, 보다 광범위한 이니셔티브로 전략을 전환한 것으로 보인다. EHR 시스템은 블록체인 기술의 사용 여부와 관계없이 매우 복잡하기 때문에 이는 놀라운 일이 아니다.

블록체인과 보안

인류의 진화와 현대화가 진행되는 동안, 인간 사회는 자선과 같은 사랑만이 아니라 갈등과 폭력 역시 함께 겪어왔다. 인류는 막대기나 돌과 같은 다양한 도구를 고안해오며, 이를 식량 재배 등 생산적인 용도뿐만 아니라 무기로도 사용해왔다. 거듭된 무기 개발은 오늘날 핵미사일과 같은 대량살상무기까지 이르렀다. 블록체인 기술이 이러한 인간의 근본적인 본성을 바꿀 수는 없지만, 특정 분야에서 보안과 안전을 높이는 강력한 수단을 제공할 수 있다. 러시아의 우크라이나 침공은 사이버 보안이 얼마나 중요한지를 보여주는 실례다.

APT (Advanced Persistent Threat)

사이버 보안 분야에서 지난 10년 동안 눈에 띄는 현상은 국가에 의한 공격이 증가했다는 것이다. 여기서는 특정 국가가 타 국가에 대해 적대적인 의도로 공격을 가할 경우에 정보전쟁에 사용되는 무기와 가능한 공격/방어 방법에 대해 논해보고자 한다. (여기서의 논의의 쟁점은, 누가 옳고 누가 그르냐를 말하거나, 지정학적 갈등과 관련해 특정한 입장을 취하는 것이 아니라는 점을 명확히 해둔다.)

사이버 공격의 진화는 실로 눈부시다. 과거 IT 시스템에 침투해 스릴을 즐

기고 명성을 얻으려는 전형적인 10대의 행태도 아니고, 근래 유행한 금전적 보상을 노리고 랜섬웨어와 악성코드를 사용하는 범죄조직의 수준을 훨씬 뛰어넘었다. 오늘날 우리가 목도하는 사이버 공격은, 전략적 목표와 풍부한 자금을 가진 전문적인 군대에 의해 조직적이고 치밀하게 행해진다.

보안 전문가들은 이를 APT(Advanced Persistent Threat, 지능형 지속 위협)라 부른다. 그 내용을 구체적으로 살펴보면, 'Advanced'는 사용된 기술이 극도로 정교하다는 것을 의미한다. 공격 대상이 군사 조직이나 금융 회사 또는 선도적인 기술을 가진 IT 회사와 같은 전략적 방어 수단을 갖춘 기관들이라, 일반적으로 그 기술을 단일 기술로 단정 지을 수 없다. 공격을 수행하는 팀은 컴퓨터 과학 분야에서 박사급 지식을 갖춘 전문가들로 이루어져 있다.

'Persistent'는 사이버 보안에서 공격자가 시스템에 침투하기 위해 오랫동안 끈질기게 다양한 기술을 시도한다는 점을 내포한다. 공격자는 내부 침투에 성공한 후 재빨리 데이터를 빼내고 철수하는 것이 아니라, 네트워크의 사각지대에 잠입하고 주둔한다. 그렇게 몇 달 또는 몇 년에 걸쳐 중요한 데이터를 천천히, 그리고 꾸준히 가로챌 수 있다. 이러한 과정에서 블록체인 기술이 중차대한 역할을 수행한다. 공격자는 미국의 주요 정부기관(국토안보부), 은행 및 보안기술 제공업체와 같은 고가치의 표적에 연결된 기술 공급망을 제어하는 것과 같은 핵심 전략 목표를 가지고 공격을 실행한다.

주요 블록체인 인프라는 해킹된 적이 없다!

뒤에서 자세히 살펴보겠지만, 미국의 정부기관, 군수업체 및 보안기술 업체와 같은 중앙화된 고가치의 전략적 표적이 해킹의 대상이었다. 반면 블록체인의 경우, 주요 블록체인 플랫폼의 파운데이션 계층에서는 지금껏 해킹을

당한 적이 단 한 번도 없다. 이는 블록체인 기술의 탈중앙화 특성과 주요 플랫폼(비트코인 및 이더리움)이 개방형 인터넷에의 노출을 통해 수년간 그 구현 수준을 '강화(hardening)'했기 때문이다.

참가자들이 서로에 대한 신뢰 없이도(trustless) 경제활동을 할 수 있게 해주는 인프라 기술인 블록체인 기술은, 특정한 권한을 가진 누군가가 데이터를 수정하거나 거래를 차단할 수 있는 중앙화된 기관이 아니라, 탈중앙화된 노드로 이루어진 네트워크를 통해 가치를 교환할 수 있게 한다. 블록체인 플랫폼은 일부 노드가 손상되거나 '비잔틴(byzantine)' 방식으로 작동하더라도 노드 네트워크가 합의에 도달할 수 있도록 하는 암호화 알고리즘 및 합의 메커니즘을 통해 보안을 확보한다.

전 세계 암호화폐 거래에 대해 암호화폐 종류별 및 거래소별로 거래량 순위를 보여주는 인터넷 웹사이트인 코인마켓캡(Coinmarketcap)에 따르면, 2022년 4월 기준 약 1.84조 달러 가치에 달하는 암호화폐 및 토큰이 블록체인에 저장되어 있다. 그중 가장 규모가 큰 비트코인과 이더리움은 합쳐서 1.1조 달러의 가치에 달하는데, 모두 퍼블릭 인터넷에서 액세스해서 이용할 수 있으며 블록체인 암호화 기술을 통해 보호되고 있다. 비트코인과 이더리움은 거대한 토큰 이코노미로 해커에게 매우 매력적인 타깃이지만, 그 핵심 프로토콜은 해킹된 적이 없으며 지구상에서 가장 똑똑한 범죄자들이 수년 동안 부단히 시도했지만 실패로 돌아갔다.

그럼에도 암호화폐 생태계에는 범죄와 사기, 절도가 있다

분명한 것은 블록체인 생태계에는 많은 사기와 범죄 행위가 존재하며, 암호화폐를 거래하는 중앙화된 거래소가 해킹을 당하고 많은 돈이 도난당했다는 점이다.

최초의 비트코인 거래소 중 하나는 2010년 7월 일본에서 시작된 마운트 곡스 거래소(Mt. Gox)였다. 마운트 곡스 거래소는 지갑 보안 문제로 850,000비트코인(2022년 4월 기준 400억 달러 상당)을 해킹당했고, 이로 인해 2014년 파산했다. 2016년에는 비트파이넥스(Bitfinex) 거래소에서 당시 9,100만 달러 상당의 119,756 비트코인이 탈취당하는 대규모 해킹 절도가 발생했다. 해커는 2022년 2월 적발되었는데, 이 해커가 해킹한 비트코인의 가치는 수년에 걸쳐 42억 달러로 증가했으며 역사상 가장 큰 절도 중 하나로 기록되어 있다.

최근 몇 년 동안 암호화폐와 블록체인 생태계는 폭발적으로 성장했고 신규 참여자 역시 급증했다. 신규 블록체인 플랫폼 및 사이드 체인(Side chain)과 같은 신기술도 등장했다. 디파이(DeFi), NFT, DEX(Decentralized Exchange, 탈중앙화거래소), 메타버스(Metaverse)와 같은 것들이 그 예다. 종종 이러한 새로운 이니셔티브를 개척하는 팀은 경험이 없고, 빠른 재정적 보상에 초점을 맞추는 경우가 많다. 이와 대조적으로, 비트코인이나 이더리움과 같은 핵심 기반 기술을 다루는 팀은 빠른 보상에 대한 열망보다 철학적, 도덕적, 정치적 목표를 가지고 자신들만의 프로젝트를 진행한다. 그들의 사명은 단순히 빠른 이익을 내는 것이 아니라 '세상을 바꾸는 것'이기 때문이다.

최신 플랫폼들도 해킹에서 예외가 아니다. 2022년 3월에는 P2E(Play to Earn)로 유명한 블록체인 게임 프로젝트인 엑시 인피니티(Axie Infinity, AXS)에서 사용하는 로닌(Ronin) 블록체인에서 해킹이 발생해 약 6억 2,500만 달러 상당의 ETH 및 USDC가 도난당했다. 여전히 조사 중이지만 이 취약점은 로닌 체인의 검증자(밸리데이터) 메커니즘의 중앙집중식 아키텍처에서 비롯된 것으로 보인다. 로닌 체인의 자금에 액세스하기 위해 다섯 개의 키만 손에 넣으면 됐던 것이다. 2022년 4월 14일, 미국 재무부는 북한의 해킹 그룹이 이번 공격에 책임이 있다고 주장하며 제재 목록(sanction list)에 한 이더리움 지갑 주소를 추가했다.

로닌(Ronin) 체인의 해킹은 지금까지 알려진 가장 큰 규모의 디파이(DeFi) 해킹 사건이다. 두 번째로 큰 규모의 사건은 2021년 발생한 크로스체인 프로토콜인 폴리 네트워크(Poly Network) 해킹 사건이다. 폴리 네트워크(Poly Network)는 중국 디파이(DeFi) 시스템으로, 크로스체인 전송을 관리하는 계약에 해커가 무제한 전송을 허용하는 버그를 이용해 네트워크에서 약 6억 달러 상당의 자금을 해킹했다. 그러나 그 후 해커는 진짜로 자금을 가져가는 대신 자신이 일으킨 불편에 대해 사과하면서 해킹과 자금 반환 과정을 '야생의 모험(wild adventure)'이라고 지칭하며, 대부분 반환했다고 한다. 폴리 네트워크(Poly Network)는 치명적인 결함을 발견하고 예방한 데에 대한 감사의 의미로 바운티 현상금 50만 달러를 이 해커한테 지급했다. 이 해커의 지갑 트랜잭션 내용으로 보면, 그 이후에도 계속 지속적으로 보상금을 받고 있다고 한다.

최근 2년여간 대두된 새로운 디파이(DeFi) 프로토콜과 마켓 메이킹 메커니즘, NFT 거래소의 폭발적인 성장은 경험이 없는 개발자가 급조한 검증되지 않은 미성숙한 코드를 범죄자가 악용할 수 있는 새로운 기회가 있음을 의미한다. 또한, 중앙화된 사이드체인의 확장성을 위해 탈중앙화라는 보안성을 어느 정도 희생한다는 것을 의미하기도 한다.

그러나 다시 한번 말하지만, 주요 블록체인 플랫폼의 핵심 프로토콜 기술은 지구상에서 가장 똑똑한 범죄자들의 수년간 공격에도 불구하고 여전히 난공불락 상태로 남아 있다는 점을 명심해야 한다.

중앙집중식 IT 시스템의 취약성

지난 30년 동안 비즈니스 디지털 트랜스포메이션의 물결을 거치면서 우리 사회는 중앙집중식 IT 시스템에 점점 더 의존하게 되었다. 그러나 우리가 이 책에서 끊임없이 주지시켰듯이 모든 중앙집중식 시스템에는 해킹에 대한 '단일 실패 지점(single point of failure)' 또는 '단일 취약 지점(single point of vulnerability)'이 존재한다. 또한 우리는 주요 기관의 IT 시스템이 수년에 걸쳐 해킹을 통해 데이터가 침해당하고 도난당할 수 있음을 확인했다. 그 예는 무수히 많지만 여기서는 몇 가지만 살펴보겠다.

아래에 제시될 예는 가장 심각한 사례들이다. 이는 개별 회사를 대상으로 하는 '랜섬웨어' 공격과는 다르다. 공격의 대가로 종종 비트코인이 지불되는 경우가 많지만, 공격 자체는 블록체인과 관련이 없으며, 비트코인은 해커가 금전적 보상을 받는 수단일 뿐이다. 이들의 공격은 전술적이며 그 범위가 좁다.

더 중요한 예는 IT 공급망 또는 데이터 공급망의 핵심 요소를 대상으로 하는 공격에서, 그 영향은 단일 회사를 넘어 공격을 받은 회사의 아래 단계에 위치한 수많은 조직으로 확대될 수 있다는 것이다. 이러한 공격은 종종 단순한 경제적 보상이 아니라 정치적 또는 군사적 목표를 가지고 있는데 러시아, 중국, 북한, 이스라엘 및 미국과 같은 국가 단위로 행동하는 팀을 통해 이루어진다.

미국 주요 정부기관을 대상으로 한 2015년 해킹 사례

2015년 4월, 미국 정부를 위해 일하는 수백만 명의 근로자를 관리하는 기관인 미국 인사 관리국(OPM)의 IT 담당자가 직원 파일 중 일부가 해킹되었음을 발견했다. 도난당한 민감한 데이터 가운데에는 정부의 보안 허가를 위한 개인 배경 조사 중에 수집된 상세한 개인정보를 포함한 수백만 개의 기록이 있었다. 이러한 민감한 개인정보는 정부 직원을 협박해 적대적인 외세를 위해 일하도록 하는 데 사용될 수 있다. 이 사건으로 미국 인사 관리국(OPM)의 최고 경영진이 사임했다. 미국 인사 관리국 해킹으로 국가 안보 및 개인 정보를 도난당한 직원들의 피해 규모가 얼마나 되는지는 아직 알려지지 않았다.

해커들은 2천만 명 이상의 개인 데이터에 접근했다. 전현직 직원의 인사 기록뿐만 아니라 정부에서 가장 민감한 직무에 대한 보안 허가 신청서에 나열된 친구, 친척 및 기타 관계인에 대한 정보가 침해당했다. 그러한 정보에는 지문 정보도 포함되어 있었다. 일부 관리들은 이 공격의 배후가 중국 정부라고 비난하기도 했다.

이란 핵시설에 대한 악성코드 공격(Malware Attack)

스턱스넷(Stuxnet)은 2010년에 처음 발견된 악성 컴퓨터 웜(worm)으로 최소한 2005년에 개발된 것으로 생각된다. 스턱스넷은 감독 관리 및 데이터 수집(SCADA, Supervisory control and data acquisition) 시스템을 목표로 했으며, 이란의 핵 프로그램에 상당한 피해를 입힌 것으로 여겨진다.

스턱스넷은 특히 핵물질 분리를 위한 가스 원심분리기를 포함한 기계 프로세스를 제어하는 데 사용되는 것과 같은 전기 기계 프로세스 자동화 PLC(Programmable Logic Controller)를 목표로 한다.

스턱스넷은 지멘스 산업용 제어 시스템을 대상으로 하는 마이크로소프트 윈도우를 통해 초기에 퍼진 악성 프로그램이다. 이 웜은 처음에는 무차별적으로 퍼지지만, 특정 산업 프로세스를 제어하고 모니터링하도록 구성된 지멘스 시스템(멀웨어로 인해 손상된 이란의 핵 시설과 관련된)만을 대상으로 설계된 고도로 전문화된 악성 프로그램 페이로드를 포함한다.

보도에 따르면, 이 악성 프로그램은 이란의 산업 시스템을 손상시켰고, 그 후 핵물질 생산에 사용되는 원심분리기를 손상시켰다. 스턱스넷의 설계와 아키텍처는 특정 타깃이 아닌 유럽, 일본, 미국 등 서구의 현대 산업 시스템(공장 라인이나 발전소 등)을 공격하기 위한 플랫폼으로 맞춤화할 수도 있다. 보도에 따르면 스턱스넷은 이란 핵 원심분리기의 거의 5분의 1을 파괴했다고 한다.

스턱스넷(Stuxnet)과 같은 악성코드의 여러 복잡한 측면을 개발하기 위해서는 고도로 유능한 프로그래머 팀, 산업 프로세스에 대한 심층 지식, 특수 산업 인프라 공격에 대한 니즈가 필요하다. 보안 회사들은 스턱스넷 개발팀이 5~30명으로 구성되어 수년 동안 개발 과정을 거쳤을 것으로 추정한다. 또한, 그 코드의 수준으로 미루어 짐작할 때 국가 단위의 지원 없이는 코드를 생성할 수 없었을 것으로 여긴다. 비록 두 나라 모두 공개적으로 책임을 인정하지는 않았지만, 이 웜은 미국과 이스라엘이 '올림픽 작전(Operation Olympic Games)'이라고 알려진 공동의 노력으로 만든 사이버 무기로 널리 받아들여지고 있다.

주요 보안 벤더들에 대한 해킹 시도

RSA는 세계에서 가장 크고 제일 유명한 디지털 보안기술 업체 중 하나로 21억 달러의 가치로 평가되며 2,700명의 직원을 보유하고 있다. RSA의 주요 제품 중 하나는 2FA(2단계 인증)를 지원하는 시큐어ID(SecurID) 하드웨어 장치다. RSA의 고객은 자체 IT 시스템에 가장 안전한 액세스 메커니즘이 필요한 정부 및 군사 기관, 방위 산업체, 은행과 같은 기업들을 망라하며, 수천만 명의 사용자를 보유하고 있다.

2011년에 RSA 해킹 사건이 발생했는데, 아마도 중국군이 시큐어ID(SecurID) 2FA 토큰에서 코드를 생성하는 데 사용되는 '시드' 값을 훔쳤을 가능성이 크다고 추정되고 있다. 시드 값을 제어함으로써 해커는 2단계 인증을 뚫고 모든 RSA 고객에 대한 보안 장벽을 우회할 수 있었다.

이에 대해 로이터 통신은, 보안 침해가 발견된 직후 도난당한 시큐어ID(SecurID) 코드를 사용해 미국 군수업체인 록히드 마틴(Lockheed Martin)과 노스롭 그루먼(Northrop Grumman)에 침투한 흔적이 발견됐다고 보도했다. 또한, 매출 100억 달러에 직원이 3만 8,000명에 달하는 주요 군사 및 통신 장비 공급업체인 L3 테크놀로지(L3 Technology)에도 침투한 사실이 밝혀졌다. 보안 컨설팅 회사 맨디언트(Mandiant : 2022년 3월 구글이 54억 달러에 인수했음)는 이 해커들이 상하이에 기반을 둔 중국군으로 이루어진 팀이라고 밝혔다. 이 팀은 미국, 캐나다, 한국, 대만, 유엔의 정부기관을 표적으로 꾸준히 해킹 활동을 해왔다고 알려져 있다.

MS 고객을 목표로 MS 공급업체를 해킹하다

솔라윈즈(SolarWinds)는 기업 IT 부서에 네트워크 관리 도구를 판매하는 미국 회사로, 마이크로소프트의 고객이 사용하며 마이크로소프트 자체가 고객이다. 해커들은 솔라윈즈 코드 저장소에 대한 액세스 권한을 얻고 1만 8,000곳의 기업과 정부기관 고객에게 소프트웨어 업데이트가 전송되었을 때 제품 업데이트와 함께 악성코드를 수신하도록 시스템을 해킹했다.

보안 전문가들은 러시아 정부 정보기관인 SVR이 이번 공격의 발원지이며, 이 악성코드를 이용해 인텔, 시스코, 마이크로소프트 등 첨단 기술업체와 미재무부, 국방부(군사본부), 법무부, 원자로 관리기관인 에너지부 등 주요 정부기관 시스템에 접근했다고 밝혔다. 해커들은 또한 사이버 보안을 담당하는 미국 정부 기관인 CISA에도 접근했다. 이에 대한 대응으로 2021년 4월 미국 정부는 러시아 정부에 대한 제재 조치를 하겠다고 발표했다.

러시아와 우크라이나 간의 사이버 전쟁(Cyberwar)

2014년 2월부터 지난 8년 동안 러시아(친러시아 분리주의 세력과 함께)와 우크라이나 사이에 무력 충돌이 계속되고 있다. 2014년 2월 러시아의 우크라이나 크림반도 침공 및 병합과 함께 시작된 돈바스 지역의 갈등이 8년 동안 지속되어 왔다. 2021년 말부터 러시아-우크라이나 국경에 러시아군이 급속도로 증강된 후, 2022년 2월 24일 마침내 러시아가 우크라이나를 전면 침공하면서 두 나라 사이의 분쟁은 크게 확대되었다.

지상과 공중에서의 물리적 전쟁과 동시에 국가들 사이에 '사이버 전쟁'이 벌어지고 있다. 로이터 통신은 우크라이나가 러시아의 침공 직전에 디지털 침입과 서비스 거부 공격을 받았다고 전했다. 우크라이나 정부의 공식 추산에 따르면, 우크라이나는 2021년 첫 10개월 동안 약 28만 8,000건의 사이버 공격을 받았다. 러시아 침공 전 우크라이나 은행과 정부 웹사이트를 일시적으로 마비시켰던 잇따른 디도스(DDoS, 서비스 거부) 공격의 배후에는 러시아군 해커들이 있었다. 물론 러시아는 그 혐의를 부인했다.

우크라이나 정부는 러시아군(軍) 해커로부터 주요 기반 시설과 사이버 스파이를 보호하기 위해 지하에 있는 해커들에게 지원을 요청했다. 우크라이나 관리들은 러시아의 디지털 침입에 맞서 싸울 'IT 군대'를 만들 것이라고 말했다. 이 IT 군대는 해커 단체인 어나니머스(Anonymous)와 함께 러시아 국영TV 해킹(황금시간대에 우크라이나 노래를 방송)부터 얀덱스(Yandex), 스베르뱅크(SberBank) 등 러시아 기업들에 대한 해킹 침투와 정보 유출까지 다양한 러시아 목표물에 대한 보복 사이버 캠페인을 벌였다.

미래의 사이버 전쟁이 도래하다
(The Future Cyberwar Could Arrive Soon)

이러한 단계의 사이버 전쟁은 어느 한쪽에 실제 피해를 입힌다는 점에서 더 상징적이다. 어느 쪽이든 그 선전의 가치가 상당하기 때문이다. 갈등이 심화될수록 상징적 차원에서 사이버 전쟁은 더욱더 현실화될 가능성이 높다.

일부 평론가들은 러시아와 우크라이나의 전쟁이 물리적 충돌과 사이버 공간의 충돌이 결합된 최초의 전면적인 하이브리드 전쟁이라고 말한다. 이번 전쟁은 명확한 끝을 맺지 못할 수도 있다. 휴전 또는 평화 협정을 통해 종결이 되고 전후 경제 재건이 이루어지던 기존의 전쟁과 달리, 우크라이나가 '승리'하면 러시아의 사이버 보복 공격이나 체면치레를 위한 다른 '비물리적(사이버 공간에서의)' 움직임이 뒤따를 수 있다. 정치적 목적 달성을 위해 이루어지고 있는 사이버 캠페인 공세를 통해 배운 교훈은, 앞으로 몇 년 동안 군사 훈련 프로그램에서 가르쳐질 것이다.

<포린 폴리시(Foreign Policy)> 매거진의 2022년 3월 30일자 기사에 따르면, 러시아는 우크라이나 침공에 따른 크렘린궁에 대한 강력한 제재에 보복하고자 미국의 에너지 및 금융 산업을 겨냥한 파괴적인 사이버 공격을 준비하고 있다.

미 연방수사국(FBI)은 2022년 3월 중순 다섯 개 미국 에너지 회사에 대해 러시아 인터넷 주소를 사용하는 컴퓨터가 그들의 네트워크를 들여다보고 있다고 경고한 바 있다. 이는 더 큰 사이버 공격의 전주곡일 가능성이 크다. 미국의 고위 관리들은 러시아가 일상적인 스파이 행위를 하는 것이 아니라 파괴적인 디지털 공격을 할 것이라고 경고했다.

어떻게 이러한 공격을 방어할 것인가?

개인이 스캠(scam), 사기, 절도로부터 자신을 보호하기 위해 취할 수 있는 몇 가지 조치를 소개하겠다.

- 가상자산을 보관할 때 레저(Ledger) 또는 트레저(Trezor)와 같은 하드웨어 지갑 사용
- 모든 자산이 한 곳에 보관되지 않도록 여러 거래소에 걸친 포트폴리오의 다양화(단일 취약 지점 방지)
- 대부분의 자산을 오프라인 지갑('콜드' 월렛)에서 관리하고 일부만 온라인 으로 연결된 지갑('핫' 월렛)을 통해 관리
- 신규 발행된 자산의 경우 크로스체인(cross-chain) 전송 같은 복잡한 디파 이(Defi) 계약은 되도록 피할 것

이러한 조치는 주로 암호화폐 자산을 다루는 개인을 위한 것으로, 전통적인 IT 환경을 가진 조직을 위해서는 완전히 다른 전략과 전술이 필요하다.

단일 기업이나 조직의 수준에서는 일반적인 공격자(랜섬웨어 범죄자 및 젊은 해커들)에 대해 취해야 할 보호 조치가 있다. 이러한 보호 조치는 여러분 집의 자물쇠와 문, 그리고 도난 경보기와 같은 역할을 한다.

- 방화벽 및 보안 어플라이언스
- 침입 감지 시스템(intrusion detecting systems)
- 네트워크 모니터링 및 네트워크 관리
- 이메일 필터링 및 스팸 방지
- 직원이 알 수 없는 발신자의 첨부 파일이나 알려진 발신자(이메일 계정이 도용될 수 있음)의 비정상적인 메시지를 클릭하지 않도록 하기 위한 사용자 사전 교육

- 회사 데이터를 정기적으로 백업하고 오프사이트(off-site)에 저장해 랜섬웨어 공격 시 백업 복사본이 손상되지 않도록 방지함. 또한, 백업 복사본이 정기적으로 확인되고 테스트되는지 체크함(회사 데이터를 백업했다고 생각하지만 후에 회수하거나 복구하지 못하는 경우가 종종 발생함)

이러한 조치는 유용한 조치이긴 하나, 장기적이고 다면적이며 보다 치밀한 고급 기술을 사용하는 APT(APT(Advanced Persistent Threat, 지능형 지속 위협) 공격에 대해서는 충분하지 않을 수 있다. 그러므로 APT로부터 보호하려면 이러한 전문 영역에서 기술과 경험을 갖춘 보안 컨설팅 회사의 도움이 필요하다. 개별 체크 사항은 기술, 도구, 교육, 조직 구조 및 새로운 프로세스 등의 여러 범주로 나뉘어 권장된다.

또한, IT 환경의 아키텍처를 평가하고 수정해야 한다. 목표는 여러 수준의 보호 장치 및 격리 수단이 존재하는 '심층 방어(defense in depth)' 모델인데, 가장 민감한 자산은 시스템의 나머지 부분과 분리되어 있어야 한다. 데이터가 백업 테이프에 있든, DBMS(데이터베이스관리시스템) 내부의 필드 또는 서버의 파일에 있든 간에 암호화되어야 한다. 그리고 그 주요 관리 절차를 엄격하게 정의해두어야 하며, 위협 시나리오를 지정하고 각 모델에서 위험을 줄이기 위한 조치를 취해야 한다. 방어 수단은 제3자 '화이트 햇(white hat)' 해킹 팀의 '침투 테스트(penetration testing)'를 통해 검증되어야 한다.

이러한 조치들은 기존 IT 환경에서 사용할 수 있는 방법의 예다. 이외에도 원자력 발전소, 제조 시설, 병원, 통신 허브와 같은 중요 시설의 IT 시스템에는 추가 보호 조치가 필요하며, 특수 하드웨어 및 IoT 장치가 필요한 경우가 많다.

포괄적인 보안 방안의 세부 사항은 매우 복잡하기에 한 권의 책으로는 디테일이 부족할 수 있다. 여기서는 이러한 접근 방식에 대한 비교적 일반적이며 보편적인 아이디어를 제공해가며 블록체인 기술과의 연관성을 간단히 언급하고 넘어가도록 하겠다.

사이버 보안 분야에서 블록체인의 역할

앞서 언급한 바와 같이, 사이버 보안의 주체는 개인, 조직 또는 국가 수준에서 복잡하고 다면적일 수 있다. 사이버 보안을 위한 조치에는 인력과 프로세스 및 기술이 혼합된다. 지난 20~30년 동안 등장하고 발전한 보안 관련 기술은 방화벽과 침입 탐지 시스템 등이 있다.

그렇다면 블록체인 기술은 어디에 적합할까? 블록체인 기술은 사이버 보안 문제를 해결하는 데 도움이 될 수 있는 몇 가지 고유한 강점을 가지고 있다.

블록체인의 핵심 강점은 블록체인에 저장된 정보가 저장된 후에 변조 및 수정이 어렵거나 불가능한 불변 데이터 기록이라는 점이다. 이러한 블록체인의 기능은, 네트워크에 침투한 후 침입 탐지 시스템과 같은 내부 방어 수단을 포함한 다양한 내부 시스템을 재구성하거나 수정해 무력화하려는 공격을 방어함으로써 보안을 강화한다.

가드타임(Guardtime) 같은 보안업체는 기존 시스템에 블록체인 기술 기반 보호 수단을 추가했다. 가드타임 시스템은 데이터 파일 및 시스템 구성 파일을 포함해 엔터프라이즈 네트워크의 IT 자산을 모니터링한다. 각 데이터 항목에 대해 암호화 해시(각 데이터 항목에 대한 고유한 디지털 서명)를 계산하고 이 정보를 블록체인 기술이 제공하는 불변 데이터 저장소에 저장한다. 각 데이터 항목과 관련된 메타데이터에는 타임스탬프, ID 및 데이터 신뢰성이 포함되며, 정기적인 주기로, 이 정보를 최신 데이터와 비교해 데이터 항목이 손상 또는 변조되었는지 감지한다. 이는 공격자가 기업 네트워크에 침투해 특정 시스템 구성 파일을 수정해 장기간에 걸쳐 탐지되지 않은 상태를 유지하려고 할 때, 이를 방지할 수 있기 때문에 매우 중요하다. 가드타임(Guardtime) 시스템은 이렇듯 심화된 유형의 침입을 방어하기 위해 블록체인 기술을 도입해 적극적으로 활용하고 있다.

또 다른 시나리오는 기존의 금융 지불 프로세스가 '국가 조직' 같은 공격자에 의해 차단되거나 접수된 경우다. 암호화폐 기반 결제 시스템은 자금 조달 및 결제를 위한 대체 수단을 제공할 수 있으며, 이를 차단하거나 검열하기가 어렵다. 우크라이나 러시아 분쟁에서 양측 모두 이러한 재정적 목적을 위해 암호화폐를 활용했다.

또 다른 영역은 정보의 신뢰성에 관한 것이다. 갈등의 시기에는 SNS를 통해 양측 모두 자신의 메시지를 전달하려 하고, 경우에 따라서는 허위 정보를 이용해 민심에 영향을 미치려고 하는 등 정보전쟁이 벌어진다.

2022년 3월, 볼로디미르 젤렌스키 우크라이나 대통령이 우크라이나 군인들에게 투항하라는 메시지를 전하는 영상이 소셜 미디어에 등장했다. 이것은 딥페이크(deepfake : 특정 인물의 얼굴 등을 AI를 이용해 특정 영상에 합성한 편집물) 영상이었는데, 이 영상이 주목받자 젤렌스키 대통령은 우크라이나 군대에 조국을 지키기 위해 계속 싸울 것을 촉구하는 실제 영상을 통해 반박했다. 이와 같은 데이터 신뢰성 및 무결성 영역은 다양한 블록체인 기반 프로젝트[예 : 시빅(Civic)]가 다루고 있는 분야다. 이 기술의 채택은 비록 더디지만, 앞으로 블록체인이 가짜 온라인 콘텐츠의 부정적인 영향을 줄이는 영역에서 큰 역할을 할 것으로 기대된다.

정치적 입장과 관계없이 우리가 모두 동의할 수 있는 한 가지는, 사이버 공격에 대한 방어가 기업과 국가에 점점 더 중요해지고 있다는 것이다. 개인의 경우에도 증가하는 사이버 범죄에 대응해 보호 수준을 높일 필요가 있다. 국가의 경우 사이버 공격의 방어는 탱크와 헬리콥터를 갖춘 군대를 보유하는 것만큼이나 중요해질 것이다.

엔터프라이즈 블록체인 프로젝트의
10가지 실수와 시사점

블록체인 비즈니스는 2030년까지 무려 3조 달러를 상회하는 규모로 성장할 것으로 예측되고 있다. 블록체인은 기업 부문에서 큰 잠재력을 가지고 있으나, 과거의 경험을 토대로 살펴볼 때 그 성장에는 일정한 사이클이 있으며, 블록체인 기술의 본질에 대한 오해와 불일치로 인해 이러한 잠재력은 완전히 실현되지 못하고 있다.

블록체인 비즈니스 가치 전망: 2030년까지 3조 1,000억 달러

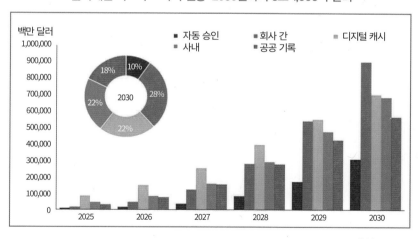

출처 : Gartner

과거 : 널리 알려진 상승 하락 사이클

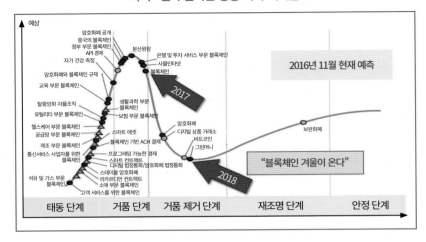

미래 : 교훈을 얻지 못하면 사이클은 계속될 것이다

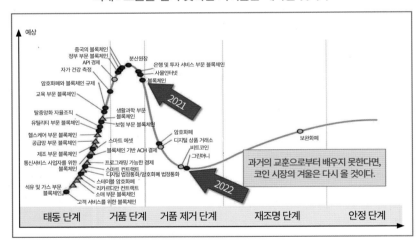

따라서 우리는 과거의 상승 하락 사이클과 많은 기업들이 일반적으로 저지르는 열 가지 실수를 살펴보고, 이를 통해 교훈을 얻어 과거의 실수를 되풀이하지 않도록 해야 할 것이다.

① 블록체인 기술의 목적을 오해하거나 간과함

회사가 '블록체인 프로젝트'를 추진하고 있다고 해서 블록체인의 핵심을 무시하면 안 된다. 블록체인을 제대로 활용하기 위해서는 기술이 신뢰할 수 없는 환경에 신뢰를 추가하고 분산원장 메커니즘을 활용해야 한다. 기업은 전체 생태계의 신뢰 모델을 만들어 신뢰할 수 있는 영역과 신뢰할 수 없는 영역을 식별한 다음, 이러한 신뢰할 수 없는 영역에 블록체인을 적용해야 한다.

② 현재의 기술이 바로 상용화가 가능하다고 가정

일부 기업은 블록체인을 성숙한 기술로 마케팅하고 있지만, 규모에 상관없이 비트코인과 이더리움만 입증되었다. 70개 이상의 다양한 블록체인 플랫폼이 개발되었지만, 대부분의 블록체인 플랫폼은 향후 24개월 동안 그 상용화를 장담할 수 없다. 따라서 기업은 '테스트 및 학습' 결과를 기반으로 다중 원장 실험 및 개념증명을 계속해나가야 한다.

③ 현재와 미래 블록체인 기술을 혼동

블록체인 도입 계획이 현재의 기술 성숙도 및 장래의 개발 진행 정도에 얼마나 부합하는지 점검해야 한다. 현재 블록체인 기술은 그 적용 범위가 제한되어 있으며, 곧바로 지역 또는 글로벌 규모의 플랫폼 경제를 가능하게 하기에는 무리가 있기 때문이다.

④ 제한된 기초 수준의 프로토콜을 완전한 비즈니스 솔루션과 혼동

블록체인 기술은 주목받는 기술이기는 하지만 종종 상당히 과장되어 있다. 이는 사용 가능한 기술 수준과 장밋빛 전망이 일치하지 않을 수 있음을 의미한다. 블록체인 기술은 그 기대에도 불구하고 기초 수준 기술에서 전체 애플리케이션 스택 또는 솔루션으로 아직 진화하지 않았다. 광범위하고 야심 찬 블록체인 프로젝트의 경우에도 CIO는 블록체인 부분을 전체 프로젝트 개발 노력의 5% 미만으로 간주해야 한다.

⑤ 블록체인 기술을 순전히 데이터베이스 또는 저장 메커니즘으로 보기

'분산원장'은 데이터 지속성 메커니즘이나 분산 데이터베이스 관리 시스템이 아니다. 블록체인은 분산 서비스를 제공하고 단일 중앙 조직에 대한 의존을 피하는 대가로 제한된 데이터 관리 기능을 제공한다. 블록체인이 (현재 형태로) 실제로 좋은 엔터프라이즈 솔루션인지, 그리고 블록체인이 정보 관리 요구 사항과 어떤 관련이 있는지 판단해야 한다.

⑥ 아직 존재하지 않는 원장 및 플랫폼 간의 상호 운용성 가정

블록체인은 경쟁 원장과 플랫폼 간의 상호 운용성을 합리적으로 보장할 수 있는 정도의 표준 정립도나 성숙도가 부족한 상태다. 따라서 무조건적인 상호 운용성 보장은 회의적으로 보아야 한다. 그리고 블록체인 기술과 레거시 환경 간의 통합 문제에 대비해야 할 것이다.

⑦ 오늘날 선도적인 플랫폼이 미래에도 여전히 지배적일 것이라고 가정

현재 블록체인 플랫폼 기술에는 70개 이상의 옵션이 있다. 이전 세대 기술(예 : 소셜 네트워크, 모바일 등)의 승자는 기존의 기술이 기반을 다진 후에 나타났다. 이것은 오늘날 지배적인 기술이 12개월 안에 그 지위를 잃을 수도 있음을 의미한다. 현재 사용하고 있는 기술이 미래에도 지배적인 기술일 것이라고 가정하면 안 된다. 기업이 선택할 수 있는 최상의 옵션은 아직 존재하지 않을 수 있다. 따라서 현재 선택 가능한 기술 옵션은 단기적 실험적 선택으로만 고려해야 할 것이다.

⑧ 스마트 계약 기술이 해결된 문제라고 가정

스마트 계약은 아직 확장성, 감사 가능성, 관리 용이성 및 검증 가능성이 부족하다. 또한, 로컬 또는 글로벌 응용 프로그램에 대한 법적 프레임워크가

없으며 법률의 제정·해석·적용에 적합한 개발자와 기술 기반도 부족한 실정이다. 스마트 계약을 시험해볼 때는 신중해야 하며, 법률 및 규정 준수 팀이 정책 및 운영 위험 관리 감독을 제공하도록 해야 한다.

⑨ P2P 분산 네트워크에 대한 자금 조달 및 거버넌스 문제 무시

블록체인이 현재 옵션보다 비용이 적게 들더라도 여전히 그 비용은 상당할 것이다. 특히 레거시 시스템을 대체하는 것이 아니라 보완하는 경우에는 더욱 그렇다. 블록체인의 다자간 성격으로 인해 누가 무엇을 지불할 것인지와 같은 고유한 문제가 대부분 해결되지 않은 상태로 남아 있다. 블록체인은 현재 비즈니스 모델에 상당한 비용을 초래할 수 있는 정치·사회 및 조직 문제뿐만 아니라 거버넌스에 대한 많은 의문이 남아 있다. 따라서 이에 대비하기 위한 시나리오 계획은 필수적이다.

⑩ 학습 과정을 통합하지 못함

블록체인 기술 테스트 시작과 동시에 그로부터 학습 환경을 설정해야 한다. 플랫폼과 새로운 비즈니스 모델, 프로세스 및 제품에 관한 교훈은 미래의 성공에 매우 중요하기 때문이다. 외부와 계약한 프로젝트에도 사내 IT팀이 될 수 있으면 참여하도록 하고, 이를 통해 학습한 지식과 기술을 이전하는 시스템을 구축해야 하며, 고위 경영진 보고 체계도 갖추어야 한다.

이러한 내용은 이 책의 감수자인 레이 발데스(Ray Valdes)가 2017년 가트너에서 연구부 부사장(VP)으로 재직하던 당시, 동료였던 데이비드 펄롱거(David Furlonger)와 함께 쓴 글이다(출처 : Ray Valdes from Gartner Inc. https://www.forbes.com/sites/lutzfinger/2021/05/06/get-vaccinated-how-trust-into-the-institutions-determines-vaccination-rates-in-the-eu/?sh=6d46b95723a2). 당시 가트너를 비롯한 많은 IT 연구기관, 컨설팅 기관들은 신흥 기술과 트렌드가 비즈니스 전략에 어떤 영향을 미칠지에 많은 초점을 맞추었다. 놀랍게도, 5년이 지난 2022년,

이런 기술 전략상의 잘못된 접근법이나 그로 인한 비효율적인 결과는 아직까지도 계속해서 일어나고 있다. 레이 발데스에 따르면, 현재 2022년 이 열 가지 실수 중, 두 번째를 제외한 나머지들은 아직도 현행되고 있다고 한다.

두 번째 내용이었던 '현재의 기술이 바로 상용화가 가능하다고 가정'하는 접근법은, 시간이 지남에 따라 이렇게 업데이트되었다.

"5년 후인 현재(2022년)의 업데이트된 버전 : 블록체인 기반 애플리케이션의 수명이 기존 엔터프라이즈 애플리케이션과 동일하다고 가정한다."

많은 기업이 재무회계 시스템, 인적자원관리 시스템 등 수명이 5년 또는 10년 이상인 대규모 애플리케이션을 구축하는 데 익숙하다. 블록체인 기반 애플리케이션은 기술 및 시장 요구사항 측면에서 모두 빠르게 진화하는 분야에 속하기 때문에 범주가 다르다. 블록체인 기반 솔루션의 수명이 훨씬 짧다는 의미다.

이와 관련된 다양한 엔터프라이즈 블록체인 프로젝트는, 이 장에서 살펴보았던 금융권, 공급망 이력 추적, 빅데이터, 분산 신원인증 DID, 토큰과 디지털 자산, 스마트시티, 헬스케어 등 다양한 산업군을 아우른다.

이처럼, 다양한 케이스와 산업군에서 블록체인 기술은 기업이 직면한 비즈니스 문제를 해결하는 데 적합한 특성을 보이고 있다. 이더리움 스마트 계약 플랫폼은 2015년부터 존재했으며 그 이후로 많은 '엔터프라이즈 블록체인' 프로젝트가 등장했다.

어떤 사람들은 '엔터프라이즈 블록체인'이 소프트웨어 프로젝트의 특정 범주를 의미한다고 생각하지만, 이 용어는 매우 일반적이다. 이것은 기업에서 사용하는 블록체인 기술을 의미한다. 이는 '엔터프라이즈 소프트웨어'라는 용어와 유사하다. IT 업계에는 엔터프라이즈 소프트웨어 벤더라고 하는 벤더가 있다. 그렇다고 해서 '엔터프라이즈 소프트웨어'라는 단일 제품을 판매하는 것은 아니다. 기업에서 사용하는 다양한 유형의 제품을 판매한다는 의미다. '엔터프라이즈'라는 용어는 <포춘(Fortune)> 500대 기업 또는 글로벌 1000

대 기업에 등재된 대기업 또는 조직을 의미한다. 이는 일반적으로 연간 매출이 10억 달러 이상, 직원이 2,000명 이상, 여러 위치 때로는 여러 국가에 사무실이 있는 기업을 의미한다. 이들 기업은 재무회계, 협업, 영업 인력 관리, 제조 관리, HR 등 중소기업에 비해 요구사항이 다르다. '엔터프라이즈 소프트웨어'의 범주는 단일 유형의 소프트웨어를 나타내지 않고 대신 엔터프라이즈 협업, 엔터프라이즈 HR, 엔터프라이즈 회계 등이 포함될 수 있다. 이 시장에 판매하는 공급업체를 엔터프라이즈 소프트웨어 공급업체라고 하지만, 이는 하나의 특정 소프트웨어를 의미한다. 마찬가지로 엔터프라이즈 블록체인은 기업에서 사용하는 블록체인을 나타낸다.

그 이후로 많은 기업들이 블록체인 기반 솔루션에 관심을 갖고 탐구해왔다. 이들은 대부분 회사의 기업 혁신 연구소(Corporate Innovation Lab)의 일환으로 파일럿 프로젝트였다. 이러한 많은 프로젝트의 결과는 실망스러웠다. 지나치게 부풀려진 기대치, 잘못된 방향이나 모호한 목표, 그리고 블록체인 기술의 본질에 대한 오해 때문이었다. 종종 조직은 '블록체인을 추가하면' 비즈니스 문제에 대한 마법의 솔루션이 있을 것이라고 가정한다. 이는 블록체인 기술과 그것이 무엇인지, 무엇이 가장 적합한지에 대한 혼란 때문이다.

약 4년 전, 엔터프라이즈 블록체인 초기에는 일부 조직에서 단순히 블록체인 기술을 사용해 기존 엔터프라이즈 소프트웨어 시스템을 복제하려고 했다. 초기의 블록체인 기술은 그동안 널리 사용됐던 중앙집중식 시스템을 대체하기에는 적합하지 않았고 오히려 프로젝트가 잘못된 방향으로 나아가게 했다.

이러한 상황에서 블록체인 기술은 기존 엔터프라이즈 IT 시스템에 비해 성능 및 유연성이 떨어지고, 다른 엔터프라이즈 IT 시스템과 통합할 수 없으며, 기존 직원이 구축 및 유지 관리하기 어렵다(기존 직원의 블록체인 기술 부족으로 인해). 이러한 초기 엔터프라이즈 블록체인 프로젝트는 더 이상 지속될 수 없었다. 성숙하지 않은 블록체인 기술의 무리한 도입은 오히려 기존 시스템을 개선하는 것이 아니라 더욱 악화시킨다는 것을 사람들이 깨달았기 때문이다.

오늘날에도 우리는 일부 기업이 같은 실수를 반복하는 것을 본다. 예를 들어, 기초 수준 프로토콜(결제와 같은 기본 기능을 가능하게 하는 프로토콜)을 응용 프로그램 수준 시스템(복잡한 비즈니스 문제를 해결하는 프로토콜)으로 착각하는 것이다. 종종 블록체인은 엔터프라이즈 데이터베이스 관리 시스템(DBMS)에서 구현되는 데이터베이스와 혼동된다. 엔터프라이즈 DBMS 기술은 오라클(Oracle), 마이크로소프트, SAP와 같은 성공적인 엔터프라이즈 회사에서 25년 이상 개발한 강력하고 완전한 기능을 갖춘 제품으로 구성된다. 엔터프라이즈 DBMS 기술은 은행, 병원, 제조회사 등에서 복잡한 대규모 비즈니스 솔루션을 지원한다. 시스템은 초당 수만 건의 트랜잭션을 처리한다.

엔터프라이즈 DBMS 시스템은 병원 의료 기록에서 볼 수 있는 것과 같은 복잡한 데이터 모델을 지원해야 한다. 복잡한 데이터 모델은 다른 많은 데이터 요소와 동시에 관계 있는 다양한 데이터 요소가 있는 곳이다. 이더리움과 같은 스마트 계약 플랫폼은 단순한 '키값 쌍'(하나의 데이터 항목이 두 번째 데이터 항목에 연결됨)인 저장 메커니즘을 지원한다.

엔터프라이즈 블록체인 프로젝트의 한 가지 어려운 과제는 거버넌스 및 자금 조달과 관련이 있다. 블록체인 기술은 많은 참여 조직이 서로 비즈니스를 해야 하지만 서로를 알지 못하거나 서로를 신뢰하지 않는 복잡한 비즈니스 생태계에 가장 적합하다. 블록체인 기술은 '신뢰할 수 없는 관계'를 매우 잘 지원한다. 그러나 처리해야 할 중요한 다음과 같은 질문들이 있다. 참여 조직이 공통 블록체인 플랫폼을 채택하도록 하려면 어떻게 해야 하는가? 누가 매일 시스템을 관리하는가? 시스템 자금은 어떻게 마련되는가? 시스템은 어떻게 관리되는가(즉, 투표 권한이 있는 사람은 누구인가)? 기업은 프로젝트가 기업 혁신 연구소(Corporate Innovation Lab)에서의 실험이 아니라 장기적으로 성공하기 위해 이러한 질문에 답해야 한다. 조직이 이러한 질문을 해결할 수 있다면 블록체인의 이점을 얻을 수 있다.

블록체인을 성공적으로 사용함으로써 얻을 수 있는 몇 가지 이점은 다음과 같다.

• 신뢰가 필요 없는 상호작용(Trustless)

블록체인을 사용하면 신뢰가 존재하지 않거나 입증되지 않은 다양한 엔티티가 참여할 수 있다. 이러한 엔티티는 거래 또는 데이터 공유와 관련된 비즈니스 거래에 참여할 수 있다.

• 분산 구조

블록체인은 신뢰를 가능하게 하는 중앙 행위자가 없을 때 그 가치를 실제로 증명한다. 블록체인은 단일 주체가 독점적으로 담당하지 않는 비즈니스 생태계 내에서 데이터 공유를 가능하게 한다. 공급망이 전형적인 예다. 공급업체 및 운송 회사에서 생산자, 유통업체나 소매업체에 이르기까지 여러 비즈니스가 해당 체인의 다른 사람들로부터 정보를 원하거나 필요로 하지만 그 모든 정보 공유를 촉진하는 사람은 아무도 없다. 분산된 특성을 가진 블록체인은 이러한 문제에 대한 솔루션을 가능하게 한다.

• 향상된 보안

블록체인은 해당 수준에서 사기 및 무단 활동을 차단하는 종단 간 암호화를 사용해 변경할 수 없는 거래 기록을 생성한다. 블록체인 데이터는 수백 또는 수천 대의 컴퓨터 네트워크를 통해 복제되므로 (단일 중앙집중식 시스템 또는 단일 시스템 클러스터에 데이터를 함께 저장하는 기존 컴퓨터 시스템과 달리) 해킹이 거의 불가능하다.

• 비용 절감

블록체인은 트랜잭션 처리의 효율성으로 인해 조직의 비용을 잠재적으로 절감할 수 있다. 더 광범위하게 블록체인은 블록체인으로 대체가 가능한 업무를 담당하던 전통적인 중개자(공급업체나 제삼자 제공업체)를 제거함으로써 기업이 비용을 절감하는 데 도움이 될 수 있다.

- **가시성 및 추적성 향상**

블록체인은 모든 당사자가 볼 수 있는 단일 가상 리포지토리(많은 시스템에 복제됨)에 데이터를 저장한다(각 데이터 항목에 암호화를 추가할 수도 있음). 공급망에서 블록체인은 의약품, 식품 또는 공산품과 같은 다양한 품목의 출처를 추적해 참가자가 이러한 품목의 출처를 알 수 있도록 도울 수 있다.

- **불변 데이터**

불변성은 단순히 트랜잭션이 블록체인에 기록되면 변경하거나 삭제할 수 없음을 의미한다. 블록체인에서 모든 거래는 타임스탬프와 날짜 스탬프가 찍혀 있으며 일단 기록이 만들어지면 변경할 수 없다.

- **토큰화**

토큰화는 자산(물리적이든 디지털이든)의 가치를 디지털 토큰으로 변환한 다음 블록체인에 기록하고 공유하는 프로세스다. 디지털 아트 및 기타 고가치 가상 자산에 토큰화가 채택되었으며, 가능한 다른 많은 사용 사례가 있다. 예를 들어, 토큰화는 탄소 상한제 프로그램에 따라 탄소 배출 허용량을 거래하는 데 사용할 수 있다.

블록체인 기술을 배우고 적용하는 과정이 이제 막 시작되었고 아직 달성할 수 있는 이점이 많다는 것은 분명하다.

핵심적인 결론은 기술뿐 아니라 비즈니스 모델에 대한 학습과 끊임없는 고민, 그리고 설계, 예측하지 못한 상황 발생 시 효과적으로 피보팅(pivoting : 트렌드 등 급속도로 변하는 외부 환경에 따라 기존 사업 아이템을 바탕으로 사업의 방향을 다른 쪽으로 전환하는 것)하며 개선하고, 기술을 활용해 문제를 해결해나가는 과정 자체에 초점을 맞추는 것이다.

블록체인이 여는 새로운 시대

이 책에서 우리는 블록체인 기술과 관련 사례를 살펴보았다. 또한, 블록체인과 관련해 다양한 트렌드가 다가오고 또한 지나가는 과정을 엿보았다. 이로써 블록체인 세계를 관통하는 우리의 첫 번째 여정을 마무리한다. 블록체인은 그야말로 시대의 핫 이슈다. 앞으로도 우리는 블록체인 기술이 어디로 진화할지, 또한 이 기술이 우리의 일상과 사회, 경제를 어떻게 변화시킬지 그 미래를 다각도로 가늠해보아야 할 것이다. 그러기 위해 끊임없이 배우며, 변화에 대비하는 자세로 나아간다면 좋겠다.

원하든 원하지 않든 지금 우리 삶의 방식과 사회의 전반적인 모든 것이 빠르게 변화하는 변곡점에 위치해 있다. 한번 변화한 것이, 그리고 그 변화에 적응해나가는 우리가 원 상태로 다시 돌아가는 건 어렵다.

다시 한번 우리가 어디서 왔는지 돌아보자. 우리가 살아가는 현재는 오랜 시간 동안 사회 경제 시스템의 다양한 부분에서 변화의 흐름이 반영된 결과다. 이는 제조업 현장을 중심으로 3차 산업에서 4차 산업으로 전환되어가는 모습을 떠올려보면 쉽게 이해할 수 있다. 인터넷이라는 글로벌 피어투피어 네트워크가 등장해 상호 간의 통신이 가능해지고 서로가 연결되면서 사람과 기계들 사이에 수평적이고 상호 보완적 관계가 형성될 수 있었다.

이러한 변화는 서로가 정보를 교환하고 가치를 교환하는 글로벌 규모의 피어투피어 네트워크의 진화로 나아간다. 1970년대와 1980년대의 인터넷은 네트워크상의 어떤 노드라도 데이터(TCP/IP 프로토콜을 사용하는 데이터 패킷)를 네트워크의 다른 노드로 보낼 수 있는 피어투피어 네트워크로 시작했다. 그러다 1990년대에 들어와서 월드 와이드 웹(World Wide Web)이 등장했는데, 초기에는 대학 연구원들이 글로벌하게 연결된 인터넷 사용자들을 상대로 그들의 학술 논문을 퍼블리시하는 것이 주요 목적이었다. 웹 1.0의 초점은 'Read Web(읽기 웹)'이었는데, 이는 소수가 출판하거나 창작하는 콘텐츠를 다수가 읽을 수 있도록 하는 것으로, 웹사이트의 정적 html 파일을 정보 제공자가 제공하면 사용자는 정보를 읽고 습득하는 것만 가능했다. 웹 1.0의 키워드는 HTML, 플래시(Flash), 자바 스크립트(Java script) 등이었다.

2000년대 들어 소셜 미디어가 특징인 이른바 웹 2.0이 등장한다. 웹 2.0은 'Read & Write Web(읽기/쓰기 웹)'이라고 불리며, 다수가 쓰고 다수가 읽는 (many to write and many to read) 것이 가능해졌다. 소수의 정보 제공자가 존재하던 웹 1.0과 달리, 사용자도 읽고 쓰는 활동이 가능해지는 쌍방향 상호작용이 플랫폼상에서 활발히 일어난다. 그 초기에는 다양하고 많은 소셜 사이트와 블로그들이 분산되어 발전하다가, 점차 페이스북, 인스타그램, 유튜브, 카카오톡, 위챗과 같은 거대 IT 기업들이 등장하며 이 영역을 통합시키기 시작했다. 그들은 강력한 중개자로서 작용하며 이 같은 읽기·쓰기 활동의 중앙화된 저장소(central repositories)가 되어 플랫폼을 장악해나갔다.

소셜 미디어 분야는 처음에는 페이스북과 같은 기업이 수십 개에 달했으며, 다른 시장을 타깃으로 한 인스타그램, 트위터, 링크드인과 같은 기업이 있었다. 시간이 지남에 따라 소셜 미디어 시장도 점점 성숙해졌고 자연스럽게 기업 간 통합이 이루어졌다. 인스타그램은 페이스북이, 트위터와 링크드인은 마이크로소프트가 각각 인수했던 것이다. 많은 소셜 미디어 기업들이 폐업하거나 다른 시장으로 그 목표를 전환했다. 그러면서 주요 빅 플레이어들은 점점 더 몸집을 키웠고, 페이스북과 위챗이 웹상에서 읽기·쓰기 활동의 중심 플레이어가 되고, 그들은 더 많은 콘텐츠를 축적해나갔다.

2010년대에는 웹 3.0 현상의 원동력이 된 블록체인 기술이 등장한다. 처음에 블록체인은 결제(payment)를 통한 금전적인 가치 교환에 중점을 두었다. 글로벌 피어투피어 네트워크상의 어떤 노드도 은행이나 정부와 같은 중앙 집중식 당국의 개입 없이 다른 노드에 결제 대금을 송금할 수 있었다. 웹 2.0과 마찬가지로, 앞으로의 웹 3.0 시대에서도 새로운 중개자 혹은 독점자가 되기 위해 나서는 조직들이 있을 것이다. 세계 각국의 정부가 통제권을 선점하고 행사하려 각고의 노력을 기울이고 있지만 아직까지는 누가, 어떻게 성공할지 확실치 않다.

'Read & Write & Possession Web(읽기/쓰기/소유의 웹)'이라고 불리는 웹 3.0의 개념 중에는 컴퓨터가 시멘틱 웹 기술을 이용해 웹 페이지에 담긴 내용을 이해하고 개인 맞춤형 정보를 제공할 수 있는 지능형 웹 기술도 포함되어 있다. 최근에는 사람, 물체 및 정보 자산 간의 관계와 그 상호작용의 풍부함과 다양성에 주목해 이러한 관계를 디지털 형태로 표현하려는 새로운 방법이 시도되고 있는데, 시멘틱 웹은 이러한 복잡한 상호 연결 관계를 AI를 포함한 프로그램이 처리할 수 있도록 구조화된 방식으로 모델링하고자 하는 시도다. 시멘틱 웹은 2001년에 시작되었으며 아직 널리 채택되지는 않았다.

그러나 시멘틱 웹이 제시한 개념은 신선한 충격으로 다가왔으며, 앞으로 시멘틱 웹의 개념을 응용하여 더 단순하고 채택하기 쉬운 방식으로 목표를 달성할 수 있는 새로운 접근법이 등장할 가능성이 매우 크다. 이러한 모습은 너무 복잡한 XML이 JSON으로 대체된 것에서 볼 수 있으며, 분산형 디지털 아이덴티티를 위한 DID 프로토콜에서 보다 단순한 방식으로 목표를 충족할 수 있는 지갑 또는 토큰 기반 접근 방식(예 : '이더리움으로 로그인')으로 대체되어 가는 모습에서도 확인할 수 있다. 이제 블록체인과 웹 3.0은 단순히 결제에서 훨씬 더 나아가서, 완전히 새로운 유형의 가치 교환(value exchange), 새로운 형태의 소유(new form of ownership), 경제적 권한 부여(economic empowerment), 그리고 사회적 차원(social dimension)에 관한 보편적이며 전반적인 변혁으로 이끌어나갈 것이다.

우리가 이 책에서 논의했듯, 물리적 객체의 세계는 자산과 소유권의 토큰화(tokenization of assets and ownership)로 인해 디지털 세계와 얽히게 되고, 토큰은 블록체인 기술에 의해 활성화된다. 즉, 토큰은 디지털 자산(이미지, 영화 또는

웹의 진화 과정

웹 1.0
전자상거래 데스크톱 브라우저
전용 인프라 액세스의 그린샷

웹 2.0
'소셜' 네트워크 클라우드 기반
컴퓨팅에서 '모바일 우선'

웹 3.0
AI 중심 서비스 분산형 데이터
아키텍처 에지 컴퓨팅 인프라

창출된 가치

1조 1,000억 달러

5조 9,000억 달러

1990

2025

출처: "Evolution of Web" by Pragati Verma
https://dev.to/pragativerma18/evolution-of-web-42eh

오디오 클립)뿐만 아니라 물리적 자산(건물 또는 예술 작품)을 나타낼 수 있는 디지털 정보이다. 토큰화된 자산을 통해 새로운 종류의 가치 교환 방식과, 또한 소유의 방식이 생겨날 수 있다는 뜻이다.

세대별 웹 구분과 특징

세대별 웹 구분과 특징

	웹 1.0	웹 2.0	웹 3.0
소통 방식	읽기만 가능	읽기, 쓰기	읽기, 쓰기, 소유
매체	고정 텍스트	상호 콘텐츠	가상경제
운영 주체	회사	플랫폼	네트워크
인프라	개인 컴퓨터	클라우드, 모바일	블록체인 클라우드
운영 권한	탈중앙화	중앙화	탈중앙화

미국 벤처캐피탈 투자 비중
단위 : %(2021년 3분기말 기준)

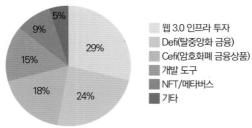

- 웹 3.0 인프라 투자
- Defi(탈중앙화 금융)
- Cefi(암호화폐 금융상품)
- 개발 도구
- NFT/메타버스
- 기타

29%
24%
18%
15%
9%
5%

웹 3.0으로 활성화될 가상세계 매출 전망

1,800억 달러

$

2020년

4,000억 달러

2025년

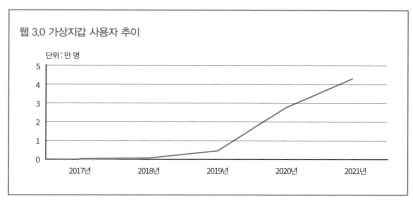

웹 3.0 가상지갑 사용자 추이

단위 : 만 명

5
4
3
2
1
0

2017년   2018년   2019년   2020년   2021년

출처 : "빅테크 '블록체인·NFT 활용' 웹 3.0 플랫폼 개발 경쟁", 중앙일보, 2021.12.25.

블록체인 등 신흥 기술의 혁신과 그 변화 속도가 너무 빨라 우리가 미처 살피지 못하고 있는 것이 있다. 그것은 사회적 차원(Social dimension)에서의 인식 변화다. 자산에 가치가 있다는 것은 타인이 그러한 가치를 인식하며, 화폐를 포함한 다른 자산으로 그 가치를 교환할 의사가 있다는 것에 기반하고 있다. 즉, 가치(value)는 사회적 합의의 구성인 것이다. 많은 자산이 가치를 가지고 있다는 것은 본래의 유용성 때문만이 아니라, 사회의 구성원들이 어떠한 대상이 그러한 가치를 가지고 있다고 인식하고 있다는 것을 의미한다. 지폐가 바로 그 예다. 지폐는 금과 같은 다른 어떤 물건을 가리키지 않는다. 그것은 (특정 맥락에서 그것이 무엇을 의미하든지 간에) 단지 모두가 동의하는 종이 한 장에 불과하다. 어떤 지역에서는 커피숍 주인이 커피 한 잔의 대가로 그 종이를 받아들인다. 또 다른 지역에서는 같은 종이로 커피를 반 잔밖에 받을 수 없다. 이제 원숭이 캐릭터 사진이 담겨 있는 NFT와 같은 특정 디지털 물체에도 특별한 가치를 부여할 수 있다. 단지 정부에 세금을 내거나 커피 한 잔을 사기 위한 차원에서는 유용하지 않을 수 있다. 그러나 원숭이 캐릭터가 담긴 NFT에는 디지털 세계의 구성원들이 인정한 가치가 담겨 있는 것이다.

보어드에이프 #1837의 경우 지난 6개월간 100ETH(27만 8,000달러)에서 333ETH(420ETH)까지 여러 차례 거래가 이루어졌고, 현재는 690ETH(190만 6,332달러)라는 가격이 매겨져 있다. 분명히 원숭이 이미지가 담긴 NFT에 어떤 가치가 있다고 생각하고 기꺼이 돈을 지불하려고 하는 사람들이 있는 것이다. 비록 아직도 우리 중 많은 사람들이 이해하지 못하고 그들이 어리석다고 생각할지 모르지만 말이다. 이와 같은 가치 교환의 의미에 대한 사회적 차원의 이해는 웹 3.0 시대를 접어드는 지금, 꾸준히 탐구해야 할 화두다.

토큰은 소유권과 가치 교환뿐만 아니라 유저의 특정 행동을 장려할 수 있다. 스마트 컨트랙트에 의해 활성화된 토큰은 보상 시스템, 로열티 포인트 등 다양하게 활용되며 유저 활동을 긍정적인(혹은 부정적인) 쪽으로 유도하고 강화시킬 수 있다. 우리에게 익숙한 항공사들의 고객 우대 마일리지, 커피숍에서의 보상 포인트와 같은 중앙 집중식 보상 프로그램들은 웹 1.0 이전의 콘텐츠 세계와 마찬가지로, 대부분 사일로화(siloed)되어 있으며, 상호 호환성이 낮거나 교환이 유연하지 않게 설계되고 사용되고 있다. 그에 반해 블록체인상의 토큰은 역동적이고 유연하며 상호 운용 가능한 새로운 형태의 인센티브화를 가능하게 한다.

그러한 다양한 가능성과 비즈니스 시나리오는 아직 탐구 중이며, 다양한 시도가 이루어지고 있다. 단순히 토큰을 설계하고 발행하고 투자자들이 투자하길 바라는 접근법은 더 이상 그다지 성공적이지 않다. 성공한 프로젝트들은 토큰을 특정한 활동[예를 들면, 엑시 인피니티(Axie Infinity, AXS)와 같은 게임파이(Gamefi) 프로젝트에서 'Play to earn(P2E)'과 같은 활동]이나 특정한 행동(예를 들면, 더 깨끗한 환경을 만들기 위해 탄소 배출을 줄이는 것과 같은)에 연계시켜 상호 유기적으로 작용하도록 만든다. 토큰 이코노믹스(Token economics) 분야는 가장 핫한 분야이고, 이 영역의 설계자들은 현 세대의 결제와 가치 교환에서 더 진화한, 더 폭넓고 광범위한 경제적 구조를 만드는 방법을 여전히 탐구하고 있다.

웹 3.0에서 사회적 차원의 마지막 측면은 새로운 종류의 조직에서 함께 일하고 상호작용하는 사람들과 관련이 있다. 현대사회의 우리는 모두 중앙 당국, 즉 정부가 정의한 법규에 종속되고, 제한된 주주 집단이 소유하는 방식으로 운영되는 전통적인 기업의 방식에 익숙하다. 이러한 기업은 레거시 경제 모델의 '레거시 노드'에 비유할 수 있다.

이와 같은 기업들을 대체하고 성장할 새로운 형태는 디지털 자율 조직(Digital Autonomous Organization), 또는 탈중앙화 자율 조직(Decentralized Autonomous Organization)이라 불리는 DAO로, 블록체인의 스마트 컨트랙트와 토큰 형태의 가치 교환 등에 기반한 가상의 기업이다. 레거시 기업은 그 수는 많지만 영리 기업, 비영리 단체, 정부 기관과 같은 몇 가지 유형으로 국한되는데에 비해, DAO의 세계는 더욱 다양해지고 다양한 형태의 상호작용을 하게 된다. 좁은 범위의 특정 활동을 위해 '목적성으로 구축된(purpose built)' DAO가 있을 뿐 아니라, 더 광범위한 형태의 DAO들이 등장하며 보다 폭넓은 전통적인 기업의 역할을 포함할 수 있다. 또한, DAO는 메타버스와 같은 가상세계에서도 다양하게 구현된다. 토큰 이코노믹스와 마찬가지로 DAO와 메타버스는 시간이 지남에 따라 혁신과 창의를 거듭하며 진화해나갈 굉장히 흥미로운 분야이다.

　이러한 다양한 블록체인의 기능들은 전통적인 비즈니스 방식을 파괴하고 변화시킬 수 있는 잠재력이 있다. 또한, 블록체인뿐만 아니라 AI, 빅데이터, IoT, 클라우드, 모바일 등 다른 기술들도 각자의 특징과 파괴력을 갖고 있다. 큰 그림에서 AI, 빅데이터, 블록체인, 클라우드, 사물인터넷(IoT), 모바일 등 개별 기술의 잠재력을 더 크게 만드는 트렌드는, 바로 기술 융합을 통한 시너지 창출에 귀결한다는 것이다.

　향후 인공지능이나 3D 프린팅, 자율주행 자동차 등 다양한 기술들이 서로 연결되는 초연결 시대가 도래함에 따라 기술의 사회, 경제적 파급력이 극대화되는 보다 지능적인 사회로 나아갈 것이다. 블록체인 기술은 이렇게 다양한 기술의 융복합 시대에 다양한 참여자들을 기반으로 한 네트워크에 신뢰를 제공하는 중요한 인프라 역할을 할 것이다.

　새로운 유형의 자산, 새로운 형태의 소유와 가치 교환, 사람들의 행동에 영향을 미치는 새로운 방법과 요소들, 그리고 새로운 유형의 조직 변화 및 진화와 관련된 웹 3.0의 혁신들은 쫀쫀하게 어우러져 정치, 경제, 사회, 문화, 기술, 환경 등 우리 일상에 미친 듯이 빠르게, 셀 수 없는 다각화로 심오하고 경이로운 변화를 가져올 것이다. 또한, 지금까지 인터넷과 웹에서 일어났던 어떠한 변화보다 더 크고 강한 파급력을 가져올 것이 자명하다.

　지금은 이 새롭게 부흥하는 신세계에 참여하기에 더없이 좋은 시기로, 현 인류의 상상을 뛰어넘는 것을 직격으로 목도하게 될 이 새로운 시대로의 신나는 여행에 동참해야 한다.

　마지막으로 기술이 가져오는 변혁이 더욱 가치 있게 되기 위해서는 사회 영역 전반에 긍정적이고 선한 영향을 미쳐야 한다. 그것은 기술을 개발하고 사업화하고 사용하는 우리 모두의 숙명이자 공동 과제다.

역사는 항상 지나간 후에 평가받게 된다. 인류 문화가 진화해온 도전과 응전의 시기를 뒤돌아보면 변혁과 충돌이 일어날 때마다 승자와 주변인, 그리고 패자로 갈라졌다. 변화와 혁신, 카오스를 미리 준비한 승자는 트렌드를 냉정하게 고찰하고, 치밀하게 계획하며, 맹렬하게 선점한 후 집요한 위기관리로 결국 세상에서 승리했다. 반면 대부분의 주변인은 변화를 관망하고 상황을 방치하다가 자기 위안의 세계에 이르러 허망하게 기회를 흘려보낸다. 패자의 경우는 상황에 적응하지 못하거나 아예 외면하다가 결국 도태되고 그냥 그렇게 잊혔다.

그렇기에 우리는 끊임없이 현재와 과거에서 교훈을 도출하고, 미래를 안을 자세로 변화에 도전하고 응전해야 한다. 수월하지 않은 긴 글을 읽어주어 감사하다. 다짐 한 개 드리고 '컨트롤 + S'를 누르겠다. 앞으로도 시시각각 변할 유기체인 블록체인 기술과 사업 트렌드를 보여주는 '블록체인 코리아 2023' 시리즈를 통해 더욱 생생하고 신나게 여정을 펼칠 것을 약속한다.

역사는 도전과 응전의 반복이다.

- 토인비(Toynbee)

감사의 글_저자 박세정

이 책의 이론과 실제를 공고히 하기 위해 블록체인 최전선에서 일하는 전문가 집단지성이 한데 모였습니다. 공저자이신 카카오 블록체인 자회사 '크러스트(Krust)' 초창기 멤버 안다미 교수는 블록체인 플랫폼 '이더리움(Ethereum)'의 공동 창립자가 설립한 블록체인 글로벌 1위인 컨센시스(ConsenSys)에서 한국사업을 총괄했고, 현재 건국대학교 정보통신대학원 정보보안학과에서 학생들에게 블록체인을 가르치고 계십니다.

이 책의 감수를 맡은 '컨센시스(Consensys)' CTO(Chief Transformation Officer)를 역임했던 레이발데스(Ray Valdes)가 Co-founder이자 CTO로 있는 '퓨처센스'는 한국 경찰청 빅데이터 구축 사업 블록체인 전담 수행 및 과기부 블록체인 사업 등을 하고 있습니다. 독보적인 퓨처센스 기술로 출범된 '한국NFT거래소(KNX, Korea NFT eXchange)'는 블록체인을 기반으로 한 메타버스, NFT 춘추전국시대에 실질적인 퍼포먼스와 역동성을 지닌 스타트업을 지원하고 있습니다.

이 책 집필진의 블록체인에 대한 노하우와 열정이 오늘도 시시각각 바뀌는 산업 트렌드 속에서 각계 분야 일선에서 분투하고 있는 이들에게 전해지기를 바랍니다. 이 책이 다양한 산업 분야에서 블록체인 기술을 접목, 활용하고자 하는 이들에게 도움이 되기를 바랍니다.

블록체인이라는 테마로 한국의 산학연관정(産學研官政)을 응원하고 지지하는 글을 쓰면서 사실은 제가 더 많은 은혜를 받았습니다. '하찮은 인간이 위대한 대한민국의 비전에 동역할 수도 있겠구나' 하는 기대에서입니다. 부족한 저를 통해 기회를 주신 뜻을 새기며, 들숨과 날숨 있는 글로 은혜 가득한 모두에게 조금이나마 일조가 되길 바랍니다. 또 다른 저를 만나게 해주셔서 감사합니다. 독자분들의 가정과 앞으로의 삶에 축복이 충만하기를 중보드립니다. 감사드립니다.

추천의 글

　나는 25년간 한국과 미국, 일본에서 IT업계에 종사하며 머지않아 블록체인이 사회 전반에 영향을 끼칠 것이라고 예측했다. 지금은 정치, 사회, 경제, 문화예술의 근간이 되기 위해 저변을 확대하고 있지만, 블록체인이 핫한 키워드로 자리를 잡은 지는 그리 오래되지 않았다. 나는 서글프게도 블록체인 환경에 익숙한 BZ 세대(2022년 기준 대략 15~40세)가 아니다. 향후 20년 동안 세계 경제를 이끌어갈 주체인 그들 앞에서 모범이 되기 위해 후천적 학습이 필요한 세대다.

　내 서재에도 메타버스, NFT, 디지털 트랜스포메이션, 데이터 보안, 각종 플랫폼의 제목을 단 책들이 빼곡히 꽂혀 있다. 통신회사에서 글로벌 비지니스를 하기 위해서도 관련된 이론과 실제를 알고, 의견을 낼 수 있는 지침서가 필요하기 때문이다. 저자와 이야기를 나누며, 누구보다도 치열하게 '오늘'을 살며 '현장'을 목격한 결과물임을 새삼 알게 되었다.

　이 책은 상기에 나열한 모든 주제를 아우르고 있다. 마치 어릴 적 숙제할 때, 펼쳐놓고 보던 참고서와 같이 빈틈없고 친절하다. 자칫 어려운 전문용어로 흥미를 잃을 수 있는 상황에서는 이슈가 되는 기업의 예시를 들어 알기 쉽게 해준다. 이 책을 통해 저자의 해박한 지식과 통찰력을 엿볼 수 있을 뿐만 아니라 어쩌면 새로 짜이는 패러다임에 참여자로서 시대의 주인공이 될 수 있을지도 모른다는 희망도 갖게 되었다. 블록체인 기술의 응용 분야는 무궁무진해서 아직 세상에 나오지 않은 미생(未生)이 순서를 기다리고 있을지도 모르니까.

김용진 교수(서강대 경영학과, 금융위원회 비상임위원)

4차 산업혁명과 더불어 우리 사회는 블록체인, 가상자산, 메타버스, NFT, P2E, DeFi 등 다양한 新디지털 기술을 영위하고 있다. 블록체인의 데이터 분산처리 기술은 가상자산이라는 관념을 초월해 금융, 헬스케어, 보안, DID, 빅데이터 등 다양한 분야에서 활용되고 있다. 이처럼 블록체인과 디지털(Digital)이란 단어는 새로운 외래어로 인식되기보다는 기술집약적 단어로 인식되는 상황에서 블록체인 업계에서 오랜 경험을 바탕으로 출간된 《블록체인 제너레이션은 블록체인이 직면하고 있는 과제, 그리고 디지털 신기술이 접목된 디지털자산과 블록체인에 대한 기본 정보는 물론, 각종 에피소드까지 잘 정리되어 있어 블록체인을 처음 접하는 분들도 쉽게 이해할 수 있고 필요한 정보를 제공하는 훌륭한 지침서가 될 것으로 생각한다.

또한, 저자는 블록체인 업계에서 실전 경험을 바탕으로 다양한 지식과 정보를 섭렵해 이론에만 경도된 것이 아니라 정확한 사실과 데이터, 생생한 현장 경험과 노하우를 바탕으로 블록체인을 연구하고 산업 발전에 지대한 도움을 주어왔으며, 균형 있고 현실적인 감각도 겸비하고 있다.

이 책의 출간을 통해 블록체인과 디지털자산 산업의 육성과 진흥을 선도할 수 있는 계기가 될 것이며 디지털자산 선도국가로서의 디지털자산에 대한 가치 제고 향상과 밑거름이 될 수 있을 것이라는 확신을 다시 한번 가져본다. 아울러 글로벌 트랜드에 부흥하고 블록체인과 디지털 신기술에 대한 지침서 역할을 경주하면서 디지털자산 산업을 통한 선도적 국가 비전을 구체화할 수 있는 계기가 되며 디지털 경제의 토양 배양에 밑거름이 되기를 소원한다.

황석진 교수(동국대 국제정보보호대학원, 가상자산특별위원)

나는 지난 20년간 제품의 서비스화와 서비스의 제품화, 그리고 이러한 변화를 가능하게 한 디지털트랜스포메이션에 대해 연구하면서, 디지털트랜스포메이션의 궁극적 목표는 온디맨드서비스의 제공이라는 결론에 도달했다. 온디맨드서비스를 제공하기 위해서는 제품·서비스의 디지털화, 전달체계의 디지털화, 생산·운영시스템의 디지털화가 필요하다. 온디맨드서비스를 완성시키는 마지막 퍼즐은 거래의 디지털화다. 지금까지의 거래는 사람이 직접 개입해야 했고 거래가 끝난 이후에도 지급 결제와 관련한 다양한 이슈들이 발생해서 복잡성이 매우 컸기 때문에, 사람과 사람의 거래뿐만 아니라 사람과 기계, 기계와 기계 간의 거래, 계약조건만 충족되면 자동으로 이루어지는 거래, 거래 기록이 안전하게 보관되어 변조가 불가능한 거래 등 다양한 거래의 요소들이 디지털화될 필요가 있다고 본 것이다. 블록체인의 등장은 거래의 안전성, 편리성, 용이성 등이 향상시키면서 거래의 디지털화에 가히 혁명적인